미래교육을
디자인하는
학교교육과정

미래교육을
디자인하는
학교교육과정

초판 1쇄 발행 2018년 11월 30일
초판 4쇄 발행 2021년 10월 31일

지은이 박승열 · 신혜영 · 김미라 · 윤은영
펴낸이 김승희
펴낸곳 도서출판 살림터

기획 정광일
편집 조현주
북디자인 꼬리별

인쇄·제본 (주)신화프린팅
종이 (주)명동지류

주소 서울시 양천구 목동동로 293, 22층 2215-1호
전화 02-3141-6553
팩스 02-3141-6555
출판등록 2008년 3월 18일 제313-1990-12호
이메일 gwang80@hanmail.net
블로그 http://blog.naver.com/dkffk1020

ISBN 979-11-5930-080-6 03370

이 도서의 국립중앙도서관 출판예정도서목록(CIP)은
서지정보유통지원시스템 홈페이지(http://seoji.nl.go.kr)와
국가자료공동목록시스템(http://www.nl.go.kr/kolisnet)에서 이용하실 수 있습니다.
(CIP제어번호: CIP2018037554)

미래교육을
디자인하는
학교교육과정

박승열·신혜영·김미라·윤은영 공저

살림터

교육과정은 의사결정 수준에 따라 국가 수준, 지역 수준, 학교 수준으로 나누어 볼 수 있다. 그런데 학교교육에 직결되는 교육과정은 바로 학교의 특징을 반영하고 있는 학교교육과정이다. 학교교육과정은 제6차 교육과정 이래로 전국의 모든 학교에서 개발·운영되고 있다.

제6차 교육과정 시행 초기에는 학교의 일부 교사들이 개발에 참여하였을 뿐 다수의 교사들은 교육과정 개발 참여에서 배제되었던 것도 사실이다. 또한 학교교육과정에 대한 깊은 이해 없이 교육과정을 운영한 측면도 있었다. 결국 학교교육과정은 하나의 문서로서 작용했을 뿐 실제 수업이나 평가에 반영되지 못하였다.

그로부터 십수 년이 지난 현재는 과거와 달리 교육과정에 대한 인식이 많이 바뀌었다. 그러나 아직까지도 교육과정과 교과서, 교육과정과 수업, 교육과정과 평가를 일관성 있게 운영하려는 모습을 찾아보기 쉽지 않다.

이에 효과적인 학교교육과정 개발을 위한 대안으로 "교육과정, 수업, 평가 일체화로 함께 만들어 가는 학교교육과정"을 제안하기에 이른 것이다. 이 제안에 크게 공감이 가는 까닭은 이것을 제안한 집필자들이 20여 년의 교직 경력을 가진 교사들이기 때문이다. 또한 집필자들 모두 대학원에서는 교육과정을 전공했고, 학교에서는 교사로서 그리고 학교교육과정 개발자로서 역할을 다하면서 그동안의 교직 경력을 통해 얻은 교육과정에 대한 지식과 경험을 하나의 책으로 정리하였기 때문이다.

이 책의 메시지를 크게 두 가지로 요약하고 싶다.

첫째, 교육과정, 수업, 평가를 일관성 있게 운영한다는 것은 매우 중요하다는 점이다. 교육과정, 수업, 평가의 일관성을 확보해야 한다는 당위성은 누구든지 말할 수 있지만 실제로 실천하는 것은 매우 어렵다. 이것을 가장 효과적으로 실천할 수 있는 사람은 두말할 나위도 없이 교사가 되어야 한다. 교사가 교육과정 이론과 실제적 경험을 겸비하고 있다면 더할 나위가 없는 것이다. 이 책이 그 가능성을 높이는 역할을 하고 있다는 점에서 매우 고무적이다.

둘째, 학교교육과정을 함께 만들어 간다는 것 역시 매우 중요하다는 점이다. 과거 많은 사람들이 비판했고 우려했던 것 중 하나는 학교교육과정이 하나의 문서로서만 작용했다는 점이다. 교육과정을 운영할 당사자가 개발 과정에 참여하지 않은 상태라면 타인이 만든 교육과정은 당사자에게 무의미한 문서로 인식될 수 있기 때문이다. 교사모두가 함께 참여하여 학교교육과정을 만들어 가는 과정은 매우 중요하다. 이 책이 학교의 교사 모두가 교육과정 개발자가 되고 진정한 운영자가 될 수 있다는 메시지를 주고 있다는 점에서 높은 평가를 받을만하다.

이 책은 총 2부로 구성되어 있다. 1부에서는 미래 사회 변화와 학교교육과정을, 2부에서는 함께 만들어 가는 학교교육과정 실제를 다루었다. 종전의 학교교육과정 서적들이 이론 중심이었다면 이 책은 현직교사들의 생생한 경험을 담은 구체적 실천서이다. 따라서 현장 교사들에게는 큰 도움이 되리라 생각한다. 또한 대학에서 교육학을 전공하는 예비교사나 학교교육과정에 관심이 있는 사람들에게도 도움이 될 것이다. 학교교육과정 개발서로서 부족한 부분은 앞으로 계속 수정·보완해 나가리라 생각한다.

이 책의 출간으로 학교교육과정 개발에 대한 관심과 인식이 바뀌고 더 나아가 학교교육 개선에 조금이라도 도움이 되기를 희망한다. 본인은 이 책이 이러한 기대에 부응할 것이라고 생각하며 이를 적극 추천한다.

2018년 11월
한국교원대학교 명예교수 권낙원

머리말

　교육과정을 디자인하기 위해 가장 이상적인 곳은 어디일까? 두말할
것도 없이 그곳은 바로 학교다. 학교는 교육의 핵심 주체인 교사와 학
생이 만나는 곳일 뿐만 아니라 셀 수 없이 다양한 정책과 제도, 자원,
예산, 그리고 철학과 가치가 공존하는 곳이기 때문이다.

　학교교육과정에는 이와 같은 요인들이 만들어 내는 유형과 무형의
현상들이 담긴다. 본질적으로 교육과정은 학교교육과 학생의 배움을
떠나서는 실제적인 의미를 가지지 않는다. 따라서 교육과정은 학교교
육을 염두에 둘 때 비로소 존재의 의미가 드러난다. 이 순간 교육과정
은 학술적 연구 표본이 아니라 시·공간에서 활동하는 생명체가 된다.

　오랫동안 학교에서 학교교육과정을 만들고 실천해 온 저자들은 이
현상들의 복잡성과 어려움을 깊이 체감해 왔다. 그 결과 학교교육과
정을 디자인하는 것과 관련하여 다음과 같은 공통적인 인식을 갖게
되었다.

　　"학교교육과정을 만들고 운영하며 평가한다는 것은 학교 공
　　동체 구성원들이 추구하는 교육철학과 가치를 달성하기 위해
　　셀 수 없이 다양한 내적·외적 요인들을 배치하고 통제하며 조

절하는 일이다."

이것을 한마디로 표현하면 교육과정에 대한 의사결정 과정이라고 할 수 있다. 저자들은 이 책에서 학교교육과정을 만들고 운영하는 것을 학교교육의 주체들이 다양한 상황에서 수행하는 의사결정 과정이라고 보고 있다. 어떤 교육 목적과 목표를 설정할 것인가, 무엇을 가르칠 것인가, 어떻게 수업할 것인가, 그리고 어떻게 평가할 것인가를 일련의 의사결정 과정으로 바라본다.

'의사결정'은 전문가의 고유한 인식 영역일 뿐만 아니라 실천 영역이다. 전문가는 자신의 분야에서 고차원적인 판단과 행위 결정을 내린다. 특히 복잡한 문제 상황이나 딜레마 상황에서 내리는 결정은 전문가로서의 전문성과 권위를 동반한다. 교육의 목적을 설정하고 가르칠 내용을 결정하며 수업에서 실천하고 이 모든 것을 평가하는 일은 교사의 전문성과 권위가 동반되는 의사결정 그 자체이다.

그럼에도 불구하고 저자들이 인식하는 상황과 달리, 학교에는 어느 순간부터 다음과 같은 신화가 전해 내려오고 있었다.

"소수의 교육과정 전문가에 의해 잘 만들어진 교육과정 기준
이 단위 학교교육과정에 충실히 반영되면, 학교교육이 개선되
고 학생의 배움과 성장이 높은 수준으로 일어날 것이다."

이 신화를 접한 사람은 누구든지 다음과 같은 의문을 제기할 것이다. 이 신화에서 언급된 소수의 전문가는 누구인가, 교육과정 개발의 전문가로 누구를 인정할 것인가, 누가 교육과정에 대한 결정권을 가지고 있는가, 교육과정 기준을 만드는 일은 어떤 일인가, 어떤 영역을 교

육과정 개발 영역으로 규정할 것인가, 학교교육과정은 개발해야 하는가 혹은 편성·운영해야 하는가, 학생의 배움과 성장은 무엇을 매개로 이루어지는가 등이다. 이것은 일상적으로 학교교육과정을 만들고 운영하는 일을 하는 교사에게는 꼬리에 꼬리를 무는 질문이다.

이러한 의문점을 세 가지로 압축해서 고민해 보면 다음과 같다.

첫째, 교육과정 개발에서 의사결정 권한과 관련된 물음이다. 아쉽게도 오랜 시간 동안 우리나라 학교와 교사는 소수의 전문가가 만든 국가 교육과정 기준에 근거해 학교교육과정을 편성·운영해 왔다. 여기에서 소수의 전문가들은 학교의 초·중등 교사가 아니다. 그런데 소수의 전문가들은 교육 목표와 교육 내용, 편성·운영 기준 등에 관한 절대적인 의사결정 권한을 가지고 있다. 학교와 교사는 '교육과정 재구성', '교육과정 편성·운영'의 주체이지 '교육과정 개발'의 주체가 아니었던 것이다. 이 인식은 학교교육과정을 만드는 상황에도 그대로 영향을 미쳐 왔다. 본서에서 저자들은 교사가 학교교육과정 개발 또는 학교교육과정 디자인에서 핵심적인 결정 권한을 갖고 있는 의사결정자라는 인식을 하고 있다.

둘째, 앞에서도 언급했듯이 교육과정의 실제적인 의미와 관련된 물음이다. 교육과정은 학교교육을 염두에 두지 않고서는 그 의미가 제한적이고 추상적일 수밖에 없다. 교육과정 개발은 곧 학교교육과정을 만드는 일, 학교교육과정을 디자인하는 것이라는 함의가 필요하다. 본서에서 저자들은 교육과정 개발에 대한 전통적 인식에서 탈피하고자 노력하였다. 즉, 교육 목표와 내용, 수업, 평가 간의 일관성과 연계성을 강화하고 이를 넘어서서 세 요소를 '일체화'하는 관점에서 바라보고 있다.

셋째, 학교교육을 어떻게 개선하여 학생의 배움과 성장을 극대화할 것인가에 관련된 물음이다. 저자들의 경험상 학생의 배움과 성장은 학교 공동체 구성원 모두의 참여와 소통, 협력으로 매개된다. 공교육 제도에서 학교교육과정은 탈맥락적이고 형식적이며, 책장 속에서 먼지 쌓인 채 보관되어 있는 문서가 되고 있다는 비판이 많다. 학교교육과정에 가르침과 배움, 교과와 경험, 이성과 삶이 조화롭게 살아 있기를 기대한다. 이를 위해 이 책에서 저자들은 학교교육과정이란 '누군가가 만든 것'이 아니고 '우리가 만들어 가는 것'이라는 인식을 하고 있다.

저자들이 본서에서 위의 질문에 대해 제시하는 해결 방안은 결코 신화가 아니다. 그 까닭은 교사는 학생의 배움과 성장을 위해 '존재'하기 때문이다. 교사는 학교교육 비전과 목표, 교육 내용 선정, 학생 경험, 수업, 평가 등 교육과정 핵심 요소들을 적극적으로 개발하고 설계하는 '교육과정 디자이너'이기 때문이다. 그리고 교사는 학교와 교실에서 일어나는 문제를 전문적으로 판단하고 실천하는 '교육과정 의사결정자'이기 때문이다.

차례

2부 함께 만들어 가는 학교교육과정 실제

1부

미래 사회 변화와
학교교육과정

1장

학교, 교사, 교육과정의 연결 고리를 찾아서

동물은 스스로 결정할 수 없고, 자신과 자신의 행동을 객관화할 수 없으며, 스스로 목적을 설정할 수 없고, 의미를 부여할 수 없는 세계에 침잠해 살아간다. 전적으로 현재에 존재하기 때문에 내일도 오늘도 없다. 그래서 동물은 탈역사적이다. 그와 반대로 인간은 자신의 행동과 자신이 처한 세계를 이해하고, 자신이 설정한 목적에 맞춰 행동하며, 세계나 다른 사람들과의 관계를 고려하여 의사결정을 하고, 세계에 변화 작용을 가함으로써 자신의 독보적 존재를 세계에 투입한다. 그렇기 때문에 인간은 동물과 달리 그냥 살아가는 것이 아니라 존재하는 것이며, 인간의 존재는 역사적이다.

_파울로 프레이리, 『페다고지』에서

공감토크

김 교사   요즘 텔레비전이나 인터넷을 보면 4차 산업혁명, 인공지능,
　　　　미래교육 이야기만 하는데, 한편으로 불안하기도 하고 의심이
　　　　들기도 하고 그러네요.
채 교사   아마 우리가 그런 것을 잘 모르기 때문일 거예요.
선 교사   모를뿐더러 구체적으로 손에 잡히지 않기 때문이기도 해
　　　　요. 교육청에서 운영하는 연수에 참여해 보면 대부분 미래교육
　　　　에 대한 강의를 해요. 사회가 빠른 속도로 바뀌고 있다는 것에
　　　　는 저도 동의하는데, 실제로 교실 수업에 어떻게 반영할 것인가
　　　　에 대해서는 구체적으로 말하지 않아요. 그냥 '그렇게 해야 한
　　　　다, 그렇게 될 것이다, 그래서 준비해야 한다'고 말하는데 말로
　　　　는 무엇을 못할까요?
채 교사   미래교육이 있으면 현재교육도 있을 텐데, 미래교육을 현재
　　　　하고 있으면 그것은 미래교육이 되는 건가요 아니면 여전히 현
　　　　재교육인가요?
모두   하하하

김 교사 알파고 등장 이후에 언론이나 교육청에서 4차 산업혁명이나 미래교육을 얼마나 강조했습니까? 제가 볼 때는 지나칠 정도였고요, 이제는 식상한 느낌까지 드네요. 2015 개정 교육과정도 미래 핵심 역량을 교육과정에 반영하라고 하는데 답답하기도 하고요.

선 교사 교육과정부장이 학교교육과정 목표 체계도에 미래 핵심 역량이라고 몇 개 포함시켰던데, 그것으로 다 된 것인지 아니면 무엇을 더 어떻게 해야 하는지… 과연 실체가 있는 건가요?

채 교사 제가 멋진 말 한마디 해 드릴까요? '미래는 지금 우리가 만들어 가는 것이다. 현재가 없으면 미래도 없다', 어떻습니까?

선 교사 오우, 멋진 말인데요? 누가 한 말입니까?

채 교사 누군가가 말했는데 기억나지는 않습니다. 그런데 이런 뜻이었던 것 같아요. 인류 문명의 급격한 변화도 따지고 보면 수도 셀 수 없이 많은 사람들이 수천 번, 수만 번, 수십 년, 수백 년 동안 시행착오를 겪으면서 쌓고 또 쌓은 결과라는 것이지요.

김 교사 절대 공감이네요. 그런데 우리 내일 수업에서는 어떻게 하지요?

모두 (침묵)

1. 미래교육의 지향점을 묻다

우리는 미래 사회의 변화를 받아들일 준비가 되어 있는가

한국전쟁 이후 체계적인 공교육을 정착시키기 위해 국가와 교육계의 노력이 시작된 지 70여 년이 되었다. 1차 교육과정부터 2015 개정 교육과정을 거치는 동안 크고 작은 교육혁신이 끊임없이 시도되었다. 학교와 교실을 휩쓸고 간 셀 수 없는 개혁 정책들이 있었음에도 불구하고 우리나라 학교와 교실은 여전히 교사 중심, 가르치기 중심에서 크게 벗어나지 못하고 있다는 비판을 받아 왔다.

걷잡을 수 없이 빨라지는 국내외적 변화의 속도와 커져 가는 삶의 가변성에 따라 달라지는 시대적 요구를 반영하기 위해 2015 개정 교육과정에서는 그 어느 때보다 학생의 배움을 강조하고 있다. 또한 교육과정 개정의 배경에서 확인할 수 있듯이 학교교육을 통해 미래 사회에 학생들이 갖춰야 할 핵심역량을 기르도록 하고 있다. 교사가 전달한 교과 지식을 단순히 이해하거나 그대로 적용하는 능력을 넘어, 과제수행 맥락에 대한 반성적 성찰을 통해 그에 적합한 지식과 기능을 발휘하고 활용하여 문제를 해결해 가는 능력의 함양에 관심을 두는 것이다.[1]

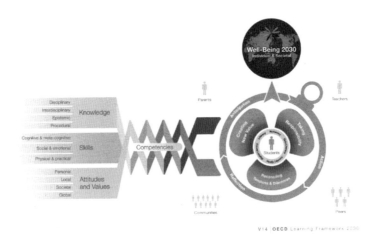

[그림 1-1] OECD Education 2030 개념틀

　2015 개정 교육과정부터 공식적으로 6가지 역량－자기관리 역량, 지식정보처리 역량, 창의적 사고 역량, 심미적 감성 역량, 의사소통 역량, 공동체 역량－을 제시하고 있다.[2] 이러한 움직임은 일찍이 캐나다, 호주 등에서 시작되었고, OECD에서는 단순히 역량을 제시하는 것에서 나아가 Education 2030 프로젝트를 통해 교육과정 개혁, 교수·학습, 평가 등을 지원할 수 있는 보다 구체적이고 실행 가능성이 높은 개념틀을 개발하기 위한 노력으로 이어지고 있다.[3]

　[그림 1-1]에서도 알 수 있듯이 지식, 기능, 태도가 총체적으로 맞물려 역량으로 발휘되고, 무엇보다 행동으로까지 연결되는 교육을 지향하고 있는 것이다. 이와 같은 교육을 위해서는 교사가 교육과정 전문성을 발휘하여 자신만의 교육과정을 디자인하는 출발점과 목표점에 길러 주고자 하는 역량이 자리하게 된다. 또한 학생들의 목소리가 더욱 중요해진다. 하지만 그동안 교육을 둘러싼 다양한 측면에서 노력을 기울여 왔음에도 대부분 학생들은 교육의 주체이기보다 당연히 정해

진 틀에 맞추고 정책을 따라야 하는 수동적인 위치에 갇혀 왔다. 결과적으로 여러 차례에 걸쳐 개정된 우리나라 국가교육과정도, 이를 위해 부가적으로 이루어지는 노력들도 생명력을 잃을 수밖에 없었던 것이다. 이러한 고질적인 문제를 해결하기 위해서는 교사의 판단과 교육적 의도의 출발점에 학생의 아이디어, 질문, 호기심 등을 둠으로써, 좀 더 통합적이고 유연하며 발현적인 교육과정curriculum that is integrative, fluid, emergent을 지향할 필요가 있다.[4]

이제 학교, 교사, 그리고 교육과정은 4차 혁명으로 대변되는 미래 사회를 적극적으로 조응하기 위해 스스로 혁신하지 않으면 안 될 운명을 맞이하고 있다. 혁신의 필요성은 학생을 위한 것임은 자명하다. 즉, 학생의 성장과 발달을 위해 모든 교육 자원이 재배치되어야 하는 것이다. 교육을 하는 사람들은 현재 학생 중심 교육을 위한 혁신의 물줄기 한가운데에 서 있다. 시대와 사회는 학교와 교사, 그리고 교육과정에게 지금까지의 모습과 매우 다른 모습을 요구하고 있다.

교육혁신은 현실이나

거시적인 관점에서 우리나라 학교와 교사, 교육과정이 직면하고 있는 현실을 살펴보면, 공교육을 강화하고자 하는 전 세계의 국가가 안고 있는 문제와 같은 맥락 안에 있다. 1980년대 후반 이후 세계의 교육은 각국 정부의 중앙집권화와 교육 목표 표준화로 뒤덮이는 흐름을 보였다. 교육의 상호 연계성·일관성 부족, 불균질성으로 인해 커져 가는 사회적 공포감, 한정된 공공 지출, 전 영역의 재정 긴축을 요하는 경제 상황, 정치계와 학부모들이 권위적 전통과 확실성에 대해 지닌

향수 등이 세계 각국을 시장주의와 표준화의 길로 이끌었던 것이다.[5]

1990년대부터는 시장 원리적 사고방식이 마침내 교육 분야까지 침투하기 시작했다. "효율화와 경쟁을 최우선으로 하는 비즈니스의 가치관이 이제는 사회정책이나 공공의 이익, 그리고 정부의 역할에 대한 논의를 지배"하게 되었기 때문이다. 경쟁 그 자체가 선한 것이라는 상정은 신자유주의 경쟁 모델의 중심 명제이다. 신자유주의에 의한 민영화는 공공 부문을 민영화하고, 사화私化하는 것에 의하여 공공권을 해체하였다. 뿐만 아니라 경쟁 그 자체가 선하다고 하는 사고방식은 '공'과 '사'의 가치를 역전시켰다.[6]

우리나라도 이러한 흐름으로부터 예외일 수는 없었다. 1995년 정부는 5·31 교육개혁 정책을 추진하였다.[7] 교육경쟁력 강화가 곧 국가경쟁력 강화라는 관점에서 교육의 세계화와 개방화를 추진한 것이다. 핵심은 공교육 시장화와 학교 민영화였다. 5·31 교육개혁안을 계기로 교육 분야에도 경쟁을 선호하는 신자유주의 패러다임이 본격적으로 등장하게 된 것이다. 이것은 이후 전개될 신자유주의에 기반을 둔 표준화된 교육의 흐름을 견고하게 하는 각종 정책의 신호탄과도 같았다.

2008년 정부가 추진한 학교자율화 정책은 지방자치의 활성화와 더불어 신자유주의 교육 흐름을 더욱 적극적으로 반영하는 결과를 낳기도 하였다. 일부 정책은 지방교육자치의 내실화를 중심으로 중앙정부의 지방으로의 권한 위임 의지가 상당히 담겨 있었다. 그러나 그와 동시에 자립형 사립고를 중심으로 한 고교 다양화 프로젝트와 같이 공교육을 위축시킨 결과를 초래한 정책도 다수 포함되었다. 당시 정부는 별도의 교육개혁 기구를 구성하지 않고, 교육과학기술부를 중심으로 교육개혁을 추진하였다. 정부는 자율화·다양화된 교육체제 구축과 학교교육 만족도 제고, 교육복지 기반 확충, 대학·연구 기관 핵심 역량 강화를 국정 과제로 설정하고 관련 정책을 추진하였다.

2009년 이후 문재인 정부가 등장하기 전까지 정부의 교육정책은 지방교육자치와 신자유주의처럼 서로 공생할 수 없는 이질적인 가치가 병존하는 기이한 현상을 보였다. 민선 교육감 선출과 혁신교육 등장으로 시·도 교육청의 매개적 정책 연결 고리가 생성되고 강화되어 가는 분위기가 형성됨과 동시에 2009년 및 2015년 국가교육과정의 개정으로 교육과정을 통해 단위학교를 통제하는 국가 구속력 또한 그 힘을 잃지 않고 있었다.

교육과정 결정의 분권화를 통해 시·도 교육청이나 단위학교가 교육자치 및 자율권을 확보할 수 있도록 지원하겠다는 목소리를 높이면서도 실제로는 법령을 제·개정하거나 제도적 장치를 마련하지도 않았다. 그리고 이를 구현하기 위한 정책적인 노력을 기울이는 데에도 매우 소극적이었다.

표준화 교육에는 또 다른 진실이 숨어 있다

켄 로빈슨Ken Robinson은 표준화 교육 저변에 교육을 정치적으로 통제하려는 논리가 담겨 있다고 주장하였다. 현재 대부분의 나라들은 정부가 공교육에 대한 고삐를 단단하게 쥔 채 강력한 지배력을 행사하고 있다. 이를 위해 강력한 국가교육과정을 만들거나 교육혁신 정책 또는 지침을 제시하고, 의회가 나서서 법령을 제정하기도 한다.[8] 나라별로 차이가 있지만 대체적으로 공교육을 개혁하는 관점에서 접근하는 방식이 일반적이다. 이러한 접근 방식에는 다음과 같은 공통된 인식이 내재되어 있다.

학업성취도가 높은 교육제도는 국가의 경제 번영과 경쟁력 우위 확보를 위한 결정적 요소다. 다시 말해 학업성취도의 표준은 높은 것이 좋으며 학교들은 이 표준을 끌어올릴 만한 과목과 지도법에 우선순위를 매겨야 한다. 지식 경제의 성장에 발맞추려면 많은 학생들이 고등교육, 특히 4년제 대학과 종합대학에 진학하는 것이 중요하다. 이것은 학교의 재량에 내맡기기에는 너무도 중대한 문제들이기 때문에 정부는 표준을 정하고, 커리큘럼의 내용을 구체화하고, 표준의 달성 여부를 확인하기 위해 학생들에게 체계적인 시험을 실시하고, 책무성과 경쟁을 강화해 교육의 효율성을 높이는 등 교육을 통제해야 한다.[9]

결국 표준화 교육의 통제 논리에는 학교교육에서 교육과정, 수업, 평가의 표준화와 구성원 간 경쟁이 필연적으로 부각될 수밖에 없다. 경쟁적 환경은 학생은 물론 교사와 학교에도 영향을 미친다. 표준화와 경쟁을 통한 교육은 산업사회 시대에는 자연스러웠고 효율적인 접근 방식이었지만, 현재는 탈출구를 모색하고 있는 실정이다. 이와 같은 접근 방식으로는 현재는 물론 미래 사회에 적합한 개인을 길러 내기가 어렵다는 인식이 널리 퍼져 있으며, 국가적 차원뿐만 아니라 개인의 삶을 영위하는 측면에서도 한계점이 드러나고 있다. 이를 학교에서의 교육과정, 수업, 평가를 통해 살펴보면 숨겨진 진실을 확인할 수 있다.

먼저 표준화된 교육과정은 우리나라와 같이 중앙집권적 교육과정 결정 체제를 유지하거나 국가 또는 주州 수준에서 세부적인 지침을 제시하고 있는 나라의 교육과정을 살펴보면 알 수 있다. 대부분 국어, 수학, 사회, 과학 등 이른바 전통적인 교양 교과liberal arts를 중심으로 편제하고 있다. 이러한 편제는 공교육이 등장하기 시작한 19세기 중반

이후부터 현재까지 크게 바뀌지 않고 있다. 핵심 교과 또는 주요 교과라 불리면서 교과 간 서열화가 형성되어 있다. 상대적으로 미술, 음악, 체육, 디자인, 연극, 무용, 공작, 기술 등과 같은 교과나 과목은 등한시될 뿐 아니라 커뮤니케이션, 매스미디어, 보건, 환경 등은 잘 편성되지 않는다.

표준화 교육을 통한 수업 방식은 교사 중심의 강의식 수업이 일반적이다. 사실적 지식과 기능 습득을 위한 설명과 시범 보이기를 통해 교사가 직접 가르치는 수업 방법을 선호한다. 효율적인 수업 모델을 선호하며 학습자의 배움보다는 교사의 체계적인 수업 행동을 더 중요하게 여긴다. 발견과 상상, 자기표현, 포트폴리오처럼 학생 주도적 수업 방식은 용기 있는 일부 학교나 소수 교사의 실험적이고 용기 있는 시도에 의해서만 가능하다는 견해가 일반적이다.

표준화 교육을 통한 평가의 경우, 객관식 문항 중심의 필기시험을 선호한다. 이 시험 방식은 학생 간 상대적 선발과 서열화가 가능하고 문항의 출제와 관리가 용이하기 때문이다. 학생이 성장 과정에서 겪는 실패와 성공, 시행착오보다는 성취도 기준 도달 여부에 더 관심이 많다. 이로 인해 학습 과제의 수행 과정을 평가하기보다는 일정한 시기를 정해 놓고 주기마다 결과를 파악할 수 있는 총괄적 평가를 더 자주 활용한다. 정성적 평가보다는 정량적 평가를 선호하며, 학교급이 올라갈수록 이러한 평가 방식은 객관적이라는 이유로 더욱 활용도가 높아진다.

각국이 처한 정치·사회적 체제, 그리고 문화에 따라 미세한 차이는 있지만 2000년대 이후 학교교육에서의 이러한 표준화된 교육과정, 수업, 평가 현상은 전 세계가 공통적으로 앓고 있는 전염성이 강한 현상이 되었다.

왜 우리나라 교육개혁은 공교육 강화로 이어지지 못했나

이와 같이 전 세계적인 교육의 표준화 흐름 속에서 각국은 자국의 실정에 맞게 교육개혁 정책을 추진해 왔다. 김용은 우리나라에서 교육개혁이 지속적으로 추진되는 과정에 나타나는 현상을 다음과 같이 밝히고 있다.[10]

첫째, 1995년에 추진한 5·31 교육개혁 당시 교육개혁의 키워드였던 '자율'과 '책무'가 지금까지 계속 활용되면서 많은 교육개혁 정책을 정당화하는 핵심 개념이 되고 있다. 둘째, 당시 5·31 교육개혁안에는 여러 가지 교육정책이 포함되어 있었는데, 이 정책들은 낱낱으로 의미를 갖기보다는 한 묶음으로 갖추어져야 비로소 온전하게 기능할 수 있다는 것이다. 셋째, 갖가지 교육개혁 정책이 시행되면서, 각 정책에 대한 평가를 하지 않은 상태에서 새로운 개혁 정책이 다시 도입되어, 중첩되는 현상이 나타나고 있다는 것이다.

정부의 정책이 단위학교와 교실 수업에 반영된다는 것은 매우 긴 시간과 다양한 사람들의 노력, 셀 수 없이 많은 후속 제도와 정책 지원 등이 충족되어야 가능한 일이다. 이러한 맥락에서 김용이 밝힌 우리나라 교육개혁 현상에 대한 견해는 정부의 교육개혁 정책이 실제로 교육현장에서 추진될 때 드러나는 난점을 고스란히 반영하고 있다고 볼 수 있다.

먼저, 자율과 책무는 학교와 교사를 통제하는 당근과 채찍의 역할을 하기도 했지만, 부작용을 초래한 범위가 더욱 넓다고 볼 수 있다. 교사들의 목소리와 상관없이 부여된 자율은 규제를 완화함으로써 학교 간 경쟁을 유도하기 위한 '강요된 자율성forced autonomy'으로 학교현장에 다가왔다.[11] 책무를 위해 교육청 평가, 학교 평가, 교원 평가, 학업성취도 평가, 교육정보 공개 등이 진행되어 오며 여러 비판을 받고 있다. 특히 교원 평가의 경우 과연 평가가 교사의 동기를 자극하고 일에 몰입하게 하며, 궁극적으로 교육 조직의 질을 높이고 있는가에 대한 의문이 지속적으로 제기되고 있는 실정이다.[12]

둘째, 교육개혁 정책이 묶음으로 갖추어질 때 온전한 기능을 한다는 것은 정책의 시스템적 기능을 의미한다. 그리고 기존 교육개혁 정책이 특정한 이념을 선호하는 정권의 교체와 관련 없이 일관성과 지속성을 확보할 수 있느냐의 문제이다. 교육정책이 사회적 과제에 부응하기 위한 것이라고 한다면, 한국 사회가 안고 있는 교육문제는 정권의 정치적 성격과 상관없이 일관성 있게 장기간에 걸쳐 추진되어야 한다. 교육개혁의 일관성과 지속성은 정권이 바뀔 때마다 부각되기도 하고 단절되기도 하였다.

셋째, 교육개혁 정책 추진 과정과 결과에 대한 철저한 검증 없이 새로운 교육정책이 덧붙이기가 될 때, 단위학교와 교사는 혁신에 대한 공감도를 높은 수준으로 유지할 수 없다. 학교와 교사의 입장에서는 각각의 개혁 정책들은 상당한 시간과 에너지를 들여야 하는 일인데, 이 정책들로 인해 학교 업무는 점차 복잡해지고 교사들의 부담이 늘어나는 결과를 초래하였다. 학교와 교사의 지지를 얻지 못한 채 추진된 교육개혁 정책들은 학교현장에 쉽게 뿌리를 내리지 못하였다. 현재까지 정부나 교육청의 주도 아래 추진된 개혁 정책들은 이와 같은 공통점을 안고 있었다. '이 개혁 정책도 시간이 지나면 곧 지나갈 것이리라'는 교사들의 푸념은 반복되는 경험을 통해 법칙으로 자리매김할 정도가 되었다.

학교, 교사, 교육과정의 역할은 무엇인가

가르치기에서 배움으로, 교사 중심에서 학생 중심으로 교육혁신의 패러다임이 변하고 있다. 이 패러다임에서는 시·공간의 제약을 받는 학교보다는 지역사회와 커뮤니티 시스템에 개방적인 학교, 권위적인 지식 전달자로서의 교사보다는 인터넷 및 모바일 학습 환경에 익숙한 교사, 문서로 된 교육과정보다는 학생이 경험하는 교육과정이나 프로그램을 더 선호할 것이다. 전통적인 의미에서의 학교, 교사, 교육과정의 역할과 기능은 현재보다 훨씬 약화되거나 축소될 것이다. 그럼에도 불구하고 여전히 학교와 교사, 교육과정의 역할은 남아 있다.

첫째, 세계교육개혁 흐름의 한가운데에 여전히 학교와 교사, 교육과정의 역할이 남아 있다. 우리나라를 비롯한 전 세계의 모든 국가들은 미래 사회 변화에 적극적으로 대응하기 위해 다양한 교육혁신을 시도하고 있다. 국가 또는 지역 수준, 학교 수준, 교사 수준 등을 막론하고 다양한 형태와 관점이 수용될 수 있는, 질 높은 교육과정을 개발하고 지원하기 위해 안간힘을 쓰고 있는 것이다. 교사는 현재 자본주의 사회에서 전문적 자본으로 통한다. 우리 사회도 역시 학교와 교사를 통해 학생이 시대의 변화를 긍정적으로 수용할 수 있는 역량을 키우기를 원하고 있다. 교육을 하는 많은 사람들이 교사가 교육개혁 과정에서 혁신적인 교육과정을 개발하고 실천할 수 있는 전문가로서 역할을 수행하기를 기대하고 있다.

둘째, 현대 사회가 다양하고 복잡해질수록 학교와 교사의 교육과정 개발과 조정 역할이 강조된다. 일반적으로 교사와 교육과정은 학교와 교육의 또 다른 표현으로 인식된다. 우리의 의식 속에 교사는 학교라는 공교육 기관을 대변하는 존재이며, 교육은 교육과정을 통해 실현된다는 의미일 것이다. 학교에는 학생이 있고 학생은 교과 내용이든 경험이든 교육과정이 필요하며, 교사는 학생의 성장을 위해 교육과정을 조정하고 운영하면서 교육을 하고 있다. 학교, 교사, 학생, 교육과정 등은 본질적으로 매우 성격이 다른 요소들임에도 불구하고 교육이라는 하나의 테두리 안에서 서로 연결되어 있고 맞물려 돌아가지 않으면 안 되는 숙명을 안고 있다. 그리고 현대 사회가 다양하고 복잡해질수록 교육 현상도 그만큼 다양해지고 복잡해지고 있다. 이런 맥락에서 교사가 교육과정을 개발하고 조정하는 것은 곧 학교, 지역, 국가 차원에서 교육의 질을 확보하기 위한 용이한 통로를 확보했다는 것을 의미한다고 볼 수 있다.

셋째, 교사의 교육적 대화는 결국 교육과정 대화라는 사실에 주목해야 한다. 우리가 교육을 주제로 대화할 때 실제로는 교육과정에 대한 대화를 하고 있을 경우가 많다. 몇 가지 이유를 생각해 볼 수 있다. 우선 교육과정은 학교교육계획, 교실 수업, 학생 평가 등 학생과 관련하여 교육의 가장 본질적인 부분을 다룬다. 그리고 그 대화에 참여한 사람들은 교육과정 그 자체는 물론 교육과정에 영향을 미치는 교육의 내적·외적 요인들도 함께 언급한다. 또한 교육과정이 교육을 구성하는 중요한 요인이지만 때에 따라서는 교육정책이나 정치·사회적 권력, 학부모 요구가 교사나 학생, 교육과정에 더 많은 영향을 미치고 있다는 사실도 체감하고 있다. 결국 우리는 교육을 주제로 대화하면서, 특히 교육과정이 관심을 두고 있는 문제를 중심으로 대화하고 있는 것이다. 교사는 가장 미시적인 교육 세계의 문제에서부터 가장 거시적인 교육 세계의 문제까지 모두를 해결하기 위해 노력하지 않으면 안 되는 상황에 처해 있다.

2. 학교교육과정에 관하여

학교교육과정에 관한 근본적 물음

교사라면 한 번쯤 다음과 같은 질문을 해 보았을 것이다.

'학교교육과정은 왜 필요한 것인가?'
'학교교육과정을 누가, 어떻게 만드는 것이 가장 효과적인가?'
'학교 구성원 모두가 만족하는 학교교육과정은 어떤 모습인가?'

교육과정은 학교교육을 위한 것일 때 그리고 학생의 배움과 성장을 위한 것일 때 그 본래의 의미가 살아난다. 질 높은 학교교육과정의 실체가 무엇인지 규정하기 위해 오랫동안 수많은 교사와 연구자들이 고민해 왔다. 그리고 국가나 지방 자치단체는 어떤 법률을 제정하고 제도적 시스템을 운영해야 하는지, 시·도 교육청과 교육지원청의 장학사들은 어떻게 학교를 지원해야 하는지, 그리고 교사는 현재 자신이 속한 학교의 교육과정이 학생의 배움과 성장을 위해 최적화되어 있는지 지속적으로 고민해 왔다.

'교육과정' 개념에 대한 학술적 논쟁과 달리 '학교교육과정'의 개념은 비교적 명확하다.[13] 즉, 교육과정의 개념이 주로 학교에서 가르치고 배우는 내용과 경험 그리고 이를 위한 계획으로 명료해지고, 교육과정의 물리적 경계가 주로 학교라는 시·공간으로 좁혀지며, 교육과정의 의사결정 주체가 교사, 학생, 학부모 등이 되기 때문이다. 학교교육 과정에 영향을 미치는 다른 요인들은 이를 만들고 운영하며 평가하는 데에 도움을 주는 부수적인 것이 된다. 따라서 학교교육과정에서는 무엇보다도 학교교육 문제 그 자체에 초점을 맞출 수 있다.

물론 때에 따라서는 학교에 영향을 미치는 외부 문제가 학교교육에 더 강력한 힘을 발휘하기도 한다. 학교 외부에서 작동하는 사회적·정 치적 문제들은 너무나 복잡하고 방대한 것이어서 대부분 학교가 홀로 해결할 수 없는 문제들이 많다. 적지 않은 어려움과 한계가 따르지만 학교가 스스로 해결할 수 있는 문제는 학교교육과정에 담아 논의하 는 것이 생산적일 것이다. 그 출발점은 바로 단위학교가 만든 교육과 정이다. 그래서 학교교육과정과 관련한 대화는 현재 학교와 학교교육 과정이 당면한 이슈가 무엇인지, 그리고 학교와 학교교육과정을 개선 하기 위해 어떤 노력을 기울여야 하는지를 살펴보아야 한다.

학교교육과정에 관한 근본적 물음을 여섯 가지 이슈를 중심으로 살펴보면 다음과 같다.[14]

첫 번째 이슈: 보편적 교육과 개별화된 교육

공교육 기간 동안 학교는 모든 학생에게 동일하고 보편적인 교육을 제공해야 하는가 아니면 학생마다 개별화된 교육을 제공해야 하는가 의 논쟁이 지속되어 왔다. 이 논쟁에는 교육을 바라보는 사람들의 철 학적 시선이 반영되어 있다.

교육의 보편성을 옹호하는 사람들은 학생의 능력이나 적성을 고려 하기보다는 국어, 수학, 사회, 과학, 역사 등과 같이 전통적인 교과가 나열된 학교교육과정을 강조한다. 이들은 학교가 학생들을 능력별로 집단 편성하거나 과도하게 개별화된 교육을 받는 시스템을 운영하면 학생 중 일부는 공교육 초기 시점부터 이미 무능력한 학생이라는 낙인을 받게 되어 결국 질 높은 교육을 받을 기회조차 빼앗기게 된다고 주장한다.

반면, 개별화 교육 옹호자들은 학생 한 명 한 명에 대한 개별적인 교육 프로그램 제공은 아니더라도 최소한 비슷한 능력과 적성을 가진 학생들을 모아서 선택적인 학교교육과정을 설계하여 운영하는 것을 강조한다. 이들은 학생들을 능력별 집단으로 편성함으로써 유사한 학습능력을 가진 학생들을 위해 수준별 교육과정을 제공할 수 있고 그들의 학습 욕구를 개별적으로 충족시킬 수 있다고 주장한다.

자명한 것은 교육은 보편성과 개별성을 모두 담보해야 한다는 것이다. 교육의 보편성은 모든 학생들이 민주적 가치를 우선하는 시민으로서 성장할 수 있도록 돕는 것이어야 하고, 교육의 개별성은 학생 한 명 한 명이 자신의 소질과 적성을 발견하도록 공정한 기회를 주어야 한다는 것이다. 우리의 고민은 학교교육과정에 이 두 가지의 가치를 모두 담아야 한다는 것에 있다.

이와 관련하여 다음과 같은 물음들을 제기할 수 있다. 현재 우리나라 학교교육과정에는 공교육의 보편성과 학생의 능력별 교육의 가치를 조화롭게 담고 있는가? 학교교육과정은 모든 학생의 탁월성을 향상시키기 위해 보편적으로 구성되어야 하는가, 아니면 학생들의 재능을 중심으로 능력별 반 편성을 하여 교육과정을 수준별로 구성하는 전략에 집중해야 하는가?

두 번째 이슈: 실생활과 인위적인 교과

학생의 실생활은 맥락적이며 문제 사태 해결의 연속이다. 보편적이기보다는 특수한 상황이 많으며, 집단적이기보다는 개별적이다. 일상적 삶은 정형화되어 있지 않고 가변적이며, 특히 개인의 경험의 종류와 질에 따라 개인차가 크다. 부모와 자녀의 유대감과 정서적 관계 유지, 기본적인 생리 욕구 충족과 같은 가정에서의 삶, 교우관계 형성, 학업성취도 향상, 공동체 규율 지키기, 진로 계발, 직업 갖기 준비와 같은 학교에서의 삶, 그리고 공공성 형성과 개인의 사회화와 같은 사회적 삶 등은 학생이 현재 직면하고 있는 다양하고 복잡한 삶의 상황이다.

이와는 달리 학교의 형식적 교육과정은 학생의 일상적 삶과 분리된 경우가 많다. 주로 지적 기능과 지식을 최우선으로 하면서 학생의 심리적 경험보다는 교과의 논리적 가치를 핵심으로 편성한다. 교과의 논리는 학생의 지적 기능이 학년이나 학교급이 올라갈수록 점점 추상적이고 복잡하게 발달하도록 위계화되어 있다. 학교교육을 담당하고 있는 교사나 교육과정 전문가들은 교과를 근간으로 이렇게 위계화된 교육 내용을 선호하며 학교교육과정에 반영하고 있다.

그렇다고 해서 현재 학교교육과정의 내용이 절대적으로 교과의 논리만을 담고 있다고 단정지을 수는 없다. 우리나라 다수의 초·중등학교 교육과정에는 학생이 다양하고 복잡한 사회에 적응하여 살아갈 수 있도록 돕는다는 공통의 목적이 담겨 있다. 일회적이고 즉시적인 성과를 확인할 수 있는 것보다는 학생의 성장이나 학업성취도 향상과 같이 장기간에 걸쳐 점진적인 성과가 누적되도록 교과를 중심으로 학교교육과정을 구조화하고 있다.

두말할 것도 없이 최선의 답은 학생들에게 일상생활에서 직면하는 문제 상황을 제시하고 그 문제를 해결하기 위해 교과의 지식과 기능을 활용하도록 하는 것이다. 그리고 몸과 마음이 모두 성장할 수 있도록 삶의 문제를 해결할 수 있는 기회를 제공하는 것이다.

이와 관련하여 다음과 같은 물음들을 제기할 수 있다. 학교교육과정에서 본질적인 것은 경험의 과정인가 아니면 경험의 결과인가? 과연 학교교육과정은 학생들에게 자신의 삶의 문제를 해결할 수 있는 힘을 키우도록 도움을 주고 있는가? 학교교육과정에 학생의 경험과 교과의 논리를 조화롭게 담기 위해서는 누가, 어떤 노력을 기울여야 하는가?

세 번째 이슈: 작은 학교와 큰 학교

학교 규모와 학생 수는 기존의 교과교육과정뿐만 아니라 지역사회 문제해결 프로젝트 참여, 봉사, 방과 후 예술활동, 학교 밖 체험 등과 같은 교과 외 교육과정의 질에도 영향을 미친다. 일반적으로 학교 학생 수가 500명, 학급당 학생 수가 35명이 넘을 경우 도서관, 운동장 및 체육관, 급식실, 컴퓨터실, 과학실 등의 각종 시설의 수용 인원 한계를 넘어서게 되어 학생들은 다양한 교육활동 참여에 제한을 받는다. 학급 규모가 커지면 교사들은 더 많은 시간을 교실에서 보내는 한편, 더 적은 시간을 학생이나 다른 교사들과 보내게 된다. 학생 한 명한 명을 대면할 수 있는 시간, 자신의 전문성 개발 시간은 줄어들게 된다.

이러한 학교의 규모는 사실 국가 교육정책이나 사회적 요인에 의해 영향을 받는다. 주로 교육부의 학교 지원 정책, 대도시와 지방 도시의 규모, 지역사회의 정체성, 국가나 지방정부가 확보하고 있는 교육 예산, 출산율에 따른 학령기 학생 수의 증가 및 감소, 교원 양성 기관의 교원 양성 현황 등과 깊은 관련이 있다. 인구 밀도가 낮은 지방의 소규모 학교는 통합 또는 폐교의 위기에 있는 반면 인구 밀도가 높은 대도시의 학교는 과밀 현상으로 교육의 질 확보에 어려움을 겪고 있다.

1990년대 초등학교 및 중학교, 고등학교의 학급당 학생 수가 40명이 넘어가던 시절에 다수의 교사들은 학생 수가 30명 명 정도만 되면 질 높은 수업이 가능하며 교육다운 교육이 가능할 것이라고 입을 모으곤 했다. 학급당 학생 수가 30명 수준이 된 현재 그때 그 교사들은 다시 20명 정도가 되면 질 높은 수업이 가능하고 교육다운 교육이 가능할 것이라고 말하고 있다. 통합 또는 폐교의 위기에 있는 지방의 작은 학교가 복식 수업을 하는 상황과 이것과는 대조적으로 신도시 개발로 인해 여전히 학급당 40명에 육박하고 있는 대도시 큰 학교의 상황을 보면 단순히 한 가지 기준으로 상황을 판단하기에는 무리가 따른다.

현재 시점에서 제시할 수 있는 질문은 다음과 같다. 수준 높은 교육의 질을 확보하기 위해서 학교의 규모는 어느 정도가 적당할까? 저출산 고령화 사회로 가파르게 진입하고 있는 이 시점에서 학급당 학생 수에 따른 교육 효과론은 어떤 의미가 있을까? 학교의 규모와 학생 수는 과연 학교에서의 학생의 배움과 어떤 상관관계가 있는가? 학교교육과정은 학교의 규모에 따라 어떤 차별성이 있는가?

네 번째 이슈: 학년제와 무학년제

19세기 말 공교육 제도가 시작되면서 교육자들은 어린 학습자들을 효과적으로 교육하기 위한 최선의 방안에 대해 고민하였다. 개별적인 학생 지도 시스템은 너무 많은 시간과 비용이 들었고, 교사를 충분히 확보할 수도 없었기 때문에 활용할 수 없었다. 다수 학생을 일정한 공간과 일정한 시간에 교육하기 위해서는 연령에 따른 학년제가 가장 효과적이라는 인식이 널리 퍼지게 되었고, 거의 모든 나라가 이 방식을 선호하였다.

학년제를 옹호하는 사람들은 개별화 교육을 인정하기는 하지만 다수의 학생들이 교육의 혜택을 누리기 위해서는 개별적인 교수법보다 다수를 위한 대규모 교수법이 효율적이라는 인식이 더 강했다. 비록 학년제가 완벽한 제도는 아니지만 동일 연령대의 학생들이 유사한 방식으로 성장할 수 있도록 도울 수 있고 다양한 교수 방법을 활용한다면 개인차는 극복될 수 있을 것이라고 믿었다.

반면, 무학년제를 옹호하는 사람은 학생들의 학업성취도 향상과 사회성 발달 측면에서 개별화된 소규모 교수법이 훨씬 더 효과적이라는 인식이 강했다. 그들이 주목한 것은 학생들이 교실 수업 도중에 자기 차례를 기다리면서 시간을 허비하고 있으며, 학습 내용이 너무 쉽다고 느끼거나 반대로 너무 어렵다고 느낀다는 점이었다. 학습자의 학습 속도와 능력에 맞춘 교수법, 이른바 맞춤형 수업의 필요성을 강하게 주장하면서 프로그램 학습, 컴퓨터 보조 학습, 개별화 교수 프로그램 등 테크놀로지를 활용해야 한다고 제안하였다.

이와 관련하여 다음과 같은 물음들을 제시할 수 있다. 학생들의 배움과 성장에 가장 적합한 학제는 어떤 것인가? 공교육 시스템에서 다수의 학생들을 효과적으로 교육하기 위한 개별화 및 맞춤형 교육의 실현 가능성은 어느 정도인가? 현행 학년제 중심의 학제에서 학생의 학습 개인차는 어느 정도 보완되고 있는가? 학생의 개별적 성장에 초점을 둔다면 학교교육과정은 어떻게 설계되어야 하는가?

다섯 번째 이슈: 교육 공동체로서의 학교와 관료 조직으로서의 학교

우리나라 학교의 일상을 살펴보면 '일터'로서의 학교 모습과 '교육'으로서의 학교 모습이 겹친다. 일터로서의 학교조직은 교사에게 일을 요구하겠지만, 교육으로서의 학교조직은 교사에게 공동체의 비전과

가치 실현을 요구할 것이다. 현재의 학교 상황은 어떠한가? 학교는 여전히 행정·관리적 업무에서 자유롭지 못하다. 학교는 대량 생산 시스템을 갖춘 공장에서 단순 반복적인 일을 수행하는 조직이 아님에도 불구하고 때로는 교사에게 효율적이고 반복적인 업무 수행을 요구하기도 한다. 업무의 효율성만을 강조하게 되면 학교조직은 체제 순응주의적, 수동적인 공간으로 변질될 수 있다. 학교가 이러한 관료적 조직으로 변해가는 것을 좋아하는 교사는 아마 한 명도 없을 것이다. 다수의 교사는 학교가 시대 가치를 실현하고 올곧은 교육철학을 가지며 유사한 신념을 함께 실현하는 사람들이 모인 유기적인 조직이기를 바랄 것이다.[15]

학교를 이해하려면 학교 안에서 생활하고 있는 교사를 먼저 이해해야 하고 교사가 학교를 어떻게 바라보고 있는지를 분석하는 일이 필요하다. 교사는 다른 사회 조직의 구성원처럼 자신들을 둘러싼 일상의 구조와 관습에 적응하며 신념과 행위를 형성해 간다.

이와 관련하여 다음과 같은 물음들을 제기할 수 있다. 교사는 학교 교육과정 개발과 운영을 행정적 '일'로 생각하고 있지는 않은가? 국가 또는 지역 수준에서 요구하는 사회적·정치적 환경 요인들과 끊임없이 상호작용해야 함에도 불구하고 학교 '일'을 관습적으로 수행하고 있지는 않은가? 일하는 방식은 관료주의의 전통적인 형식성에 빠져 있지 않은가? 또한 학교는 교사의 변화 욕구를 수용하며 공동체의 비전과 가치를 제시하고 있는가? 학생들이 다니고 싶어 하는 학교는 어떤 학교인가? 교사들이 출근하고 싶고, 학부모들이 자녀를 보내고 싶은 학교는 어떤 학교인가?

여섯 번째 이슈: 교사의 전문성과 학교자치

우리나라에서 질 높은 학교교육과정을 만들고 운영하며 평가하는 일은 교육과정 분권과 자율, 학교자치와 관련이 깊다. 교육과정 분권과 자율은 학교의 전문적 자율성을 존중하기 위한 것이고, 이것을 기반으로 한 학교자치는 학교라는 조직의 민주적 운영과 학교의 특성을 살리기 위한 것이라고 볼 수 있다. 현재 우리나라 교사, 교육부와 시·도 교육청의 교육정책 담당자들은 이 문제를 가장 관심 있게 바라보고 있다.

외부에서 만든 표준화된 교육과정은 더 이상 학교 현실에 맞지 않는다. 70여 년 이상 지속된 우리나라의 국가교육과정 중심 체제는 학교교육과정의 자율성과 창의성을 위축시켰고, 교사 간 협력적 관계를 약화시켰으며, 학교문화에 형식적 관료주의를 심었다. 국가의 교육과정 기준과 시·도 교육청의 편성·운영 지침에 지나치게 초점을 맞추다 보니 학교에서 해야 할 것을 스스로 생각하고 실천하는 일에 익숙하지 않게 되었으며, 자율성 높은 학교문화를 만들어 내지 못했다. 이제 학교교육과정은 교육과정의 자율적 결정권 확보와 더불어 학교자치의 성공 여부를 결정짓는 중요한 역할을 하게 되었다.

핀란드, 캐나다 앨버타와 온타리오주, 우리나라의 성공적인 혁신학교에서 확인한 교육혁신 사례의 공통점 중 한 가지는 높은 수준의 교사 자율성과 전문성이며, 이것이 학교교육력으로 연결되었다는 사실이다. 교사의 집단적 효능감, 다시 말해서 전문적 자본을 개발하는 일이 국가 교육혁신의 중점 과제가 되고 있다. 새로운 세대들이 교직에 입문하고 그들의 전문적 역량을 개발하는 일에 초점을 맞추면서 집단적 책무성과 협력적 관계성을 학교문화에 자리 잡도록 하는 일은 국가와 지방자치단체는 물론 교육 행정당국 모두의 책무가 되었다.[16]

학교자치는 학교를 자율적이고 공동체 중심적인 조직으로 바꾸는 일이다. 이 과정에서 학교교육과정은 학교자치를 실현하기 위한 헌장이 되어야 하며, 교사는 자율적 학교 공동체를 형성하는 데 학교교육과정이 어떤 기여를 할 수 있는지를 끊임없이 찾고 고민해야 한다.

이와 관련하여 다음과 같은 물음들을 제시할 수 있다. 학교와 교사, 학생이 교육과정 결정권을 현재보다 더 확보하려면 무엇이 필요한가? 학교자치를 구현하기 위해서 학교교육과정은 어떻게 설계되어야 하는가? 학생의 배움과 성장을 최우선시하는 상황이 되려면 누가, 어떻게 학교교육과정을 만들어야 하는가? 해마다 힘들게 만든 학교교육과정은 왜 항상 책꽂이에만 꽂혀 있는가?

학교교육과정의 오래된 담론

김호권은 교육과정教育課程에 관련된 문제와 가르치는 과정過程에 관련된 문제를 결코 떼어놓고 생각할 수 없다고 말한 바 있다. 교실에서 학생들에게 무엇인가를 가르치려고 할 때, 우리는 이미 '무엇을 가르칠 것인가?'라는 질문과 '그것을 왜 가르쳐야 하는가?'라는 질문에 대해 이미 고민을 끝내고 대답을 한 상태에 있다. 이러한 대답은 의식적일 수도 있고 무의식적일 수도 있다. 그러나 이러한 질문에 대한 대답은 어떤 식으로든 교사가 전개하는 수업의 실제 속에 반영되어 있다.[17]

여기서 '무엇을 가르칠 것인가?'와 '그것을 왜 가르쳐야 하는가?'라는 물음은 교육과정의 영역에 속하는 질문이다. 이와 반대로 학생들을 가르치면서 '그것을 어떻게 가르칠 것인가?'와 같은 질문을 할 수 있다. 이것은 수업의 영역에 관련된 질문이다. 그리고 '어떻게 평가할 것인가?'라는 질문을 할 수 있다. 이것은 가르친 과정과 결과가 학교 교육의 개선과 학생의 배움으로 연결되는 평가의 영역에 관련된 질문이다.

우리는 이 세 가지 유형의 질문 사이에 밀접한 관련성이 있으며, 또한 이 세 가지 유형의 질문이 서로 밀접하게 관련되어야 한다고 믿는다. 왜냐하면 '어떻게 가르칠 것인가?'는 바로 '무엇을 가르칠 것인가?'에 대한 대답이 있기 때문에 있을 수 있는 질문이며, 또한 '무엇을 가르칠 것인가?'는 '그것을 어떻게 가르칠 것인가?'에 대한 대답이 적어도 잠재적으로라도 있을 수 있다는 가정이 있어야만 성립되기 때문이다. 그리고 이 모든 과정이 과연 적절한 것인지 돌이켜 보아야 한다. 여기에서 학교교육의 세 가지 측면, 즉 교육과정과 가르치는 과정(다른 말로 표현하면 수업이다), 그리고 평가가 서로 긴밀한 관계를 맺지 않으면 안 되는 이유를 발견할 수 있다.

이와 관련하여 삼십여 년 전 김호권은 교육과정의 개념 체계를 모형으로 제시하였다. 여기에서는 교육과정을 세 가지 개념적 수준에서 파악하고 있다. 그에 따르면 교육과정은 첫째, 공약된 목표로서의 교육과정, 둘째, 수업에 반영된 교육과정, 셋째, 학습 성과로서의 교육과정이라는 수준에서 고찰된다.[18]

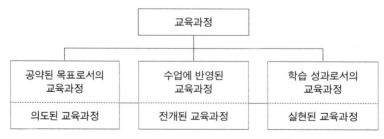

[그림 1-2] 교육과정의 개념 체계 모형[19]

첫째, '공약된 목표로서의 교육과정'이란 의도된 교육과정으로 국가 교육과정을 의미한다. 이것은 학교에서 전개되거나 교사가 실천하기 이전으로, 아직 하나의 교육적 의도로 머물러 있는 상태의 교육과정이다. 또한 교육부가 법령으로 확정하고 공포하는 것으로 법률적 강제성을 띠고 있는 일종의 규범적規範的인 교육과정이다. 그런데 개별 학교가 이를 학교교육과정으로 어떻게 해석하며 교사가 이를 수업에서 어떻게 전개하는가는 전혀 다른 차원의 문제가 될 수 있다. 학교와 교사의 교육과정 전개는 이 수준의 교육과정에서 출발한다.

둘째, '수업에 반영된 교육과정'이란 전개된 교육과정이다. 하나의 공약公約으로 또는 규범으로 머물러 있던 교육과정은 학교나 교사에 의해 재해석되고, 개별 교사의 수업 행위 속에서 실천되지 않으면 안 될 처지에 있다. 다시 말해 교육적 의도로만 머물러 있던 교육과정이 학교의 교육활동과 교사의 수업이라는 가시적인 실천 현상으로 변환되는 것이다. 공약된 목표로서의 의도된 교육과정은 하나이지만 수업에 반영되어 전개된 교육과정은 학교마다, 교사마다 매우 다를 수 있다.

셋째, '학습 성과로서의 교육과정'이란 수업의 결과로서 학생들에게 실제로 실현된 교육과정이다. 의도된 교육과정이 교사의 수업을 통해 전개되고, 그 결과 학생 한 명 한 명이 결과적으로 얻게 되는 '학습'이 과연 무엇인가의 문제와 관련된 것이다. 이것은 단순한 교육적 의도나 실천의 수준을 넘어서는 또 다른 차원의 문제이다. 여기에서 제기할 수 있는 물음은 '학생은 과연 무엇을 경험했으며 무엇을 배웠는가?'이다. 교육과정을 근거로 설정한 목표나 가르칠 내용 선정은 철저하게 교사의 관점이지만, 학습의 개인차로 인해 학습 성과가 매우 달라질 수 있음을 알 수 있다. 이 수준에서 학습 성과를 확인할 수 있는 방법은 평가이며, 학생들의 인지적 및 정의적, 그리고 신체적 학습 성과를 추정해 볼 수 있다.

학교교육과정의 수준

교육과정이 개발되는 수준을 살펴보면 학교교육과정이 차지하는 개념적 위치와 수준을 좀 더 명확하게 알 수 있다. 마쉬와 윌리스 Marsh & Willis는 미국에서 교육과정이 국가 수준, 주州 수준, 지역 수준, 학교 수준, 교실 수준의 다섯 가지 수준에서 개발된다고 분류하였다.[20] 이를 우리나라 교육과정 상황과 관련지어 살펴보면 다음과 같다.

첫째, 국가 수준이다. 2000년대 이후 교육과정위원회의 전문가들은 표준화된 성취기준과 평가기준 개발에 중점을 두었다. 그리고 연방 정부가 개발한 국가교육과정 기준을 주 정부가 수용하도록 예산 지원 기준을 마련함으로써 국가의 구속력을 강화하고 있다. 이 수준에서는 주로 교과 전문가와 교육과정 개발 전문가가 개발을 주도하고 절대적인 의사결정권을 갖는다. 교사가 개발팀의 일원으로서 참여할 수도 있으나 대부분 조언하는 역할에 그친다.

우리나라에서는 대체로 국가교육과정위원회 또는 이와 비슷한 위상을 갖는 의사결정 기구를 구성하여 국정 과제를 반영하거나 국가 수준의 교육개혁을 시도하고, 국가교육과정을 개발한다. 추구하는 인간상, 각급 학교의 목표, 교육과정 편성·운영 기준 등이 담긴 총론과 교과별 성취기준이 담긴 각론을 국가 수준에서 개발하고 있다.

둘째, 주州 수준이다. 1980년대까지 주 수준 교육과정 개발은 크게 주목받지 못했고, 최소한의 지침 개발이나 프로그램 개발에 예산을 투입하는 정도였다. 그러나 1990년대 초반부터 주 수준의 표준 교육과 정을 개발하기 시작하였고, 이를 교과서와 학업성취도 평가와 연계시 키기 시작하였다. 2000년대에는 대부분의 주에서 표준 교육과정을 개 발하면서 학교 평가와 지역 교육청의 교육 내용을 표준화하였다.

우리나라에서는 광역 시·도 교육청 수준에서 법령에 따라 교육과 정 편성·운영 지침을 개발하고 있다. 국가교육과정의 목적과 취지가 단위학교교육과정에 충실히 반영될 수 있도록 중앙 정부와 단위학교 사이에서 정책, 예산, 인사 및 장학을 지원하고 있다. 교육감의 의지에 따라 단위학교에 파급력이 큰 혁신 정책을 추진할 수도 한다.

셋째, 지역 수준이다. 이 수준에서는 미국의 경우 오랫동안 지역 수 준의 교육과정 개발 프로젝트가 끊임없이 시도되었으나 그 빈도와 범 위, 결과의 일반화는 지역마다 편차가 컸다. 어떤 지역에서는 지속적인 교육과정 혁신이 시도되는 반면 어떤 지역에서는 그렇지 않았다.

우리나라에서는 시·군·구 단위의 교육지원청 수준에 해당하는데, 마쉬와 윌리스의 견해처럼 우리나라도 교육지원청이 주도적으로 시도 한 교육과정 개발 프로젝트 사례는 드물뿐더러 사례가 일반적이지 않 다. 교육지원청은 광역 시·도교육청의 행정적 통제를 강하게 받는 위 치에 있으며, 지역의 단위학교를 장학하고 행정적으로 지원하는 역할 에 초점을 두고 있다. 학교교육과정 편성·운영 지침과 개발 사례가 담 긴 실천 중심 장학 자료 개발, 교육과정 관련 소규모 교사 연수에 치 중하고 있다.

넷째, 학교 수준이다. 일반적으로 교사는 학년 수준에 따라 교과 내 용을 편성하는 일에 힘을 기울인다. 학교에서 교사는 개별적으로 또 는 팀을 구성하여 지역 교육청이 제공하는 다양한 장학 자료의 사례 를 참고하여 학교 특성에 적합하게 학교교육과정을 개발한다. 이것이 단위학교 수준에서의 교육과정 의사결정이다.

우리나라에서는 2015 개정 교육과정을 기준으로 볼 때, 각급 학교가 국가에서 설정한 인간상, 핵심역량, 학교급별 교육 목표를 근거로 각급 학교의 교육과정 편성·운영 기준(학년군, 교과군, 편제와 시간 배당 기준 등), 교과별 성취기준 등을 반영하여 학교교육과정을 개발하고 있다. 또한 광역 시·도 교육청이 제시한 편성·운영 지침에서 제시하고 있는 교육과정과 관련한 법적 세부 사항을 반영해야 한다. 교육지원청은 단위학교의 교육과정에 이러한 국가 수준 기준 및 시·도 교육청의 편성·운영 지침이 반영되고 있는지 컨설팅을 통해 점검·지원하고 있다.

다섯째, 교실 수준이다. 개별 교사는 가르칠 내용과 가르칠 방법에 대해 비교적 자유로운 의사결정을 할 수 있다. 의도적이고 계획적인 교육과정이 학생의 생생한 경험으로 변환되는 지점이 바로 교실 수준의 교육과정이다.

우리나라에서는 공식적으로 법령에서 규정하고 있는 교육과정 편성·운영 기준과 교과별 성취기준, 시·도교육청의 교육과정 편성·운영 지침 등에 의해 제약을 받기는 하지만, 교사는 최종적인 교육과정 의사결정권을 일정 부분 확보하고 있다. 최근 교실 수준 교육과정은 교사 교육과정과 거의 동일한 의미로 교사의 교육과정 전문성과 함께 그 중요성이 점점 커지고 있다.

우리나라의 2015 개정 교육과정 총론 해설서에도 교육과정의 수준이 제시되어 있다. [그림 1-3]에서 보듯 교육부, 교육청, 학교 등 세 수준으로, 초·중등 교육법에 근거하여 국가 수준에서 '교육과정의 기준과 내용을 제시'하고, 지역 수준에서 '지역의 실정에 적합한 기준과 내용을 작성'하며, 학교 수준에서 '학교교육과정을 운영'하도록 하고

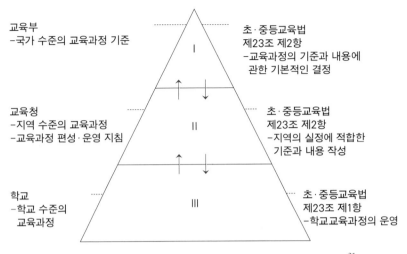

교육부
-국가 수준의 교육과정 기준

초·중등교육법
제23조 제2항
-교육과정의 기준과 내용에
 관한 기본적인 결정

교육청
-지역 수준의 교육과정
-교육과정 편성·운영 지침

초·중등교육법
제23조 제2항
-지역의 실정에 적합한
 기준과 내용 작성

학교
-학교 수준의
 교육과정

초·중등교육법
제23조 제1항
-학교교육과정의 운영

[그림 1-3] 2015 개정 교육과정 총론에 제시된 교육과정의 수준[21]

있다.

최근 학교 수준 교육과정에서는 교사의 역할에 대한 새로운 관점을 요구하고 있다. 국가 수준에서 학교교육과정의 모든 것을 결정하는 중앙집권적 교육과정 체제에서의 교사의 역할은 위로부터 부여받은 교육과정을 단순히 실행하는 것으로 한정되었다. 이때 학교와 교사의 역할은 국가가 제시한 교육과정을 받아 학생들에게 어떻게 하면 잘 가르칠 것인가에 국한된 것이다.

그렇지만 교육과정 결정의 분권화와 교육과정에 대한 학교의 자율성이 지속적으로 확대되어 오면서 교사의 역할이 교육과정에 대한 의사결정자로도 확대되었다. 교육과정의 최종적인 실천자인 교사가 바로 교육과정의 최종 결정자이고 개발자로 자리매김되고 있음을 알 수 있다. 이런 측면에서 학교교육과정에서는 교육의 실천자이고 교육의 주체인 교사가 교육 내용과 방법을 결정하고 어떻게 실천하고 어떻게 평가하느냐는 대단히 중요한 과제가 되었다.[22]

의사결정 권한으로 보면
학교교육과정 개념 체계가 보인다

[그림 1-3]을 보면 교육부-교육청-학교 간 교육과정 권한의 위계를 알 수 있다. 국가 수준의 교육과정 기준은 대체로 추구하는 인간상, 각급 학교의 목표, 교육과정 편성·운영 기준(학년군, 교과군, 편제와 시간 배당 기준 등), 교과별 성취기준 등이다. 교육부는 이러한 기준을 결정하는 권한을 가지고 있다. 실제 학교와 교사가 교육과정을 편성하고 운영하는 관점에서 보았을 때, 이 교육과정 기준들은 매우 상세하여 학교의 의사결정의 자율성을 위축시킨다.

예를 들어, 교과 편제와 시간 배당 기준에 대한 국가의 구속력이다. 이를 옹호하는 입장에서는 국가 교육의 질 관리 측면에서 중요성을 지지하지만, 반대하는 입장에서는 단위학교의 교육과정 편성·운영의 걸림돌이라는 비판을 하고 있다. 국가의 구속력을 반대하는 입장에 있는 교사들은 이러한 상세한 국가교육과정 기준이 근본적으로 학교교육과정의 자율성을 구속하고 있으며, 교사의 교육과정 전문성을 '편성·운영'에만 국한시킨다는 비판적 견해를 가지고 있다.

[그림 1-4]는 교육과정 자율성 측면에서 본 주체별 교육과정 의사결정 권한의 크기이다. 실제로는 교육과정 의사결정 권한이 국가가 가장 크고, 그다음이 학교 및 교사이며, 학생은 의사결정 권한이 가장 적다는 것을 나타낸다. 교육과정 기준 결정에서 누가 가장 핵심적인 권한을 가지고 있느냐의 문제이다.

이것은 교육과정에 관한 의사결정이 국가에 집중되어 있고, 교육과정 개발과 실행이 이원화되어 있음을 보여 준다. 우리나라의 1차 교육과정이 공포된 후 70여 년이 다 되어 가는데도 이러한 교육과정 의사

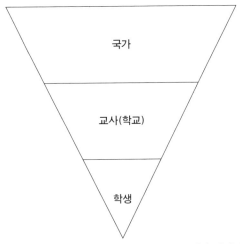

[그림 1-4] 교육과정 자율성 측면에서 본 실제 교육 주체의 의사결정 권한의 크기

결정의 집중 현상은 크게 바뀌지 않았다. 물론 전통적 개념 모형에서도 제시했듯이 의도된 교육과정이 학교와 교사의 재해석에 의해 창의적으로 전개되고, 모든 학생의 개별적 학습과 참된 배움이 높은 수준으로 일어나기를 기대하고 있다고 볼 수도 있다.

그러나 실제 이들 간의 관계성이 일관성, 안정성, 일치성 측면에서 그리 높지 않다는 것이 다수의 교육과정 학자와 현장 교사들의 생각이다. 교육과정 의사결정 권한이 국가에 집중될수록 상대적으로 학교와 교사의 교육과정 자율성, 창의성, 다양성이 위축되는 결과를 초래하였다. 심지어 다수의 교사들은 국가의 혁신적인 교육정책이나 국가 교육과정 개정이 학교교육 개선이나 교실 수업의 변화로 직접 연결되는 경우보다 그렇지 않은 경우가 더 많다는 경험을 하고 있다. 2015 개정 교육과정 시기까지 수차례의 교육과정 개정이 있었음에도 불구하고 학교교육과 교실 수업을 근본적으로 개혁하지 못했다는 견해가 훨씬 폭넓게 수용되고 있다.

교육의 질 관리
혁신, 정책의 일관성
관료주의, 수동성

교육 주체 전문성
자율적 교육문제 해결
지역 교육 특성 반영
총체적 질 관리 어려움

[그림 1-5] 교육과정 결정 체제의 장단점

　교육과정 결정 체제는 [그림 1-5]처럼 장점과 단점이 있다. 한 결정 체제의 장점은 곧 반대 결정 체제의 단점이 된다. 나라마다 정치적·사회적 특성과 교육철학에 따라 고유한 결정 체제를 생성해 왔다. 교육과정에 관한 의사결정은 주로 교육과정에 어떤 교육 내용을 어떻게 반영할 것인가에 대한 것이다. 그런데 이와 같은 교육과정 정책이 그 사회 지배 집단의 헤게모니에 영향을 받고 있으며, 상황에 따라서는 부적절하게 선택될 수도 있다는 사실을 인식할 필요가 있다. 교육과정에 포함되는 지식은 이익 집단의 배후 조종, 정책 결정자의 선호, 정책의 우선순위 등에 의해서 결정될 수 있다. 그래서 때때로 교육 내용으로서 가치 있는 진리가 배제되기도 한다. 교육과정에 선정된 지식과 가치는 현재와 다른 상황에서는 포함될 수 있었지만 학교 지식 선정의 부적절성, 또는 외부에 드러나지 않는 사회 구조의 내적 속성 때문에 교육 내용으로서의 일관성을 잃는다.[23]

　구체적인 예로 우리나라 국가교육과정 개정 때마다 일어나는 심각한 갈등 문제를 보면 알 수 있다. 교육부가 공청회에서 개정 교육과정 시안을 발표하여 여론을 수렴할 때마다, 공청회는 교과 전공 교수, 교과연구회, 특정 교원단체, 출판사, 학부모 단체 등 교육과정 관련 당사자들의 이해관계가 충돌하는 곳이 된다. 교과목 존폐, 교과 통합과 독립, 내용 신설, 교과서 개발 방식, 내용 선정, 시수 확보, 새로운 지침 반영 등과 관련하여 각각의 집단들이 교육과정에 자신들의 입장을 담고 싶어 하기 때문이다. 심지어는 국가의 이데올로기가 조직적으로 반영되어 갈등을 조장하기도 한다. 여기에서 중요한 것은 교육 내용으로서 '무엇'이 아니라 교육 내용으로 선정하고 싶다고 말한 사람이 '누구'인가가 된다. 따라서 대부분 최종적인 결과물로 만들어진 교육과정은 이익 집단이나 지배 권력의 정치적 이해관계가 깊숙이 반영된 산물이 될 가능성이 높다. 학교교육과정은 이러한 교육과정 의사결정 체제에서 자율성과 능동성을 잃기 쉬운 가장 하위 단계에 속해 있다.

지역교육과정의 확대와 학교교육과정 자율성 확보

[그림 1-6]은 시간에 따른 학교교육과정의 자율성을 나타내는데, 이 자율성은 교육과정 의사결정 권한의 크기와도 관련성이 깊다. 학교교육과정의 자율성이 높아진다는 것은 교육부보다는 시·도 교육청, 시·도 교육청보다는 학교와 교사, 그리고 학교와 교사보다는 학생이 교육과정에 관한 의사결정 권한을 크게 갖는다는 의미이다. 이것은 전통적인 교육과정 개념 모형에서 제시하는 것처럼, 의도된 교육과정이 학교와 교사의 전개된 교육과정에 반영되고, 궁극적으로 학생의 배움과 성장으로 실현되어야 한다는 것을 의미한다. 이 과정에서 교육과정 계획과 실행, 학생의 배움과 성장 간 단절이 일어나고 있지 않은지 심각하게 고려해야 할 때가 되었다.

앞에서 살펴보았듯이 우리나라의 교육과정 결정 체제는 교육부가 교육과정 기준 설정에서 상당한 권한을 가진 중앙 집중형이다. 우리

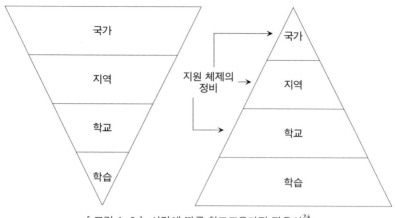

[그림 1-6] 시간에 따른 학교교육과정 자율성[24]

나라에서 교육과정의 자율성 확대는 곧 교육의 주체인 학교와 교사의 교육과정 의사결정 권한의 확대를 의미한다고 밝혔다. 이때 시·도 교육청의 역할이 중요해진다는 점을 알 수 있다. 교육과정 의사결정과 관련한 시·도 교육청의 역할은 교육과정 지역화를 활성화하는 것이다. 교육과정 지역화는 행정적인 의미에서 지방자치체의 정착과 관련이 깊다.

우선, 교육과정 지역화와 관련한 법률적 성격을 적극적으로 해석할 필요가 있다. 교육과정의 지역화는 교사를 비롯해 교육과정을 편성하고 운영하는 일에 참여하는 사람들의 전문성을 신장시키는 동시에 학습자로 하여금 교육 목적을 효과적으로 달성하도록 이끌어 준다. 이를 위해 지역(광역 시·도를 의미함) 교육청이나 각급 학교가 지역사회의 여건이나 학교의 실정을 고려해 교육과정을 편성하고 운영하는 일이 중요하다. 현행 초·중등교육법은 이와 관련한 근거를 제시하고 있다.[25]

또한 민선 교육감 선출로 대변되는 교육자치의 시행으로 교육 권한

이 지역에 위임됨으로써 교육청은 중앙교육행정기관과 단위학교 사이를 잇는 중요한 위치에 놓이게 되었다.[26] 교육과정의 지역화와 교육과정 결정권의 분권화 문제는 지방교육자치제도가 법령으로 도입되기 이전부터 국가 수준 교육과정 연구자들 사이에서 지적되어 온 것이다. 이것은 중앙정부의 권한을 지방으로 분산시키는 지방분권과 밀접한 관련을 맺고 있다. 적도집권의 원리에 의해 중앙, 지방, 학교 간 적절한 권한 배분을 지향하면서 교육자치를 확보하고자 하는 것이 세계적 추세임을 감안하면, 교육과정 개정 시마다 교육과정 결정의 분권화 및 지역화에 대한 요구는 필연적이었다고 할 수 있다.[27]

그동안 시·도 교육청이 중심이 된 교육과정의 지역화와 결정 권한 확보는 지방교육자치제의 법적 근거를 통해 제도적으로 가능하게 되어 시·도 교육청이 교육과정에 대한 자율권을 확보할 수 있게 되었음에도 불구하고 그 권한을 효율적으로 행사하지 못하고 있다는 비판이 많았다. 시·도 교육청은 국가교육과정에 근거하여 각 지역의 교육과정 지침을 만들어 공포하고 있다. 따라서 시·도 교육청은 이 교육과정 지침의 성격을 적극적으로 해석하여 지역의 특색이나 여건을 고려한 지역 수준의 교육과정 개발이 가능하다. 지역 수준의 교육과정 자율성 확보가 주는 시사점은 학교와 교사, 그리고 학생에게 이전보다 폭넓은 교육과정 의사결정이 가능하다는 것을 의미한다.

종합적으로 볼 때 국가 수준 교육과정을 좀 더 유연하게 만들어 시·도 교육청과 단위학교 및 교사에게 교육과정 자율성을 부여할 수 있는 제도적 장치 마련에 집중할 필요가 있다. 그러나 이러한 제도적 장치 마련이 곧바로 시·도 교육청과 단위학교 교육과정의 자율성 확보로 연결되리라는 보장은 없다. 앞에서 언급했듯이 2008년 '학교자율화 추진 계획'이 교육부의 핵심 정책으로 추진되었으나, 이후 새로운 정부는 이러한 정책을 거의 폐기하다시피 했다. 정책의 일관성이 담보되지 않을 경우에는 제도적 장치에만 기대할 수 없는 것이다. 결국 시·도 교육청, 단위학교, 교사, 그리고 학생과 학부모와 같은 교육의 주체들이 교육과정에 관한 자율적 의사결정권을 확보하기 위해 실험적이고 혁신적인 시도를 할 수밖에 없다. 학교자치는 학교교육과정의 자율성에 기반을 둘 수밖에 없기 때문이다.

학교교육과정은 왜 필요한가

학교교육과정은 문자 그대로 모든 교육과 관련한 의사결정이 학교 수준에서 결정된다는 의미이다. 학자들은 학교교육과정을 다양하게 명명하는데, 예컨대 학교중심 교육과정school-based curriculum, 학교초점 교육과정school-focused curriculum, 학교수준 교육과정school level curriculum 등이다. 이 용어들은 중앙집권적인 교육과정 의사결정 체제라고 할 수 있는 국가교육과정과 상반되는 개념이다. 단위학교와 교사들에 의해 교육과정이 개발되고 실행되는 분권적decentralized 의사결정 체제인 지방분권형 교육과정의 성격을 드러내기 위한 것이다. 학교교육과정은 교육과정 결정 권한이 중앙 정부에서 각급 학교로 이양되는 것을 의미한다.[28]

영국의 스킬벡Skillbeck은 학교교육과정을 '단위학교의 구성원인 학생의 학습을 위한 프로그램을 개별 학교가 기획, 설계, 실행, 평가하는 교육과정'이라고 정의하고 있다.[29] 스킬백은 이 정의에서 교사와 학생이 학교에서의 가치, 규범, 절차, 역할 등의 의사결정을 서로 공유하는 특별한 장면을 강조한다. 그는 이러한 정의를 바탕으로 학교교육과정 개발은 교육과정 계획, 구성, 실행, 평가와 관련된 의사결정이 학교와 그 학교가 위치한 지역사회 내에서 이루어지는, 다시 말해서 교육과정과 관련된 다양한 집단과의 관계망 속에서 이루어지는 유기적인 활동이라고 본다.

권낙원 등은 학교교육과정을 "국가 수준의 교육과정에 근거하고 지역의 특수성, 해당 학교의 여건, 학생 및 학부모의 필요와 요구 등에 적합한 교육 목표, 내용, 방법, 평가에 관한 단위학교 교육계획"이라고 정의한다.[30] 우리나라 제7차 교육과정에서는 학교교육과정을 "국가 수준의 교육과정 기준과 시·도 교육청의 교육과정 편성·운영 지침을 근거로 하여 지역의 특수성과 학교의 실정 및 실태에 알맞게 각 학교별로 마련한 의도적인 교육 실천 계획school program"이라고 하고 있다.[31]

앞에서 언급한 학교교육과정의 다양한 정의를 살펴보면 몇 가지 특성을 발견할 수 있다. 첫째, 대상이 학생이다. 교육과정의 다양한 개념과 범위를 고려할 때 학교교육과정이 최우선으로 관심을 가지고 있는 대상은 학생 또는 학생의 학습과 성장이라는 점에서 다른 교육과정 개념과 비교적 뚜렷하게 구분된다. 둘째, 위계적으로 상위 수준의 교육과정에 근거하고 있다. 우리나라는 중앙집권적 교육과정 결정 체제를 유지하고 있어, 국가교육과정 기준 및 시·도 교육청의 교육과정 편성·운영 지침의 구속을 받는다. 셋째, 의사결정 과정이다. 학교와 교사가 학생의 학습과 성장을 위해 무엇을 어떻게 가르치고 평가할 것인가에 대한 결정을 내려야 하는 과정이 필연적으로 동반된다. 넷째, 의도적인 계획이다. 학교의 실태와 조건, 구성원의 요구, 제도적 지원, 교육 자원, 학교문화 등이 반영된 종합 프로그램이다.

학교교육과정의 개념에는 필연적으로 학교교육과정의 필요성이 함의되어 있다. 학교교육과정이 왜 필요한 것인지에 대한 물음은 당시 학교교육이 처한 시대적·사회적 상황과 당면한 문제들이 무엇인지를 통해 대체로 추론할 수 있다. 우리나라 7차 교육과정 총론에는 학교교육과정의 필요성이 언급되어 있다. '교육의 효율성', '교육의 적합성', '교사의 자율성과 전문성 신장', '교육의 다양성 추구', '학습자 중심의 교육 구현' 등 다섯 가지이다.[32] 짐작할 수 있듯이 이는 당시 학교교육과정이 우리나라 교육에서 차지하고 있는 위상이 어느 정도이고, 학교교육을 개선하기 위해 무엇이 가장 시급한 문제이며, 그것을 통해 학교교육이 지향하고자 하는 것이 무엇인지를 드러낸 것이다.

저자들은 앞에서 언급한 필요성 중 일부는 여전히 유효하나 일부는 시대적·사회적 변화에 의해 새로운 가치로 대체되어야 한다는 관점을 가지고 있다. 따라서 학교교육과정이 필요한 까닭을 다음과 같이 네 가지 키워드로 제시하고자 한다. 이는 이 책에서 저자들이 일관성 있게 강조하려는 본질적인 관점일 뿐만 아니라 논의의 핵심적인 연결 고리이다.

- 학교자치
- 공동체 중심의 학교문화
- 교사 전문성
- 학생의 배움과 성장

학교자치

학교자치는 교육의 분권과 자율, 그리고 교사 전문성 성장의 기본 기제이다. 특히 우리나라의 정치·사회적 구조와 역사적 경험에 비추어 볼 때, 민주적 학교조직과 그 구성원들의 자율성을 기반으로 한 학교자치는 학교교육과정을 만들고 운영하며 평가할 때 가장 중요한 토대가 된다.

공동체 중심의 학교문화

공동체 중심의 협력적 학교문화는 21세기 학교 혁신의 키워드이다. 관계, 신뢰, 존중, 헌신 등이 기반이 된 학교는 구성원 간 공통된 비전과 가치를 공유하고 집단적 책무성을 확보할 것이다.

교사 전문성

교사 전문성은 학교가 전문적인 조직이고 이것을 유지하기 위해 교사는 학습하면서 끊임없이 성장해야 한다는 것이다. 하그리브스와 풀란Hargreaves & Fullan이 2012년 출간된 저서에서 교사를 전문적 자본의 관점에서 설명한 이후 교사는 학교를 혁신하고 교육을 개선하는 근원적인 힘으로 재조명되었다.[33] 교사는 학교에 상존하는 다양한 교육문제들을 동료와의 협력을 통해 경험적·집단적 판단을 하고, 이것을 효과적으로 해결할 수 있는 전문성을 확보해야 한다.

학생의 배움과 성장

학교자치, 공동체 중심의 학교문화, 교사 전문성은 모두 학생의 배움과 성장을 위해 연결되어야 할 것들이다. 왜 국가나 지방자치단체, 교육 전문가, 교사, 학부모들은 교육을 혁신하고자 하는가? 그에 대한 답은 비교적 명료하다. 복잡한 현대 사회에 살고 있고 예측하기 힘든 미래 사회에 살아가야 할 학생들이 자신의 개인적 삶, 직업적 삶, 사회적 삶을 조화롭고 풍성하게 추구해 나가도록 돕기 위한 것이다.

텍스트에서 벗어나 콘텍스트로

누군가가 힘들게 만든 학교교육과정은 왜 활용되지 못하고 책꽂이에 꽂혀 있기만 할까? 추측컨대 학교와 교실이라는 공간은 문서로서의 교육과정보다는 맥락으로서의 교육과정이 더 큰 힘을 발휘하고 있기 때문인지도 모른다. 학생의 특성, 교사의 성향, 교육 제도와 시스템이 낳은 현상, 정치·사회적 구조, 학부모와 지역사회의 지원과 압력 등이 오묘하게 결합되어 학교교육과정이라는 텍스트에 이러한 것들을 모두 담기에는 역부족이라는 것이다.

그렇다면 학교와 교사는 학교교육과정을 무엇으로 규정해야 하는가? 또한 학교와 교사는 학교교육과정에 무엇을 담아야 하는가? 앞에서 언급한 학교자치, 공동체 중심의 학교문화, 교사 전문성, 학생의 배움과 성장 등은 현재에는 물론 미래의 학교교육과정에 담아야 할 것들이다. 주어진 텍스트보다는 학교공동체가 만들어 가는, 그리고 콘텍스트를 기반으로 한 내용이 미래의 학교교육과정이 될 가능성이 높다.

지금까지 국내외 교육혁신의 흐름 속에서 학교교육과정이 차지하는 교육적 위상과 그에 따른 근본적인 물음 등을 중심으로 살펴보았다. 최근 교육과정 분권화에 따른 지역 교육과정의 등장, 그리고 가장 중요한 학교자치가 재조명되고 있다. 학교자치의 근간이 되는 민주적이고 협력적인 학교문화 형성은 어찌 보면 당연한 것이었지만, 이것은 저절로 얻어진 것이 아니라 수많은 실천 운동가들이 고착화된 사회 구조와 싸우면서 이룩해 낸 것임이 분명하다.

2장에서는 학교교육과정을 만드는 방법과 이때 고려해야 할 주요 요인들을 서술하였다. 학교교육과정에 영향을 미치는 요인은 매우 다양하며 어떤 요인은 강력한 영향을 미치기도 한다. 현시점에서 학교와 교사가 주의 깊게 고려해야 할 요인들을 중심으로 논의를 전개하였다. 그리고 학교 구성원 모두가 성장하고 학교가 공동체가 될 수 있는 학교교육과정 디자인 혁신 방안을 제시하였다.

1. 이근호 외 3인(2013). 핵심역량 중심의 교육과정 재구조화 방안 연구. 한국 교육과정평가원 연구보고 CRC 2013-17. 서울: 한국교육과정평가원.

2. 교육부(2015). 초·중등학교교육과정. 교육부 고시 제2015-80호[별책1].

3. OECD(2016). The Education 2030 Conceptual Learning Framework as a Tool to Build Common Understanding of Complex Concepts. OECD(unpulished).

4. Schultz, B, D.(2017). Teaching in the Cracks: Openings and Opportunities for Student-Centered, Action-Focused Curriculum. New York, NY: Teachers College Press.

5. Hargreaves, A. & Shirley, D.(2009). The fourth way. 이찬승·김은영 옮김(2015). 학교교육 제4의 길. 서울: 21세기교육연구소.

6. Shogo Ichikawa(2006). KYOIKU NO SHIJIKA TO KOKYOIKU NO KAITAI. 김용 옮김(2013). 교육의 사사화와 공교육의 해체: 의무교육과 사학교육. 파주: 교육과학사.

7. 당시 천문학적인 사교육비 문제, 성적 비관으로 자살하는 학생들의 증가 등이 사회적 문제로 대두되고 있었다. 김영삼 정부는 '신교육체제 수립을 위한 교육개혁 방안'이라는 이름으로 5·31 교육개혁을 추진하였다. 교육개혁위원회를 구성하여 네 차례에 걸쳐 총 120여 개의 개혁 방안을 발표하였다. '선택과 다양성'이라는 표어 아래 국민적인 평생학습 사회 기반 구축과 열린 교육 체제의 기반 구축이라는 목표가 있었다. 국가멀티미디어센터 설립, 국·영·수 중심의 대학 본고사 폐지, 창의성 신장을 위한 교육과정 개편, 중학교와 고등학교의 선택과목의 확대, 교과서 편찬 제도의 개선, 교육과정과 관련된 각종 규제의 완화 등이 핵심 내용이다. 교육개혁을 추진하여 한국 교육의 전환점을 만들었다는 평가에는 큰 이론의 여지가 없다. 그러나 결과적으로 부모의 경제력이 자녀의 학습 성공을 결정짓는다는 사회적 분위기가 더욱 굳건해졌으며, 근본적으로 신자유주의 철학을 바탕으

로 한 '수월성과 경쟁'에 초점을 맞춘 시장 논리에 교육이 휘둘린다는 비
판에서 자유롭지 못했다.

8. 대표적인 것이 2001년에 미국 의회가 통과시킨 낙오학생방지법(No Child
Left Behind Act)이다. 일반 교육과정에서 낙오하는 학생이 없도록 미국의
각 주가 정한 성취기준(standards)을 만족시켜야 하고, 학생들이 그 기준
을 만족시키지 못하면 학교와 교사가 행정적·재정적 제재를 받게 된다.

9. 정미나 옮김(2015). 아이의 미래를 바꾸는 학교혁명. 서울: 21세기북스.
Robinson, K & Eronica, R.(2015). Creative schools: The Grassroots
revolution that's transforming education. 41쪽 인용하였음.

10. 김용(2013). 교육개혁의 논리와 현실. 파주: 교육과학사.

11. Skott, J.(2004). The forced autonomy of mathematics teachers.
Educational Studies in Mathematics, 55, 227-257.

12. 김용, 위의 책 53~61쪽 참고하였음.

13. 학자들마다 '교육과정 정의(curriculum definition)'를 다르게 내리고 있
으며, 한 사람의 교육과정 학자조차도 경우에 따라 그 의미를 달리하고 있
다. 예컨대 지식과 문화에 대해 논의할 때는 교육과정을 '교과'로, 광범위한
활동을 다룰 때는 '경험'으로, 교육과정 개발을 다룰 때는 '계획'으로, 교
육과정 평가에서는 '결과'로, 어디까지나 연구자의 편의에 따라 그 의미를
사용하고 있다. 그 외에도 교육과정의 개념은 학습 프로그램, 코스의 내용,
계획된 학습 경험, 학교의 지도하에 학생들이 갖는 경험, 의도된 학습 결
과, 행동계획에 이르기까지 매우 다양하다.

14. Ellis, A. K., Mackey, J. & A., Glenn, A. D.(1988). The school
curriculum. Boston: Allyn and Bacon, Inc. 19~28쪽을 참고하였다. 엘
리스와 맥케이, 글렌은 본문에서 학교교육과정에 관한 여섯 가지 이슈를
제안하였다. 저자들은 우리나라 학교교육 상황을 고려하여 다시 학교교육
과정 이슈를 여섯 가지로 제시하였다.

15. 박승열(2016). 교사를 세우는 교육과정. 203~204쪽에서 인용하였음. 서
울: 살림터.

16. 진동섭 옮김(2015). 교직과 교사의 전문적 자본: 학교를 바꾸는 힘. 파
주: 교육과학사. 원서는 Hargreaves, A. & Fullan, M.(2012). Professional
capital: Transforming teaching in every school. New York: Teachers
College Press.

17. 김호권(1985). 학교학습의 탐구. 서울: 교육과학사.

18. 김호권, 위의 책 43~45쪽을 참고하였음.

19. 김호권, 위의 책 43쪽에서 인용하였음.

20. Marsh, C. J. & Willis, G.(2007). Curriculum: Alternative approaches, ongoing issues(4th ed.). Upper Saddle River, NJ: PEARSON.

21. 교육부(2016). 2015 개정 교육과정 총론 해설-초등학교. 세종: 교육부.

22. 위의 책 7쪽을 인용, 참고하였음.

23. 박승열(2016). 교사를 세우는 교육과정. 41쪽을 참고하였음. 서울: 살림터.

24. 박창언 외(2008). 학교교육과정 편성·운영의 자율성 확대 방안. 초·중등 학교교육과정 선진화 방안 연구. 연구보고 ORM 2008-27. 서울: 한국교육 과정평가원.

25. "초·중등교육법 제23조(교육과정 등) ① 학교는 교육과정을 운영하여야 한다. ② 교육부장관은 제1항에 따른 교육과정의 기준과 내용에 관한 기본 적인 사항을 정하며, 교육감은 교육부장관이 정한 교육과정의 범위에서 지 역의 실정에 맞는 기준과 내용을 정할 수 있다. ③ 학교의 교과(敎科)는 대 통령령으로 정한다." 시·도 교육청은 이 조항을 적극적으로 해석하여 교육 과정 지역화의 본래의 취지를 살려 교육과정 자율성을 확보할 수 있다.

26. 박윤정(2005). 시·도 교육청 평가 개선에 관한 연구. 교육행정학연구, 23(3), 211-232.

27. 이 적도집권의 원리를 실현하기 위한 제도적 장치가 교육자치제도와 학교 단위 자율책임 경영제도이며, 우리나라도 1991년 지방교육자치제와 1995 년 학교단위 자율책임 경영제를 도입하였다. 이 중 지방교육자치제는 교육 자치와 지방자치라는 두 개념을 동시에 포함하는 것으로, 교육행정의 지방 분권을 통해 지역 주민의 교육에 대한 참여를 확대하고, 지역의 특색에 적 합한 교육정책을 강구하도록 하는 것이다.

28. 권낙원, 민용성, 최미정(2008). 학교교육과정 개발론. 서울: 학지사. 스킬 백(Skillbeck)은 특히 학교교육과정은 1950~1960년대에 교육과정 전문가 를 중심으로 프로젝트 팀을 구성하여 학교의 현실이나 지역적 특수성을 고려하지 않고 대규모의 교육과정 프로젝트를 통해 개발된 교육과정의 비 실효성, 즉 프로젝트 접근법에 대한 반작용으로 나타났다고 밝혔다. 즉 학 교교육과정이 교육과정 연구나 전문가에 의해 일반화된 모형으로 제시 되었지만, 실제 학교가 당면한 문제를 해결하는 데 크게 도움이 되지는 않 았다는 것이다. 이것은 학교교육과정이 특수성과 맥락성의 특성을 가지고 있다는 의미로 해석된다.

29. Marsh, C., Day, C., Hannay, L. & McCutcheon, G.(1990). Reconcep tualizing school-based curriculum development. London: The Falmer Press. 48쪽에서 재인용하였다. 출처는 Skilbeck, M.(1984). School-based curriculum development. London: Harper & Row.

30. 위의 책 15쪽에서 인용하였음.

31. 교육부(1998). 초등학교교육과정 해설(Ⅰ)-총론, 재량활동. 서울: 교육부.

32. 교육부. 위의 책 15~16쪽을 참고하였음.

33. 진동섭 옮김(2015). 위의 책 151~176쪽을 참고하였음.

2장

학교교육과정 디자인 혁신

교사를 지성인으로 본다면, 교사들은 교육과정을 구상하고 계획하고 설계하는 활동을 교육과정의 집행과 분리하는 교육이론에 담긴 기술적·도구적 이데올로기에 강력한 이론적 비판을 가할 수 있어야 한다. 또한 교사들은 그들이 무엇을 가르치는지, 어떤 방법으로 가르치는지, 무엇을 달성하려고 애쓰는지에 대해 질문을 제기해야 한다. 이는 교사들이 학교교육의 목적과 조건을 형성하는 데 책임 있는 역할을 맡아야 한다는 의미이다.

_헨리 지루, 『교사는 지성인이다』에서

공감토크

구름학교 이 교사 　선생님 학교는 학교교육과정을 누가 만들고 있나
　　　요?

바람학교 송 교사 　주로 교육과정 부장이 작업하고 교무부장이 보완
　　　하지요.

하늘학교 남 교사 　아직도 그렇게 하나요?

바람학교 송 교사 　글쎄요. 크게 잘못된 것 같지는 않은데요. 누가 만
　　　드는 것이 중요한 것이 아니라 학교교육과정에 무엇을 담을 것
　　　인지가 더 중요한 것 아닌가요?

하늘학교 남 교사 　선생님 말씀처럼 무엇을 담을 것인지가 중요하지
　　　요. 하지만 이제는 누가 어떻게 만들고 있는가도 중요한 것 같
　　　아요.

구름학교 이 교사 　우리에게 익숙한 모습은 교육과정 부장이 교장 선
　　　생님이 요구하는 학교 목표 체계도 만들고, 교무부장이 작성한
　　　학사일정도 반영하고, 또 학년 부장교사들로부터 학년별 자료
　　　를 모아서 편집한 다음에 책자로 만들어 내는 거지요. 문제는

학교마다 나름대로 이렇게 힘들게 만든 학교교육과정 책자가 거의 활용되지 않는다는 점이에요.

바람학교 송 교사 선생님 말씀 듣고 보니 공감이 가네요. 교육과정 부장이 새 학년 초기에 학교교육과정을 제본했다고 한 권씩 나누어 주는데, 사실 일 년 내내 그것을 활용한 적이 별로 없거든요. 더구나 학교교육과정하고 수업이 별로 관계가 없기도 하고요.

하늘학교 남 교사 왜 해마다 이런 일이 반복될까요? 제가 근무하고 있는 학교도 송 선생님 학교 상황과 별다른 차이가 없습니다. 내가 직접 만든 물건이 아니면 애착이 가지도 않고 소중함을 못 느끼는 것처럼 학교교육과정도 마찬가지라고 생각해요. 그냥 남이 만들어 놓은 남의 물건인 셈이죠.

구름학교 이 교사 학교교육과정을 만드는 과정에 내가 참여하지 않았거나 누군가가 대신 만든 것이라면 그것이 나에게 무슨 도움이 되겠어요? 그냥 주어진 교과서로 수업하고 말지. 교과서대로 수업해도 지금까지 아무런 탈이 없었어요.

하늘학교 남 교사 우리 모두 교과서의 한계를 극복하려고 교육과정 재구성에 얼마나 힘을 쏟았습니까? 제가 추측하건대 지금은 교과서대로 수업하는 선생님은 거의 없을 것입니다. 선생님들 모두 각자의 노하우로 재구성을 하고 있다고 봐요. 이제는 이러한 교사의 개별적인 노력이 학교라는 공동체의 노력으로 모아져야 할 때가 된 것 같습니다.

바람학교 송 교사 결국 우리 교사들 몫인가요? 무엇을 어떻게 어디서부터 시작해야 할까요?

1. 학교교육과정 디자인

교육과정 개발? 교육과정 디자인?

학교교육과정 개발school-based curriculum development, SBCD이라는 용어는 오랫동안 학술적으로 다루어진 개념이다. 즉, 교육과정 결정 권한 이양의 전형적인 형태인 '풀뿌리' 의사결정의 슬로건이며, 중앙집 권적 교육과정의 대척점을 표현하는 말이다. 학교교육과정 개발은 이 미 호주, 캐나다, 영국, 미국 등 여러 나라에서 진행되고 있으며, 본질 적으로 교사 주도적이다. 교사 역량, 단위학교 예산 배정, 지방자치단 체와 중앙 정부의 단위학교 지원 시스템 등 사회적·문화적 여건이 상 이하지만, 교사의 자율성과 학교 혁신을 근간으로 하고 있는 점은 동 일하다.[1]

1장에서 밝혔듯이 학교교육과정 만드는 것을 학교교육과정 개발 또는 학교교육과정 디자인이라고 한다. 개념적으로 '교육과정 개발'과 '교육과정 디자인'은 유사하나 미세한 차이가 있다.

먼저 교육과정 개발curriculum development은 교육 목적이나 목표, 교 육 내용, 학습 경험, 평가 등과 같은 교육과정 요소들을 만들거나 이 와 관련한 복잡한 의사결정을 하는 것을 의미한다.[2] 이러한 의사결정 은 국가, 지역, 학교 등 다양한 수준에서 일어난다. 최근 교육과정 개 발은 소수의 전문가나 권위자가 독점하는 것이 아니라 교사, 학생 등 이 함께 참여하는 경향이 많아지고 있으며, 바람직한 교육과정 개선

을 위한 집단적이고 의도적인 행위 과정으로 보고 있다.[3]

또한 교육과정 개발은 특정한 교육 자원과 요소들이 완결성을 맺을 수 있도록 교육과정을 다양하게 계획planning하고 디자인designing하며, 창출producing하는 과정을 설명하는 용어이며, 여기에는 수업 활동과 평가가 포함되어 있다. 단위학교가 충분한 예산과 인적 자원을 확보하고 있다면 이 모든 과정을 스스로 해결할 수 있다. 하지만 대부분의 단위학교가 모든 교육과정 요소를 새롭게 창안하기 쉽지 않으며, 때로는 개발할 수 있는 수준과 역량의 범위를 벗어나기도 한다. 그래서 교육과정 전문가가 이미 개발해 놓은 교육과정 요소를 그대로 '적용'하거나 일부를 '선택'하여 시간, 예산, 물리적 제약 등을 극복하는 과정이 포함되기도 한다. 이런 이유 때문에 일부 학자들은 교육과정 개발이라는 표현보다 '교육과정 만들기curriculum making'라는 표현을 선호하기도 한다.[4]

이와 달리 교육과정 디자인curriculum design은 교육 목적이나 목표, 교육 내용, 학습 경험, 평가 등과 같은 기존의 교육과정 요소들을 배치하여 구성하는 것을 의미한다. 다시 말해 교육과정 요소들을 특별한 방식으로 조직함으로써 교육과정 계획이나 수업 계획을 새롭게 만들어 가는 과정이다. 만약 '디자인'이 이처럼 교육과정 요소를 새롭게 만들어 가는 과정을 강조하는 동사적 의미로 사용될 경우, 교육과정 디자인은 교육과정 개발이라는 용어와 동의어가 된다.[5]

위긴스와 맥타이Wiggins & McTighe가 강조하듯 교사는 교육활동의 설계자인 것이다. 교사라는 전문 직업이 수행해야 하는 본질적인 행위는 명세화되고 구체적인 목적과 의도를 충족시키는 교육과정과 학습 경험을 정교하게 창안하는 일이다. 그리고 교사는 교수 행위를 안내하기 위해 학생들의 요구를 진단해 주는 동시에 교육 행위의 목표를 성

취했는지 아닌지를 결정하도록 도와주는 평가의 설계자이기도 하다.[6]

이 책에서 저자들이 교육과정 개발보다는 교육과정 디자인이라는 용어를 선호하는 까닭이 여기에 있다. 첫째, 가르치고 배우는 맥락에서 교육과정 요소를 '만들어 간다'는 역동성 때문이다. 둘째, 교육과정 계획과 수업에서의 실천과 평가 간의 '완결 구조'를 지향할 수 있기 때문이다. 셋째, 교육과정 설계 행위의 핵심 주체가 학교현장의 '교사'이기 때문이다.

본질적으로 교육과정 개발과 교육과정 디자인 모두 교육의 주체가 교육과정 요소들을 중심으로 의사결정을 하고 그에 따른 구성 행위를 하는 것이다. 여기에는 철학적, 정치·사회학적, 이데올로기적 성격이 강하게 함의되어 있음을 고려해야 한다. 예를 들어 2015 개정 교육과정 총론에는 '교육 이념', '추구하는 인간상', '핵심역량', '교육 목적', '학교교육의 목표' 등이 제시되어 있는데, 이러한 교육과정 요소들에는 교육과정 개발자들의 철학, 심리학, 사회학적 관점뿐만 아니라 교육부 관료들의 정치적 관점 등이 반영되어 있다. 이와 더불어 학습 경험, 교수-학습 방법, 평가 등 교육과정 요소가 구성되거나 조직될 때에도 개발 과정에 참여한 사람들이 선택한 가치와 철학, 정책적 우선순위 방식에 따라 다양한 설계 구조가 결정된다는 사실에 주목할 필요가 있다.

아쉽게도 우리나라에서는 일반적으로 교육과정 개발은 곧 국가교육과정 개발이라는 이미지가 형성되어 있다. 전문 연구팀(주로 교육과정 전문 연구자, 대학의 교육과정 및 교과 교육학 전공 교수, 교육부의 고위 관료들을 중심으로 구성된다), 풍부한 예산, 다수의 보조 인력, 국가 차원에서의 제도적 지원, 그리고 장기간에 걸쳐 진행되는 대규모의 프로젝트이다. 다시 말해 교육과정 개발은 국가 차원의 프로젝트로 진행되는 소수 전문가들의 몫이었다.

1차 교육과정 시기부터 2015 개정 교육과정 시기에 이르는 동안 이러한 인식은 크게 바뀌지 않았다. 학문과 과학기술의 진보, 정치·사회적 변화에 따른 교육 패러다임 반영, 교육의 방향 설정, 교육의 목적과 목표 진술, 교과의 성취기준 선정 등과 같은 행위 등은 교육과정 전문가 또는 소수의 교과 전문가만이 할 수 있는 고유한 영역이 되었다. 심지어 대학의 일부 교육과정 전공 교수나 전문 연구자들은 학교와 교사를 교육과정 개발 주체로서 인정하지 않으려 하고 있으며, 이러한 풍토가 교육계에 여전히 남아 있는 상황이다.

오랜 시간 동안 학교와 교사는 국가교육과정이 설정한 교육 목표와 교육 내용, 편성·운영 기준 등을 기반으로 학교교육과정을 편성·운영하는 역할을 하는 것으로만 인식해 왔다. 그래서 학교와 교사는 '교육과정 재구성', '교육과정 편성·운영'의 주체이지 '교육과정 개발'의 주체로 인정받지 못하고 있는 실정이다. 국가교육과정 개발을 주도했던 소수 전문가들의 권위는 다음과 같은 신화를 낳았다.

"소수의 교육과정 전문가에 의해 잘 만들어진 교육과정 기준
이 단위학교교육과정에 충실히 반영되면, 학교교육이 개선되고
학생의 배움과 성장이 높은 수준으로 일어날 것이다."

그런데 이것은 말 그대로 신화이다. 이것은 교육과정은 무엇을 위해 만드는가, 누구를 교육과정 전문가로 인정할 것인가, 어떤 영역을 교육과정 개발 영역으로 규정할 것인가, 그리고 교육과정이 과연 학생의 배움과 성장에 기여하고 있는가의 물음과 관련된 것이다.

저자들은 이 책에서 교육과정 개발 또는 교육과정 디자인에 관련한

전통적 인식에서 탈피하고자 한다. 우리는 교육과정 전문가는 학교의 교사이고, 교육과정 개발은 학교교육과정을 디자인하는 것이며, 학생의 배움과 성장은 학교 공동체 구성원의 참여와 소통으로 매개된다는 가정을 하고 있다.

이것은 결코 신화가 아니다. 그 까닭은 교사는 학생의 배움과 성장을 위해 학교교육 비전과 목표, 교육 내용 선정, 학생 경험, 수업, 평가 등 교육과정 핵심 요소들을 적극적으로 개발하고 설계하는 '교육과정 디자이너'이기 때문이다. 이 용어에는 교사가 학교나 교실 수준에서 교육과정 요소를 교육 상황에 맞게 조직·구성하여 교육과정과 수업 계획을 수립하는 것은 물론 상황에 따라 일부 교육과정 요소를 개발할 수도 있다는 의미가 포함되어 있다.

따라서 이 책에서는 학교교육과정 디자인을 교사의 적극적인 교육과정 요소 구성과 조직, 그리고 창안의 맥락에서, 학교교육과정 개발의 의미와 동일하게 사용하고자 한다. 맥락에 따라 '개발'의 의미가 강할 경우에는 학교교육과정 개발, '디자인'의 의미가 강할 경우에는 학교교육과정 디자인이라고 표현하고 있다.

> ● 교육과정 디자이너란?
>
> 교육과정 개발(development), 설계(design), 편성(organization)과 같이 다소 다른 맥락에서 학교를 비롯한 교육기관이 설정한 목적을 달성하기 위한 일련의 복합적인 활동 및 과정을 의미하는 다양한 용어가 공존하고 있다. 이 책에서는 교사 수준의 교육과정에 중점을 두며 학생들의 삶과 맞닿아 있는 교육을 위해 다양한 요인과 환경을 이해하고 분석하여 적용할 수 있는 전문성과 자율성을 발휘해야 하는 예술적 측면을 부각시키기 위해 교육과정 설계design 대신 디자인이라는 용어를 직접적으로 사용하고자 하며, 이와 같은 맥락에서 교사를 교육과정 디자이너로 보고자 한다.

학교교육과정 디자인의 세 차원

교육과정 디자이너들은 자신의 교육과정 관점이나 철학에 따라 교육과정 디자인 방식을 선택하게 된다. 학교교육과정을 디자인하는 교사들은 앞에서 언급한 교육과정 요소들을 모두 고려하여 교육과정을 디자인하지만, 각각의 요소들에 동일한 가중치를 부여하지는 않는다. 교과 내용 또는 지식 전수를 강조하거나, 학생의 경험이나 활동을 중요시하기도 하며, 사회적 이슈나 문제해결 능력 신장을 우선하기도 한다. 어떤 경우에는 교육 목표 설정과 교육과정 계획, 수업에서의 실천, 그리고 평가의 일치성에 초점을 두기도 한다.

마쉬, 데이, 하네이 그리고 맥커친Marsh, Day, Hannay & McCutcheon은 30여 년 전에 호주, 캐나다, 미국, 영국의 학교들을 대상으로 학교교육과정 개발 사례 연구를 진행하였다. 짐작할 수 있듯이 네 나라 간 학교교육과정의 개발 맥락이 다른 것은 물론이고, 네 나라와 우리나라 간 맥락도 다르다. 그럼에도 불구하고 이들은 네 나라의 학교교육과정 개발 사례를 분석한 후 학교교육과정 개발에 영향을 미치는 다양한 변인들을 추출하고 주요 디자인 요인들을 개념화하였다.

[그림 2-1]은 마쉬Marsh 등이 제안한 학교교육과정 개발 변인 매트릭스이다. 물론 학교교육과정 개발 장면을 구성하는 변인들과 그에 따른 장면들은 이외에도 매우 다양하다. 일단 그들은 학교교육과정 개발을 시간배당, 교육활동 유형, 구성원 참여 등 크게 세 차원으로 구분하였다. 세 차원의 변인과 그 하위 수준의 요인에 따라 다양한 형태의 학교교육과정이 디자인될 수 있음을 보여 준다. 학교교육과정 디자인은 바로 이와 같은 변인들이 상호작용하여 만들어지는 과정과 결과를 의미한다.

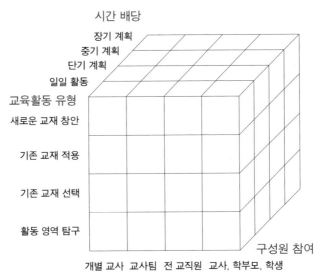

시간 배당

장기 계획
중기 계획
단기 계획
일일 활동

교육활동 유형

새로운 교재 창안

기존 교재 적용

기존 교재 선택

활동 영역 탐구

구성원 참여

개별 교사 교사팀 전 교직원 교사, 학부모, 학생

[그림 2-1] 학교교육과정 개발 변인 매트릭스[7]

이 변인들을 중심으로 일반적인 학교교육과정 개발 장면을 예로 들어 보면 다음과 같다. 과학 교과 '교사들'이 기존 과학 교과서와 교재를 '적용'하여 '2~3주 단기' 프로그램을 개발하는 것이다. 이보다 수준 높은 개발 장면은 '교사 팀, 학부모, 학생'이 참여하여, '1년 정도의 장기 계획'을 세워 지역사회 단원을 새로 구성하여 '교재를 창안'하는 것이다. 이 장면은 아마 학교교육과정 디자인에서 가장 이상적인 상황일 것이다. 앞에서 제시한 시간배당, 구성원 참여, 교육활동 유형 등 세 가지 변인을 중심으로 우리나라 초등학교교육과정 디자인 상황에 비춰 살펴보면 다음과 같다.

시간배당 변인은 1년, 학기, 월, 1일 등 학교의 학사일정과 교사의 교육활동을 위한 계획을 중심으로 다양하게 디자인할 수 있다는 것이다. 우리나라는 국가교육과정에 따른 연간 수업 일수와 교과별 시간배당 기준을 고려하여 단위학교의 학사일정에 따라 연간 시수를 편성한다. 우리나라 학교는 일반적으로 2학기제를 운영하나, 학사일정 편성 권한은 학교장에게 있으므로 4분기로 나누어서 운영할 수도 있다. 연간 학사일정과 달리 교사가 교과와 창의적 체험활동을 중심으로 주제 또는 단원 수준의 프로젝트를 편성할 경우 한 학기, 1~2개월, 2~3주, 일일 활동 등 매우 다양한 형태의 시간배당 유형이 나올 수 있다.

교육활동 유형 변인은 교과서에 제시된 활동을 그대로 적용, 일부 내용을 선택·변형, 또는 새로운 활동으로 대체하거나 또는 이를 기반으로 학교와 교사가 창의적인 활동을 디자인할 수 있다는 것이다. 우리나라 2015 개정 교육과정에서는 교과별 성취기준을 학년군별로 제시하고 있으므로, 핵심적이고 공통적인 학습 내용은 반드시 가르쳐야 한다. 교육활동을 학습할 내용과 활동이 모두 포함된 학생의 경험으로 볼 때 교육활동 디자인의 폭과 수준은 매우 넓고 깊다고 할 수 있다.

구성원 참여 변인은 교사가 홀로 또는 팀을 구성하여 학교교육과정 디자인 과정에 참여하거나 교사 외에 학교장, 학생, 학부모, 지역사회 인사 등 다양한 구성원이 참여할 수 있다는 것이다. 우리나라 학교에서는 주로 교육과정 담당 업무 교사가 홀로 진행하거나 업무 담당 교사가 중심이 된 팀을 조직하여 학교교육과정을 집중적으로 디자인하는 경우가 많다. 물론 학년 말에 학부모와 학생의 의견을 수렴하여 학교교육과정에 반영하기 위해 노력한다. 학교 수준의 공식적인 계획서를 작성할 때는 업무 담당 교사가 주로 관여하지만, 학년 또는 학급 수준의 교육과정은 개별 교사가 디자인한다. 가장 이상적인 상태는 교사가 팀 또는 개별적으로 주도하되 학생과 학부모 등 다양한 구성원이 현재보다 더 자율적으로 참여하는 것이라고 할 수 있다.

학교교육과정 디자인에 영향을 미치는 요인들

이 책에서는 마쉬, 데이, 하네이 그리고 맥커친이 정리한 요인들을 중심으로 우리나라 학교교육과정이 개발되는 상황을 고려하여 살펴보고자 한다. 이들은 학교교육과정 개발 요인을 '학교 구성원의 동기와 철학', '혁신에 대한 관심', '관리·책무·주인의식' 그리고 '교육활동 유형', '학교문화', '구성원의 참여', '시간과 자원', '지원 체제' 등으로 제시하였다.[8] 여기에 최근 우리나라 학교교육과정이 개발되는 상황에서 중요하게 다루어지고 있는 '학교장의 리더십과 혁신 리더', '교사의 교육과정 전문성'을 추가로 포함하여 서술하였다.

[그림 2-2]에 보듯이 학교교육과정 디자인에 영향을 미치는 요인은 매우 다양하다. 여기에서 제시하고 있는 요인들은 절대적이거나 고정적인 것이 아니다. 학교교육과정을 개발하는 나라, 지역 심지어 학교

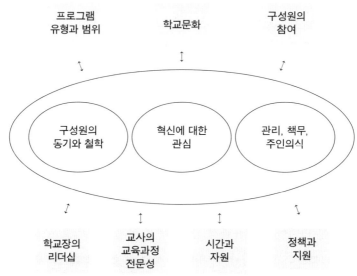

[그림 2-2] 학교교육과정 개발에 영향을 미치는 요인 개념도[9]

등 여건, 실정, 개발 주체의 철학과 신념에 따라 달라질 수 있다. 학교교육과정 디자인에 영향을 미치는 요인들을 개념도로 제시하면 [그림 2-2]와 같다.

[그림 2-2]에서 언급된 요인 중 우리나라 학교교육과정 디자인 과정에서 주목해야 할 요인들을 중심으로 고찰해 보면 다음과 같다.

구성원의 동기와 철학

학교장, 교감, 교사, 교직원, 학생과 학부모가 가지고 있는 학교교육과정에 대한 동기와 철학은 매우 중요하다. 구성원이 공유하는 동기와 철학은 학교교육의 가치를 창출하며, 교육활동의 원동력이다. 교육의 목적과 지향점은 구성원이 공유하고 있는 학교교육에 대한 동기와 철학에서 비롯된다.

학교교육과정을 디자인하는 목적은 학교교육을 개선하기 위해서이다. 그리고 학교교육을 개선하는 목적은 학문과 과학기술의 진보, 사회적 변혁에 적합한 학교교육 시스템을 구축하여 학생의 배움과 성장을 돕기 위해서이다. 이처럼 학교 구성원이 학교교육을 개선하기 위한 동기와 철학을 명확하게 가질수록 학교교육과정 디자인의 목적이 구체화되고, 그 과정에 참여하는 수준과 정도가 넓고 깊어질 것이다.

학교문화

학교교육과정 디자인 참여자들이 서로 동료성을 형성하고 유지하는 것은 학교교육과정 개발이 진행되고 실천되는 과정에서 매우 중요하다. 혁신 리더들은 교육과정 개발 참여 과정에서 학교 구성원의 개인주의를 깨뜨리고 구성원 간 협력적 작업과 소통을 할 수 있는 새로운 조직 구조를 형성하는 일에 힘을 쏟게 된다. 학교를 구성원 간 결속력이 강한 공동체로 만들고 이를 토대로 긍정적인 학교문화를 만드는 일이 학교교육과정 디자인은 물론 학교교육의 성패를 결정짓는 일이다.

공동체의 역동성은 학교가 당면한 문제를 구성원이 함께 해결하는 과정에서 확보할 수 있다. 한편으로 보면 학교는 학교가 안고 있는 다양한 문제의 집합체이며, 교사, 학생, 학부모 등 교육 주체들의 다양한 가치관이 충돌하고 또 해결되는 시·공간이다. 중요한 점은 이 과정에서 학교교육이 지향하는 비전과 목표를 달성하기 위해 구성원 간 갈등을 어떻게 해결하고 긍정적인 관계를 만들 것인지, 어떤 과제를 최우선으로 선정할 것인지, 어떤 방식으로 협의과정을 운영할 것인지, 그리고 어떻게 내실 있는 평가를 진행할 것인지에 관한 문제이다. 이 과정이 얼마만큼 민주적인가에 따라 역동적이고 긍정적인 학교문화가 결정되기도 한다.

학교 구성원의 참여

여기에서 언급되는 학교 구성원은 학교 공동체 구성원이면서 사실상 교육과정 의사결정자stake holders이다. 이처럼 학교교육과정 의사결정 과정에 다양한 학교 구성원이 참여하지만 모두가 동등한 의사결정권을 가지고 있는 것은 아니다. 학교장이 핵심적인 의사결정 권한을 가지고 있으며, 권한 위임 정도에 따라 공식적인 교육과정 의결기구(예를 들어 우리나라의 '학교교육과정위원회'가 여기에 해당함), 업무 담당 교사 또는 교사팀이 권한을 공유할 수 있다.

이상적인 여건이 되면 학교 공동체 구성원들은 학교교육과정을 만드는 직접적인 의사결정 과정에 참여할 수 있다. 의사결정의 민주화는 모든 학교 구성원, 특히 학부모와 학생까지도 적극적인 참여자가 될 수 있는 매우 중요한 일이다. 비록 중앙 정부 및 교육청과의 행정적인 연결 고리가 있지만, 단위학교는 스스로 학교교육을 위한 자율적 결정 권한을 최대한 가지는 것이 바람직하다. 단위학교는 학생들의 배움과 성장을 위해 고유한 교육 목적을 선정할 수 있는 기회를 가져야 한다. 이 교육 목적에는 학문적 학업성취, 직업 및 진로, 인성 발달, 사회성 발달 등의 영역이 포함된다.

학교장의 리더십과 혁신 리더

학교장은 교육과정 혁신의 대표적인 리더이다. 여기에 교감, 수석교사, 혁신적인 교사, 장학사 등도 포함될 수 있다. 단위학교는 변화의 수행자로서 역할을 해 본 경험을 가진 교사 리더, 그리고 그것이 가능하게 하는 잠재력을 가진 교사들과의 독특한 조화로움을 통해 혁신한다.

혁신 리더는 매우 특별한 사람들이다. 그들은 공무상 일처리를 잘할 뿐만 아니라 대인 관계 측면에서 긍정적인 인성을 갖춘 사람들이다. 이들은 수십 년간 교육과정 개발에 참여하거나, 교과 교육 분야에서 높은 수준의 배경지식을 가지고 있으며, 훌륭한 행정 능력과 조직 관리 역량을 계발해 왔다. 여기에 학교교육과정 개발을 새로운 도전 과제로 설정하고 교육과정 의사결정권을 가진 핵심 구성원들과 래포를 형성하면서 혁신적으로 추진할 수 있는 사고의 유연성을 가지고 있다. 혁신 리더는 신뢰 형성, 지원과 방향 제시, 권한 위임을 통해 학교문화를 개선하고 동료 교사가 스스로 성장할 수 있도록 돕는다.

교사의 교육과정 전문성

일부 교사는 학교교육과정 디자인에 명확한 인식을 가지고 있고 그

과정에 참여할 수 있는 체계적인 준비가 되어 있지만, 그렇지 않은 교사들이 더 많은 것이 현실이다. 일반적으로 교사는 교실에서의 일상적 리듬, 학급 규칙, 교사와 학생 그리고 학생과 학생 간의 상호작용 등에 중점을 두는 경향이 있다. 두말할 것도 없이 교실에서 일어나는 구성원 간의 관계와 배움이 가장 중요하며 모든 교육 상황의 토대이다. 그러나 이상적인 상황을 고려했을 때 교사는 이와 같은 직접적인 관심 사항을 넘어서서 학교라는 공동체가 달성하고자 하는 교육 지향점에 대해서 더욱 강력한 신념과 비전을 가져야 한다. 한 발 더 나아가 이러한 신념과 비전을 동료 교사와 공유하고 토론과 협력을 통해 학교교육 목표를 달성하고자 노력해야 한다.

〈표 2-1〉은 학교교육과정을 만드는 과정에서 교사의 발달적 참여 수준을 나타낸 것이다. 단계별로 보면 교육과정을 만드는 과정에 교사의 참여가 개별적, 소극적 수준에서 공동체적, 적극적 수준으로 점점 발달해 가는 것을 알 수 있다. 그러나 모든 교사가 모든 단계를 차

〈표 2-1〉 학교교육과정 디자인에서 교사의 발달적 참여 수준[10]

단계		주요 내용
I단계	개별적 시도	• 동료 교사와 협력하는 것에 확신이 없음 • 자신의 생각을 동료 교사와 공유하는 것을 주저함
II단계	아이디어 교환	• 교육과정 개발 비결과 노하우를 비공식적으로 교환함 • 동료 교사의 아이디어로부터 노하우를 추출해 내려고 함
III단계	정보 조사하기	• 교육과정 관련 과제와 성과를 개인적으로 찾아냄 • 스스로 교육과정 자료를 찾아서 조사함
IV단계	소극적 책무성을 가지고 참여	• 리더십이 크게 필요하지 않은 일을 맡음 • 참여 상황에서 겸손한 자세를 선호함
V단계	적극적 책무성을 가지고 참여	• 교육과정 개발에 주도적으로 참여함 • 다양한 교육활동을 조직하고 리드함
VI단계	핵심적인 리더 역할 수행	• 교육과정을 창안하고 계획하는 준비가 되어 있음 • 학생들의 성취도를 점검하고 공동체의 성과와 지향점을 유지할 수 있는 방향으로 유도함

례로 밟아 가는 것은 아니고, 교사마다 최초의 발달 단계 수준도 다르며, 어떤 경우에는 특정 단계를 뛰어넘어 더 높은 단계에 이미 도달해 있을 수도 있음을 고려해야 한다.

일부 교사는 좀처럼 'I단계'를 벗어나지 못하는 경우가 있다. 그 까닭은 많은 경우 자신의 학급에서 일어나는 일상적인 문제의 해결에만 몰입하고 동료 교사와 협력하지 않기 때문이다. 'II단계'에서는 자신의 학급 학생들에게 일어나는 사소한 일에 대해서는 함구한 채 자신이 맡은 학급의 사생활을 안전하게 유지하는 차원에서 동료 교사와 비공식적으로 '노하우'를 공유하는 단계이다. 일부 교사는 'II단계'를 생략할 가능성이 있지만, 대부분의 교사들은 학교교육과정 개발 과정에 자신이 참여하는 것에 대해 매우 신중하고 그 과정에서 어떤 일이 일어나는지 알고 싶어 한다. 많은 교사들이 바쁜 일과를 보내기 때문에 학교교육과정 개발에 자신이 참여하는 것을 추가적인 업무로 인식한다. 이로 인해 만약 자신이 맡고 있는 학급에 쏟을 수 있는 시간을 빼앗기고 그 과정에의 참여로 인해 내적 또는 외적 보상을 얻을 수 없다고 생각한다면 더욱 참여를 주저하게 된다.

'III단계'에 있는 교사는 스스로 학교교육과정 개발에 관한 정보를 찾거나 학교교육과정 개발에 경험이 있는 동료 교사 또는 이웃 학교 교사로부터 도움을 받는다. 'IV단계'에 있는 교사는 비로소 학교교육 과정 개발 참여자라고 할 수 있으나 스스로 겸손해하고 아직 비중 있는 역할을 맡지 않은 상태라고 볼 수 있다. 프로젝트 참여에 대해 완벽히 납득하고 있지 않거나 자신이 맡은 역할에 대해 신념이 부족한 상태일 수 있다.

이와 대조적으로 'V단계'에 있는 교사는 매우 적극적인 참여자이며 동료 교사와의 친밀한 관계 유지, 교육활동 수립, 그리고 교육과정 개발과 직접 관련된 핵심적인 역할을 수행한다. 때때로 일과 후 교과 및 교육연구회 활동에 참여하거나, 지역사회 인사, 학부모회, 교육청 관계자 등을 만나는 등 상당한 수준의 업무를 수행하기도 한다. 'Ⅵ단계' 교사는 학교교육과정 개발에 상당한 경험을 가지고 있는 상태이다. 학교 내에서도 이와 관련하여 상당한 명성을 쌓아 왔으며, 늘 새로운 교육활동에 관심을 가지고 이를 추진하고자 한다. 주로 교장, 교감, 수석교사, 장학사 또는 함께 근무하고 있는 동료 교사일 수도 있다.

만약 단위학교의 교사 다수가 Ⅳ단계 또는 그 이상의 단계에 있다면, 학교교육과정 디자인 작업이 수월하게 진행될 것이다. 그리고 초임 교사, 또는 경력 교사라고 하더라도 다수가 Ⅰ단계 또는 Ⅱ단계의 상태에 있다면 반대로 어려움을 보일 것이다. 주목할 점은 각 단계에서 보여 주는 교사의 발달 수준은 교사의 나이, 교직 경력과 정확하게 일치하지 않는다는 것이다. 비록 젊고 교직 경력이 많지 않은 교사이지만 학교교육과정 개발에서 Ⅴ단계 이상의 역할을 수행할 수도 있고, 교직 경력이 많은 교사라고 하더라도 학교교육과정 개발에서는 Ⅰ단계의 역할 수행에 그칠 수도 있기 때문이다. 또한 이러한 단계별 참여 수준은 학교장, 학부모나 학생에게도 유사하게 적용될 수 있다.

시간과 자원

학교교육과정을 디자인하기 위해서는 교사 간 상호 소통할 수 있는 시간이 필요하다. 여건이 조성된다면 학생과 학부모와의 상호작용 시간도 포함된다. 여기서 말하는 상호 작용은 학교 구성원 간에 일어나는 일종의 숙의deliberation 과정이라고 할 수 있다. 학교교육과정을 디자인하려면 학교교육과정에 결정 권한을 갖는 다양한 주체들 간의 만남이 선행되어야 하고, 만남 속에서 다양한 의사소통이 이루어져야 한다.

일반적으로 우리나라에서는 시기적으로 한 해의 교육과정이 마무리되는 12월부터 그해의 학교교육과정을 평가하면서 다음 해 교육과정 만들기 과정이 시작된다. 교사들은 12월 그리고 이듬해 1월과 2월까지 수차례의 크고 작은 협의와 워크숍 시간을 갖는다. 여기에는 전체 교사, 동학년 교사, 부장교사, 교장과 교감 등이 참여하는 다양한 규모와 형태의 형식적·비형식적 논의 과정이 동반된다. 학교장은 이러한 숙의 과정이 활발하게 진행되도록 협의 시간 및 장소 확보, 관련 예산 지원, 유연한 복무 상황 등을 지원한다.

이와 관련하여 4장에는 학교교육과정 디자인 과정이 시간적 절차에 따라 타임 라인으로 제시되어 있다.

정책 및 지원 체제

학교교육과정 정책 및 지원 체제에는 교육부 및 시·도 교육청의 주요 정책, 예산, 교육행정 시스템, 지방자치단체와의 협력과 행정적 지원 등이 모두 포함된다. 우리나라 초등학교는 일부를 제외하고는 모두 국·공립학교이다. 우리나라는 국가교육과정을 통해 교육 분야 국정과제를 각급 학교교육에 반영하도록 하고 있으며 그에 따른 각종 교육정책이 동반되고 있다. 학교 시설과 예산은 중앙 정부 및 광역 시·도 교육청의 교부금으로 충당된다. 또한 광역 시·도 교육청은 지역의 특수성을 고려하여 지역 실정에 맞는 교육정책을 일정 부분 창의적으로 시도할 수 있다.

광역 지방자치단체는 광역 시·도 교육청에, 기초 지방차지는 교육지원청 및 단위학교에 예산을 배정·지원함으로써 교육과정 지원 체제의

한 축을 담당하고 있다. 특히 지역에 흩어져 있는 교육 프로그램 자원(시설, 인력, 공공기관, 체험 장소 등)을 효율적으로 조직하여 단위학교 교육과정과 연계시키는 체제 구축이 가장 필요하다고 볼 수 있다.

지금까지 학교교육과정 디자인에 영향을 미치는 주요 요인들을 살펴보았다. 4장과 5장에는 이러한 요인들이 서로 상호작용하여 빚어내는 학교교육과정 만들기 실제 과정이 기술되어 있다.

2. 학교교육과정 디자인 혁신: 교육과정, 수업, 평가 일체화[1]

우리나라에서의 일체화 담론의 등장

교육과정, 수업, 평가의 일관성 문제는 국가교육과정 총론에서 언급된 것은 물론 이미 다수의 학자들과 교사들이 학교교육과정을 혁신하기 위해 지적해 온 것이다. '연계성', '일관성', '일치성', '일체화' 등 어떤 용어를 사용하든지 교육과정, 수업, 평가가 서로 단절되지 않고 연속적인 교육의 과정으로 본래의 기능을 수행해야 한다는 의도는 동일하다. 그 의도의 종착지는 두말할 것도 없이 학생의 배움과 성장이다.

최근 이러한 논의가 학교현장에서 더욱 대두되게 된 것은 1장에서 언급한 바와 같이 공정하지 못한 경쟁과 서열화로 점철된 우리나라 공교육 시스템을 혁신하고자 하는 많은 교사들의 바람이 반영된 것이라

경기 혁신교육   **성취기준의 등장**

평가위상의 2015개정교육과정이 교육과정, **백워드 교육과정**
고공행진 교수-학습,평가 연계성 강화 요구 **설계 관심**

대입에서의 **학교생활기록부 중요**

무의도적인 교과서중심의 **교육부 성취평가제 시행**
활동중심수업 비판 피상적수업 비판

교육과정과 수업,
교육과정과 평가에 대한 수업과 평가의 불일치 비판
교사 전문성 향상 요구 강력한 학습자중심수업
정책 드라이브

고 할 수 있다. 이것은 우리나라 교육 시스템이 학생들을 배움과 성장의 주체로 보지 않고 과도한 입시 경쟁 체제의 틀에 가두었던 것에 대한 반성이다. 그리고 학교교육을 정상화시키고 교육의 본질을 되찾아가는 학교와 교사, 그리고 생생한 교육과정의 울림이다.

가장 먼저 2015 개정 교육과정에서는 교육 목표, 교육 내용, 교수·학습, 평가의 일관성을 강화하고 있다. 또한 성취기준의 등장과 함께 교과 내용 중심에서 학생이 성취해야 할 기준점으로 교육과정의 지향점이 바뀌었다. 사실 이러한 흐름은 교실 수업이 무의도적인 활동 중심 수업과 교육과정 운영으로 변질되고 있다는 비판에서 벗어나고자 하는 노력이 반영된 결과이기도 한다. 또한 오랫동안 지적되어 온 교과서 중심의 피상적 수업, 가르친 내용과 평가하는 내용의 불일치, 심지어는 교육과정과 수업 간의 불일치 현상을 극복하고자 하는 현실적인 고민이 담겨 있다.

일체화 담론은 계획한 교육과정과 실제 교실 수업, 그리고 학생 평가 간의 일치성을 높이고자 하는 노력이다. 이것은 아래와 같은 핵심 아이디어들을 담고 있다.

- 진정한 배움
- 학생의 전인적 성장
- 목표, 수업, 평가의 일관성
- 사고력 및 지식의 구성을 중시하는 교수·학습 방법 활용
- 과정 및 성장 중심의 학생 평가
- 교사의 교육과정 전문성

교육과정, 수업, 평가의 일체화의 의미를 요약하면 다음과 같다. 교사가 교육에 대한 진지한 성찰과 사유를 통해 교육과정을 깊게 이해하는 일이 선행되어야 할 것이다. 그리고 교사의 권위나 교육 내용 전

달에 집중하기보다는 학습자 중심의 철학을 반영한 수업을 실천해야 할 것이다. 또한 결과보다는 과정 중심의 평가를 통해 학생의 전인적 성장을 돕는 평가를 해야 할 것이다. 이것은 교육과정, 수업, 평가를 하나의 연속된 교육활동으로 바라보고자 하는 철학이 반영된 것이다.

교육과정, 수업, 평가 일체화의 정당화

교사가 실제 수업을 진행해야 하는 상황은 이미 교육과정 계획을 통해 성취기준 확인 및 목표 설정이 마무리되어 있는, 말 그대로 출발 선상에서 준비를 모두 마친 채 출발하기만을 기다리고 있는 상태이다. 또한 평가의 시기나 방법, 대상도 사전에 이미 계획되어 있다. 이 상황에서 교육과정과 평가는 배경으로 물러나고 수업이 전면으로 등장한다는 의미가 드러나야 한다는 것은 당연한 말일 것이다.

논리적으로 생각한다면 교육과정, 수업, 평가가 '한 몸', 즉 일체가 된다는 것은 불가능하다. 교육과정은 교육과정이고, 수업은 수업이며, 평가는 평가이기 때문이다. 교육과정 전문가, 수업 전문가, 평가 전문가가 각각 있으며, 이 전문가들의 학문적 논리는 매우 타당하다. 교육과정, 수업, 평가 영역의 학자들에게 교육과정, 수업, 평가가 일체가 되도록 할 수 있느냐는 질문을 하면 어떤 반응을 보일까? 그들은 십중팔구 각 영역의 학술적 의미를 먼저 밝히라고 하고, 연구 방법과 절차의 객관성을 따지며, 논리적 해석을 요구할 것이다. 즉, 세 가지가 연계되는 것에는 일부분 동의하지만 하나로 일체가 되어 논의되어야 하는 정당성에 쉽게 동의하려 들지 않을 것이다. 그러나 교육의 목적과 가치, 학습자의 성장과 발달, 실제 교실 수업, 교육 현상과 문제들을 논리적으로 정당화시킬수록 실제 교육 현상에서는 연계를 넘어 일체화를 지향하지 않으면 안 될 필요성이 점점 커지고 있다는 사실을 부정하기 어렵다.

다시 말해 실제 교육이 기능하는 맥락에서는 가능한 경우가 더 많다는 의미이다. 교사는 교육과정, 수업, 평가를 일련의 흐름이자 전체, 즉 한 몸으로 인식하고 실천해야 교육의 본질적 의미가 드러날 수 있음을 체감하고 있다. 이때 교육과정은 가르침의 지향점, 가르치고 배우는 내용, 그리고 교육활동을 위한 계획이 되며, 수업은 학생의 경험이 일어나는 시·공간을 제공하는 것이고, 평가는 교육과정과 수업의 흐름 속에서 교사는 물론 학생의 성장과 발달을 돕기 위한 피드백이 된다. 교사에게 이 세 가지는 일관성과 조화로움을 유지하지 않으면 안 될 대상들이다. 단순한 연계의 차원을 넘어 '한 몸', 즉 '일체'의 상태에 대해 더 공감하는 이유가 된다.

리사 카터의 개념 정의

리사 카터는 '총체적 수업 일체화Total Instructional Alignment: TIA'에서 '일체화'란 가르치는 내용과 가르치는 방법, 그리고 평가하는 내용이 일치하도록 하는 것이라고 정의한다.[12]

상식적으로 계획한 것, 가르치는 것, 평가하는 것은 일치해야 한다. 아무리 정선된 교육과정이라고 하더라도 교실 학습 환경에 적합하지 않는다면 학생들의 성취도를 향상시킬 수 없다. 반드시 가르쳐야 할 지식, 개념, 기능에 대해 명료한 이해를 하고 있더라도, 그리고 교사의 교육과정이 평가와 일치되어 있다고 하더라도, 교실에서의 실제 수업이 교과서 중심의 진도 나가기 수업으로 진행된다면 결코 총체적 수업 일체화에 도달할 수 없다.[13] [그림 2-3]은 교실 수업에서 교육과정, 수업, 평가가 일체화되지 않은 상황을 표현한 것이다.

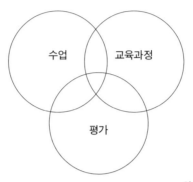

[그림 2-3] 일체화되지 않은 프로그램[14]

반면, [그림 2-4]는 교육과정, 수업, 평가가 일체화된 상황을 나타 낸 것이다. 그림에서 수업 영역의 원은 정보, 개념, 기능 등 전반적인 학습 내용을 나타내고 있다. 이것은 교사가 교실에서 실제로 학생들에게 가르치는 내용으로 '가르친 교육과정the taught curriculum'이다. 교

[그림 2-4] 일체화된 교육 프로그램[15]

육과정 영역의 원은 교사들이 인식하기에 '가르쳐야 하는 교육과정the intended curriculum)'을 나타내고 있다. 그리고 평가 영역 원은 학생들이 평가를 통해 책임지고 획득해야 할 정보, 개념, 기능 등을 나타내고 있다.

두 모델에서 학습 내용의 분량을 나타내는 원의 크기와 개념 모델에 표현된 순서에 주목할 필요가 있다. 수업 영역의 원이 가장 크고 그 원이 교육과정과 평가를 둘러싸고 있음을 주목해야 한다. 그 이유는 교사들이 교육과정 지침에 포함되어 있는 내용보다 더 많은 것을 가르칠 것이라는 점 때문이다.

그리고 교육과정 영역의 원은 수업 영역의 원 내부에 있다는 것이 중요하다. 즉, 수업은 교육과정보다 광범위하지만 교육과정의 어떤 한 부분도 수업에서 배제되는 부분이 없다.

끝으로 평가 영역의 원은 교육과정 영역의 원 안에 포함되어 있다. 모든 원 중에서 가장 작은 원이다. 왜냐하면 평가할 때는 대체로 교육과정에 있는 모든 내용을 평가 대상으로 하지 않기 때문이다. 대부분의 평가는 학생들이 교육과정에 있는 내용을 학습했는지의 여부를 추출하여 검사하도록 설계되어 있다.

또한 주목할 것은 평가나 평가 목적이 교육과정에 있는 내용을 그대로 검사하려고 하는 것이 아니라면, 수업 영역의 원 안에 여전히 위치하고 있다는 점이다. 모든 학생들이 자신들이 평가받아야 할 학습 내용을 학습할 수 있는 학습 기회를 얻는 것이 매우 중요하다. 이때 비로소 학생들에게 진정한 배움에 도달할 수 있는 기본 조건을 제공해 주는 상태가 되는 것이다.

교육 목표 분류학 테이블로 일체화 정도 체크하기

교사는 수업 중에 늘 다음과 같은 의문을 갖기 마련이다. "나의 수업과 평가가 교육과정 목표와 논리적으로 연결되어 있을까?", "나의 수업은 학습 목표와 일치하고 있을까?" 교사가 스스로에게 이러한 질문을 던지고 고민한다는 것은 질 높은 수업을 위한 출발점을 찾고 있다는 것이다.

교육과정, 수업, 평가 간 일체성이 확보되지 않을 경우 심각한 문제점이 발생할 수도 있다. 수업이 평가와 일체화되지 않는다면, 교사가 아무리 질 높은 수업을 실천하였더라도 학생들의 과제 수행 결과가 평가에 반영되지 못할 것이다. 또한 평가가 교육과정의 목표와 일체화되지 않는다면, 그 평가 결과는 학생들의 학습 목표 달성 여부를 확인해 주지 못할 것이다.

교육과정, 수업, 평가 간의 일체성이 어느 정도 확보되었는지는 교육과정 목표(또는 성취기준) 달성 여부를 평가와 비교하거나, 교육과정 목표를 수업과 비교하거나, 수업을 평가와 비교함으로써 알 수 있다.

〈표 2-2〉 교육 목표 분류학 표

지식 차원	인지과정 차원					
	1. 기억하다	2. 이해하다	3. 적용하다	4. 분석하다	5. 평가하다	6. 창안하다
A. 사실적 지식						
B. 개념적 지식						
C. 절차적 지식						
D. 메타인지 지식						

그러나 이런 방식의 비교는 표면적인 분석에 그칠 위험성이 있다.

교육 목표 분류학 테이블은 교사가 자신의 수업에서 교육과정, 수업, 평가가 어느 정도 일체화되었는지 확인할 수 있는 도구 중 한 가지로 사용될 수 있다.

수업 일체화Instructional alignment는 학습 목표, 학습활동, 그리고 평가 간 조화롭게, 그리고 정합적整合的으로 만드는 것이다. 이것은 학생의 학습을 촉진하기 위해 반드시 해야 할 일이다.

> 수업 일체화가 없다면 학생들이 무엇을 학습하고 있는지 알기 어렵다. 일반적으로 학생들은 가치 있는 지식을 배우고 있다고 볼 수 있다. 그러나 학생들이 학습한 것과 평가 사이에 일체화가 이루어지지 않는다면 학생들이 가치 있는 지식을 배우고 있다고 말할 수 없다. 이와 유사하게, 교육과정과 평가가 학습 목표와 일체화되지 않는다면 다른 사람들은 가치를 두지 않는 내용을 학생들이 배우고 있는지도 모른다.[16]

수업 일체화는 학생들이 배워야 할 중요한 내용을 이해하도록 도움을 주며, 교사들이 수업 전략과 평가를 학습 목표에 일치시키도록 도움을 준다.[17]

일체화를 유지하는 것은 일체화를 실행하는 것만큼 쉽지 않다. 예를 들어 교사의 수업 목표가 학생들의 효과적인 글쓰기 능력을 신장하는 것으로 설정했는데, 학습 목표 진술이 문법과 동떨어져 있다면 그 수업은 일관성을 잃는다. 이와 유사하게 수업 목표가 학생들의 수학 개념을 실생활 문제의 해결에 적용하는 것으로 설정되었지만, 실제 학습활동은 계산 문제 풀이라면 이 또한 일관성이 없는 것이다. 수업 일체화는 교사들이 다음과 같은 질문을 할 수 있는 상황이 되어야 한다.

"수업 목표가 의미하는 바가 도대체 무엇일까? 그리고 학생들의 학습과 교사의 평가는 실제로 목표를 달성하고 있는가?"[18]

교육과정, 수업, 평가가 일체화되면 일어나는 현상

교육과정, 수업, 평가가 일체화되면 다음과 같은 특징을 갖는다.[19]

첫째, 학생 중심의 맞춤형 교육이 가능하다.

학생 중심의 맞춤형 교육이란 인간의 자연적 심리 발달 과정과 일치하는 교육을 하기 위한 것이다. 학생의 성장과 발달을 고려하여 교사가 효과적인 교수 전략을 세우고, 진정한 배움이 일어나도록 학생들의 다양한 학습 필요에 맞추는 것이다. 이는 교사가 학생이 중요한 아이디어와 기능을 습득해 가는 과정, 핵심 아이디어와 기능을 이해하였음을 드러내는 방식, 그리고 복잡한 학습 환경 등을 조정하는 제반 노력을 의미한다.

둘째, 학습자 중심 수업이 용이해진다.

수업이 학생의 배움을 추구하도록 한다는 것은 수업을 보는 근본적인 관점의 변화를 요구하는 것이다. 교사의 교수 행위 중심에서 학생의 학습 행위, 즉 배움으로의 전환이 그것이다. 이것은 학생이 교사나 또는 동료 학생들의 도움, 때에 따라서는 스스로 성장할 수 있는 기회를 수업 중에 경험하도록 하는 것이다. 교사는 촉진자이면서 안내자로서 역할을 수행하기를 기대한다. 바람직한 학습이 일어나도록 교사가 학생에게 어떤 참여 경험을 어떻게 제공할 것인가에 초점을 맞추고 있다.

셋째, 학생이 수업의 주도권을 가지게 된다.

학생이 수업의 주도권을 갖는다는 것은 학습의 주도권을 스스로 발생시키고 유지시킨다는 의미이다. 학생은 교사의 일방적 지식 전달을 받는 수동적인 존재가 아니라는 가정이 필요하다. 능동적인 학습을 하기 위해서는 학생 스스로 학습활동에 참여함으로써 가능해지는 것이다. 성공적인 학습자는 새로운 지식을 기존의 지식과 의미 있는 방식으로 결합할 수 있다. 지식은 개인이 환경과 상호작용하면서 맥락을 이해하고 의미를 재구조화하여 획득되는 것이며, 이것은 학생의 적극적이고 능동적인 참여가 없이는 불가능하다.

넷째, 교과 내용과 학생의 경험 통합이 용이해진다.

일반적으로 통합이란 전체를 이루는 독립적 부분 요소를 관련짓거나 조화로운 관계를 이루어 가도록 하는 과정이다. 통합 현상은 인간의 본성으로 인간은 여러 가지 형태의 지식과 경험을 총체적으로 파악하려는 경향이 있다. 교육 내용으로서의 교육과정, 경험으로서의 수업, 가치 판단으로서의 평가가 일관성 있고 조화롭게 진행될 경우 이러한 지식과 경험의 통합은 총체적 성격을 띨 것이다.

다섯째, 과정 중심 평가로의 전환이 가능해진다.

평가를 바람직한 교육활동에 대한 가치 판단의 과정이라고 한다면, 학생의 상대적 서열을 가리는 결과 중심 평가에서, 한 명 한 명의 성장 과정을 조명하는 과정 평가로의 전환이 절실하다. 학생의 학업성취도는 과제를 스스로 또는 동료와 협력하여 수행해 내는 문제해결의 과정이 부각될 때 진정한 향상이 가능하다. 교육과정, 수업, 평가 일체화는 이러한 과정 평가가 가능하도록 만들어 주는 시스템이다.

여섯째, 교사의 교육과정 디자인 역량이 신장된다.

교사의 교육과정 디자인 역량이 신장된다는 것은 교육과정 재구성 의미가 교육 내용의 배열, 재배치, 첨가, 삭제 등의 좁은 의미에서, 수업과 평가와의 연계성을 강화하는 의미로 확장됨을 의미한다. 교육과정, 수업, 평가에 대한 높은 안목과 실천력은 교사의 총체적 역량을 드러내는 의미를 갖는다.

일곱째, 학교가 교육과정 중심 조직으로 전환될 수 있다.

교육과정, 수업, 평가가 한 몸이 되도록 노력한다는 것은 학교의 역량이 학생의 성장과 발달을 최우선에 둘 때 가능해진다. 학교는 교육과정, 수업, 평가가 실천되는 공간이며, 이 실천이 효과적으로 수행되도록 지원할 수 있는 인적, 물적 시스템을 구성할 필요가 있다.

3. 교육과정, 수업, 평가 일체화의 다양한 접근

학교교육 내용 디자인

학교교육 내용을 디자인한다는 것은 학교교육과정을 디자인하는 것보다 협소한 의미이다. 교사가 가르치고 학생들이 배우는 교육 내용을 교육과정이라고 할 때, 가르침과 배움 사이에는 교과와 경험이라는 논리적 매개와 심리적 매개가 공존한다. 논리적 매개는 매우 좁은 의미의 교육과정으로 곧 교과 또는 교과의 내용을 의미한다. 심리적 매개는 교사의 가르침, 학생 스스로의 발견과 통찰, 일상적 삶의 경험 등을 통해 학생들의 배움이 일어나는 것을 의미한다. 전자는 학생의 경험 세계 바깥에 존재하는 것이며, 후자는 학생의 경험 그 자체이다.

교육자들은 오랫동안 어떻게 해야 가치 있고 바람직한 교육 내용을 선정하여 학생들이 경험할 수 있도록 할 것인가를 고민해 왔다. 학교교육 내용 디자인은 논리적·심리적 교육활동을 구상하여 실제 학교와 교실에서 학생들의 배움과 성장이 어떻게 일어나도록 할 것인가에 대한 실천적 고민이다. 단위학교의 교육 프로그램은 이러한 고민들이 담긴 결과물이다.

앞에서도 언급했듯이 교육과정 요소들은 매우 다양한 방식으로 조직되어 하나의 학교교육 내용으로 디자인될 수 있다. 최근 학교에서 가르쳐야 할 지식에 대한 포스트모던적 담론 그리고 교육과정의 사회적 책무와 사회 문제 참여에 대한 다양한 담론이 급증하고 있다. 학교

교육과정 디자이너들은 현재 이슈화되고 있는 복잡하고 다양한 사회적 담론과 학교교육에서 전통적으로 기능해 왔던 요소들을 고려하여 교육과정을 디자인해야 한다.

학교교육과정 디자인의 다양성과 복잡성에도 불구하고 모든 교육과정 디자인은 일반적으로 세 가지 기본 모형으로 정형화될 수 있다. 첫째는 교과 중심, 둘째는 학습자 중심, 셋째는 문제 중심 디자인이다. 각각의 기본 모형은 다시 여러 개의 하위 범주를 구성한다.[20] 여기에 저자들은 역량 중심 설계를 새롭게 삽입하였다. 2015 개정 교육과정은 학생들의 핵심 역량 신장에 주안점을 두고 있다.

〈표 2-3〉는 주요 교육과정 디자인 이론을 정리한 것이다. 5장과 6장에는 현재 우리나라 교사들이 학교에서 빈번하게 시도하고 있는 교육과정 디자인 사례가 제시되어 있다.

〈표 2-3〉 주요 교육과정 설계 이론의 개관[21]

구분	강조점	디자인 원천	이 책의 사례 제시
교과 중심 설계			
교과형 학문형 광역형 상관형	개별 교과 학문 간학문 교과 개별 교과, 학문 영역 유지 및 연계	과학, 지식 지식, 과학 지식, 사회 지식	○ ○
학습자 중심 설계			
학습자 중심형 경험 중심형 급진주의형	학습자의 흥미, 욕구 경험, 학습자의 흥미 경험, 학습자의 흥미	학습자 학습자 학습자, 사회	○
문제 중심 설계			
실생활형 중핵형	생활 문제 사회 문제	사회 학습자, 사회	○
역량 중심 설계			
백워드형	학습자의 이해	지식, 학습자	○

학교교육과정 수준에서의 일체화는 학교교육과정 계획, 학교교육과정 운영, 학교교육과정 평가를 통해 이루어진다.

학교교육과정 계획　⇨　학교교육과정 운영　⇨　학교교육과정 평가

학년 및 교과교육과정 수준에서의 일체화는 중점 교육활동 확인, 학생 요구 분석, 교과 재구성 또는 교과 간 통합, 수업 실천, 과정 중심 평가를 통해 이루어진다.

일체화의 접근: 단원 수준

단원 수준에서의 일체화는 교과 성취기준 확인, 단원 목표 설정, 핵심 질문 고민, 핵심 지식과 기능 추출, 수행과제 선정, 평가기준 개발, 수업 계획, 수업 실천, 단원평가 등을 통해 이루어진다.

단원 수준의 교육과정 개발은 교육과정 디자이너로서의 교사 전문성과 가장 밀접하게 관련이 있다. 그럼에도 불구하고 학교의 교사들은 단원 개발에 대한 관심이 적은 편이다. 이러한 현상이 나타나는 주된 이유 중 하나는 교사들이 교과서 중심의 교육과정을 운영하고 있기 때문이라고 보는 시각이 강하다. 교과서를 기반으로 수업을 할 경우 굳이 단원을 개발하거나 교과교육과정 설계에 큰 관심을 두지 않아도 되기 때문이다.

교과서는 교과서 집필진이 국가교육과정이 제시한 성취기준을 해석하여 교수·학습의 시기나 내용을 임의로 배열한 결과물이다. 특히 초등학교의 경우에는 주요 교과가 국정 교과서로 개발되어 학교에 제공

되고 있으므로, 현장 교사들의 교과서 의존도는 더욱 높다. 이 또한 교사들이 단원 설계와 개발의 필요성을 크게 느끼지 않도록 하는 또 다른 요인으로 작용하고 있다.

단원은 교수와 학습의 세부 단위이다. 또한 단원은 교재 및 경험 내용의 통일성, 단일성, 전체성, 통합성을 확보할 수 있다는 측면에서 교사와 학생 모두에게 중요하다. 우리나라 초등학교 교과용 도서는 모두 단원으로 개발되어 있다. 현행 초등학교 1, 2학년 통합교과의 교과서도 소주제를 배분하여 구성하고, 소주제 1개를 하나의 단원으로 개발하여 구성하고 있다.

일반적으로 단원은 '자료 단원'과 '학습 단원', '교과 단원'과 '경험 단원'으로 구분된다. 학습 단원은 '학습자의 행동에 바람직한 변화를 가져올 수 있는, 학생에게 유의한 목적과 내용과 사고와 작업과 평가를 포함하는 일련의 관련된 활동'을 의미하며, 경험 단원은 '지식의 뭉치와 대비되는 의미로 경험의 뭉치'라고 할 수 있다.[22] 현행 초등학교 교과용 도서의 단원은 교과별 편차가 있지만 일반적으로 이러한 네 가지 단원의 특성이 혼합되어 개발되고 있다.

일단 초등 교사가 교과의 단원을 개발하거나 단원 중심의 교육 내용 재구성을 시도하려고 한다면, 자료단원, 교과단원보다는 학습단원, 경험단원의 특성을 보다 강조하여야 할 것이다. 단원 중심 재구성 설계는 학생들이 유의미한 학습을 경험할 수 있도록 하는 데에 최우선의 목적을 두는 경우가 많기 때문이다.

그런데 이 과정에서 교사들은 공통적인 오류를 범하기도 한다. 바로 과도한 활동중심activity-focused 수업과 피상적 학습coverage-focused을 조장하는 단원 설계이다. 위긴스와 맥타이Wiggins & McTighe는 이를 쌍둥이 과실이라고 표현한다. 그들은 여전히 교사들이 학생들에게 매력적이고 친숙하며 달콤한 활동을 염두에 두면서 다양한 활동을 계획하고 있으나 장기적으로는 실체가 없는 수업을 하고 있다고 지적한다. 또한 교과서와 학습지 사이를 행진하면서 교과서에 지나치게 매달리거나 심지어 교과서와 학습 주제에 대해 간략하게 언급만 하고 지나치는 경우도 있음을 우려한다.[23]

위긴스와 맥타이가 지적한 쌍둥이 과실의 핵심은 어떻게 하면 학생들이 진정한 배움을 경험하도록 할 것인가의 문제이다. 최근 이러한 의도를 가장 잘 반영하고 있는 교육과정 설계 방식이 그들이 제안한 백워드 교육과정 설계 모형이다. 이 모형은 교사들이 양질의 단원을 구성하여 개발하는 데에 초점을 둔다. 또한 백워드 교육과정 설계 모형은 2015 개정 교육과정이 추구하는 학습자의 진정한 이해를 통한 배움 중심 설계를 비교적 명료하게 드러낼 수 있는 설계 방식 중 하나로 소개되고 있다.

2015 개정 교육과정은 총론과 각론에 역량을 제시하고, 각론의 교육과정 문서의 체계를 교과의 빅 아이디어를 중심으로 구조화하였다. 즉, 미래 사회가 요구하는 역량을 총론과 각론에 반영하고, 학생들의 학습 경험의 질 개선을 강조하였다. 이를 위해 교과교육과정에서 교과의 전체적인 구조를 보여 줄 수 있는 근본적인 아이디어에 해당하는 핵심 개념을 결정하고, 전체 학교급을 관통하는 일반화된 지식과 기능을 선정하였다. 이와 같은 교육 내용의 구조화는 교과별 세부 내용들 간의 관련성과 그 의미를 깊이 있게 이해하는 것을 돕기 위한 것이다.[24]

일체화의 접근 : 교사 수준

교사 수준에서의 일체화는 교사가 교육과정 계획, 수업, 그리고 평가를 일치도 높게 디자인하고 그것을 실천하는 과정을 통해 이루어진다.

계획이 실제로 변환되는 과정, 즉 실행에서 가장 중요한 문제는 일치도 문제라고 할 수 있다. 특히 교육과정 실행이 학교교육의 혁신과 개선을 염두에 두고 있고 그 변화의 핵심적 역할을 교사가 수행한다고 한다면 교사가 교육과정을 실행할 때 계획과 일치하도록 하는 일은 매우 중요한 일이다. 그러나 엄격히 말해서 이것은 불가능한 일이라고 할 수 있다. 왜냐하면 계획된 교육과정은 하나의 추상화된 문서이며, 교육과정 실행은 추상화된 문서로서의 교육과정을 실제로 실천하는 과정이므로 양자가 정확하게 일치할 수 없기 때문이다.

계획된 교육과정, 실제 수업, 그리고 평가 과정은 텍스트 상태의 대본과 실제 무대 위에서 연기자에 의해 공연된 연극 상황과 유사하다고 비유[25] 할 수도 있다. 하나의 계획된 교육과정이 수업과 평가로 실행될 때는 교사의 지식과 안목, 학습자의 흥미와 요구, 학습자의 발달 수준, 교실 상황, 교과와 과제의 특성 심지어 학교와 지역사회 등과 같은 학습 환경에 따라서도 다르게 나타날 것이기 때문이다.

교육과정 계획, 수업 평가 간의 일치도는 교사의 교육과정 실행의 자율성 정도에 따라 세 가지 수준으로 구분할 수 있다. 이것을 충실도, 적응성, 생성적 관점 등 세 가지로 나누어 보면 다음과 같다.[26]

첫째, 충실도 개념은 교사가 외부의 교육과정 개발자의 의도를 수동적으로 수용하는 것을 말한다. 이 관점에서 교육과정은 교실 외부의 교육과정 전문가에 의해 개발되고, 교육 혁신이란 교사들이 전문가에 의해 개발된 교육과정 혁신을 실행하는 단선형적 과정이며, 계획된 교육과정의 질은 목표가 달성되었는지를 확인함으로써 평가된다.

둘째, 적응성의 관점에서 교육과정은 학교나 교사가 처한 환경에 따라 적절하게 변형될 수 있어야 한다. 즉 교사는 자신이 처한 특수하고 유동적인 상황에 적합하도록 교육과정을 재해석하고 변형한다는 것이다. 교사의 교육과정에 대한 재해석과 변형을 '조정adjustments'[27]이라고 표현하기도 한다. 재해석, 변형, 조정 등 어떤 표현을 사용하든지 간에 이것은 교육과정 개발자와 교실 상황에서 실제로 교육과정을 사용하는 교사에 의해 행해지는 과정이며, 또한 교육과정 계획과 실천 사이의 절충과 유연성을 의미한다. 우리나라 교사들이 보편적으로 인식하고 있는 '교육과정 재구성'은 바로 교육과정 실행의 적응성 관점이다.

셋째, 생성적 관점에서 교육과정은 개발된 교육과정의 실행보다는 교사와 학습자가 교육과정을 만들어 가는 과정을 중요시한다. 이 관점에서 가치 있는 교육과정은 교사와 학생이 학교나 교실에서 실제로 상호작용하면서 갖게 되는 교육적 경험이다. 또한 교사는 국가나 외부의 전문가가 개발한 교육과정을 수동적으로 받아들여 학생에게 전달하는 '전달자'가 아니라 학생과 함께 교육과정을 만들어 가는 '디자이너'이자 '연구자'이다. 생성적 관점은 교사와 학생이 교육과정을 교실 수업 상황에서 생성해 가는 것이라고 보기 때문에, 교육과정은 계획이나 문서의 의미보다는 경험이라는 의미로 해석된다.

일체화의 접근: 학생 수준

학생 수준에서의 일체화는 수행으로서의 이해, 앎과 행위의 일치, 배움의 내면화, 전인적 성장을 통해 이루어진다.

학생 수준에서의 일체화는 교육과정과 수업, 평가가 학생들의 수행으로서의 이해의 단계에 이르는 상태를 말한다. 앎과 행위가 일치되고, 배움이 내면화되며, 궁극적으로 전인적 성장을 이루는 것이다.

[그림 2-5]를 보면 A영역은 국가 수준, B영역은 교사 수준, C영역은 학생 수준의 교육과정을 개념화한 것이다. 세 가지 수준의 교육과정을 개념 간의 관련성을 중심으로 논의하면 학생 수준에서의 일체화가 일어나는 이상적인 교육과정의 상태를 추론할 수 있다.

C영역에서의 교육과정은 학생들이 학교생활을 하는 동안에 가지는 경험의 총체를 말하며, 교육과정의 종착점이 된다. 교사 수준의 교육과정에서 교사가 아무리 의도적으로 가르쳐도 학생들이 과연 교사가 의도한 학습 경험을 가지게 될 것인지는 아무도 모르는 일이다. 이때

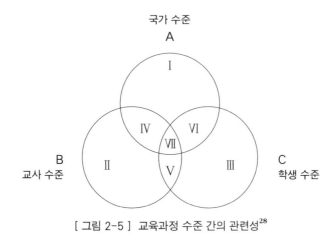

[그림 2-5] 교육과정 수준 간의 관련성[28]

학습 경험은 학생 한 명 한 명에게 개별적인 내적 경험으로 형성된다. 따라서 교사는 학생이 진정한 배움의 상태에 이르렀는지를 판단해야 하는 일에 많은 시간과 노력을 기울여야 한다.

[그림 2-5]의 개념도에서 영역 Ⅰ은 국가 수준에서 학생들에게 가르치기를 원하나 교사가 가르친 바 없고 따라서 학생도 배우지 않은 상태이다. 영역 Ⅱ는 국가 수준의 교육과정 문서에 제시되어 있지 않으나 사회 변화나 학문적 흐름에 따라 교사가 구성하여 가르친 상태이다. 그러나 학생은 배우지 않은 상태이다. 영역 Ⅲ은 국가 수준 교육과정 문서에도 없고 교사가 가르친 바도 없는데 학생이 학교생활을 하는 동안 은연중에 가지게 되는 경험이다. 즉 잠재적 교육과정을 말한다. 영역 Ⅰ, Ⅱ, Ⅲ은 우리나라 교육과정 결정 체제에서 교육과정의 주체라고 할 수 있는 국가, 교사, 학생 간의 개념적 영역을 나타내는 것이다. 그런데 다른 영역과 관계를 맺지 않고서는 아무런 교육적 의미가 없거나 교육의 능동성을 확보하기 어렵다는 것을 알 수 있다.

따라서 교육과정 주체들이 나타내는 개념적 수준은 서로 관계성을 맺어야 교육적 의미가 만들어진다. 가장 이상적인 교육과정의 상태는 어느 지점인가? 영역 Ⅶ은 국가 수준 교육과정, 교사의 가르침, 그리고 학생의 학습 경험이 일치하여 학생이 참된 배움의 상태에 이르고 있음을 보여 준다. 이 지점은 교육과정 기준과 교사의 가르침, 그리고 학생의 배움이 일체화되는 곳이다. 교육과정의 종착점이 학생의 경험이라고 한다면 교육과정의 실제성, 교육 행위의 일관성 측면에서 가장 중요한 요소는 일치도 문제이다.

영역 Ⅶ은 문서로서의 교육과정이 교사의 수업을 통해 생명력을 얻고, 교육과정의 종착점인 학생의 경험에 침투하여 참된 배움이 일어나는 지점이다. 이 영역이 극대화될수록 이상적인 교육과정이요 이상적인 교육 행위가 가능함을 알 수 있다.

　이러한 교육과정 상태가 일어나려면 어떻게 해야 하는가? 학교교육 상황에서 보면 계획으로서의 교육과정, 교사의 수업, 그리고 평가가 일치되거나 최소한 균형이 맞아야 할 것이다. 이를 실천하기 위한 구체적인 계획과 프로그램이 학교교육과정에 담겨 있다. 학교교육과정은 개념 수준의 교육과정을 가장 실제적으로 드러내는 상태라고 볼 수 있다.

주석

1. Marsh, C., Day, C., Hannay, L. & McCutcheon, G.(1990). Reconceptualizing school-based curriculum development. London: The Falmer Press. 3~7쪽을 참고하였음.
2. Taba, H.(1962). Curriculum development: Theory and practice. New York: Harcourt Brace Jovanovich, Inc. 6쪽을 참고하였음.
3. Marsh, C. J. & Willis, G.(2007). Curriculum: Alternative approaches, ongoing issues(4th ed.). Upper Saddle River, NJ: PEARSON. 148쪽을 참고하였음.
4. Marsh, C., Day, C., Hannay, L. & McCutcheon, G. 위의 책 46쪽을 참고하였음.
5. Ornstein, A. C. & Hunkins, F. P.(2004). Curriculum: foundations, principles and issues(4th). Boston: PEARSON. 235쪽을 참고하였음.
6. 강현석 외 5인 공역(2008). 거꾸로 생각하는 교육과정 개발: 교과에 대한 진정한 이해를 목적으로. Wiggins, G. & McTighe, J.(2005). Understanding by design(expanded 2nd ed). VA: ASCD. 32쪽에서 인용하였음.
7. Marsh, C., Day, C., Hannay, L. & McCutcheon, G. 위의 책 49쪽에서 인용하였음.
8. Marsh, C., Day, C., Hannay, L. & McCutcheon, G. 위의 책 176~193쪽을 참고하였다. 학교교육과정 개발 요인을 마쉬 등은 외부 요인으로 교육활동 유형, 학교문화, 구성원의 참여, 시간, 자원 그리고 내부 요인으로 학교 구성원의 동기와 철학, 혁신에 대한 관심, 관리-책무-주인의식으로 구분하였다. 여기에 우리나라 학교에서 교육과정이 개발되는 상황을 반영하여 저자들의 언어로 다시 기술하였다.
9. Marsh, C., Day, C., Hannay, L. & McCutcheon, G. 위의 책 176쪽에서 인용하였다. 요인에 해당하는 구체적인 내용은 우리나라 학교에서 교육과정이 개발되는 상황을 반영하여 저자들의 언어로 다시 기술하였다. 저자

들이 일부 요인들을 수정·보완하였다.

10. Marsh, C., Day, C., Hannay, L. & McCutcheon, G. 위의 책 31쪽에서 인용하였음.

11. 일체화의 '일체(一體)'는 사전적 의미로 '하나의 같은 몸', '모두 다', '하나의 같은 덩어리'를 의미한다. 그리고 여기에 변화로서의 과정, 구성으로서의 역동성을 강조하기 위해 '-화(化)'를 접미사로 붙였다. 즉 교사가 교육의 과정에서 교육과정, 수업, 평가가 조화로운 한 몸이 되도록 끊임없이 구성적 활동을 추구한다는 의미이다. 이 책에서 저자들은 '일체화'를 다음과 같이 규정하였다. 첫째, 교육과정, 수업, 평가가 기계적 배열이나 절차적 작업이 아니라, 때에 따라서 이를 포함하되, 본질적으로는 교육과정 구성 요소로 서로 조화를 이루는 것이다. 둘째, 교육과정, 수업, 평가 간의 표면적 일치 또는 연계보다는 이 과정을 조화롭게 운용하려는 교사의 적극적인 역할이 드러나도록 하는 것이다. 셋째, 교사의 실제 수업 상황을 부각하는 것이다. 넷째, 무엇보다 교육과정, 수업, 평가가 궁극적으로 학생의 배움과 성장을 지향한다는 의미를 포함하는 것이다.

12. 리사 카터(Lisa Carter)는 현재 교사교육 분야에서 저명한 강사이자 기조 연설자이다. 교육과정과 수업, 교사 교육과 관련한 다양한 저서를 집필하고 있는 저자이며 교육 컨설턴트로 활동하고 있다. 노스캐롤라이나주 페이어트빌(Fayetteville)의 초등학교 교사로서 경력을 쌓기 시작했으며, 초등 및 중등학교의 관리자로서 시골과 도시 학교에서도 근무하였다. 리사 카터는 오하이오주 신시내티에 있는 메이어슨 인력 개발 아카데미(Meyerson Academy for Human Resource Development)의 설립을 도왔고, 이후 전무이사로 임명되어 교사와 행정가의 전문성 개발에 탁월한 업적을 인정받았다. 그녀가 2007년에 발간한 『Total instructional alignment: From standards to student success』은 『교육과정, 수업, 평가의 일체화: 성취기준에서 학생의 성장에 이르기까지』(2016, 살림터)로 번역되었다. 이 책은 교육과정, 수업, 평가 간의 연계성을 고민하는 현장의 교사와 교육자들에게 많은 시사점을 주고 있다. 이 책에서 저자는 수업을 중심으로 교육과정과 평가를 일체화해야 하며, 이를 통해 학교 개혁 그리고 교실 수업 개혁이 가능하다는 점을 강조하고 있다.

13. Carter, L.(2007). Total instructional alignment: From standards to student success. Bloomington, IN: Solution Tree Press. 22-23쪽에서 인용하였음.

14. Carter, L. 위의 책 30쪽에서 인용하였음.

15. Carter, L. 위의 책 33쪽에서 인용하였음.

16. Bransford, M., Brown, A., & Cocking, R. (Eds.).(2000). How people learn: Brain, mind, experience, and school. Washington, DC: National Academy Press. 51~55쪽에서 인용하였다.

17. Morrison, G., Ross, S., & Kemp, J.(2004). Designing effective instruction(4th ed.). Hoboken, NJ: Wiley.

18. Kauchak, D. P, & Eggen, P. D.(2007). Learning and Teaching: Research-based methods(5th ed.). Boston, MA: PEARSON. 94쪽에서 인용하였음.

19. 박승열(2016). 교사를 세우는 교육과정. 서울: 살림터. 191~193쪽에서 인용하였음.

20. Ornstein, A. C. & Hunkins, F. P. 위의 책 245쪽을 참고하였음.

21. Ornstein, A. C. & Hunkins, F. P. 위의 책 266쪽을 참고하였으며, 본서 내용과 관련하여 표의 일부 내용을 수정·보완하였다.

22. 김종서, 이영덕, 황정규, 이홍우(2004). 교육과정과 교육평가. 서울: 교육과학사. 18쪽~19쪽을 참고하였음.

23. 강현석 외 3인(2013). 백워드 단원 설계와 개발: 기본 모듈 I. 파주: 교육과학사. Wiggins, D. & McTighe, J.(2011). The understanding by design guide to creating high-quality units. VA: ASCD. 31쪽에서 인용하였음.

24. 교육부(2016). 2016 개정 교육과정 총론 해설: 초등학교. 42~45쪽을 참고하였음.

25. Marsh, C. J., & Willis, G. 위의 책.

26. 교육과정 실행에 대해 Fullan과 Pomfret이 '충실도 관점(fidelity perspective)'과 '과정적 관점(process perspective)'이라는 용어를 처음으로 사용하였다. 이후 Marsh와 Willis(2007)는 위의 책에서 Fullan과 Pomfret의 정의를 중심으로 교육과정 실행의 개념을 충실도와 적응성의 개념으로 나누었으며, 사용한 용어가 다를 뿐 의미는 동일하다. Fullan과 Pomfret의 연구 결과 출처는 다음과 같다. Fullan, M. G. & Pomfret, A.(1977). Research on curriculum and instruction implementation. Review of Educational Research, 47(1), 335-397.

27. Snyder, J., Bolin, F. & Zumwalt, K.(1992). Curriculum

implementation. In P. W. Jackson (Ed.), Handbook of research on curriculum(pp. 402-435). New York: Macmillan.

28. 김종서, 이영덕, 황정규, 이홍우(2004). 위의 책 18쪽~19쪽을 참고하였다. 본문의 [그림 2-5]에서 A는 국가 수준의 교육과정이다. 이 수준에서의 교육과정은 국가 및 사회가 학생들에게 어떤 목적을 위하여 무엇을 가르칠 것인지에 대한 일련의 의사결정을 해 놓은 문서를 말한다. 교육법에 제시된 교육 목표, 교육부령의 교육과정, 교과서 등이 해당한다. 이 수준의 교육과정은 문서화 되어 있는 것이 특징이다. B는 교사 수준의 교육과정이다. 이 수준에서의 교육과정은 교사가 어떤 목적을 위하여 무엇을 가르치려고 하는지 또는 가르치고 있는지를 말한다. 이 수준의 교육과정에서 강조하고 있는 것은 교육과정의 결정자가 교사라는 점이다. 이 수준의 교육과정은 교사가 만든 문서와 수업 계획, 그리고 수업 그 자체를 포함한다. 연간 교육과정 진도표, 재구성한 교육과정, 월별 또는 주별 수업 계획, 수업안 등이 해당한다. 무엇보다 중요한 것은 이를 근거로 한 교사의 실제 수업이다.

3장

성장하는 교사와 학생,
그리고 학교

미래에는 교육에 있어 중점을 두는 부분이 오늘날과는 판이하게 달라질 것이다. 교육은 과학과 마찬가지로 '어떻게' 대신 '왜'에 초점을 맞출 것이다. 교육이 경험적인 것에서 형이상학적인 것으로 옮겨 감에 따라 정보나 에너지의 흐름 그리고 그에 따라 발생하는 무질서의 양이 그만큼 줄어들 것이다. 그러므로 학문이란 조각가가 작업을 하듯 세상이란 재료를 깎아서 다른 물건으로 만들어 내기 위한 도구가 아니라 우리가 자연에서 물려받고 또 그 안에 속해 있는 이 세계의 한계 안에서 어떻게 살 것인가를 더 잘 이해하는 방법으로 탈바꿈할 것이다. 진보를 지향하는 학문은 과정으로서의 학문으로 대체될 것이다.

_제레미 리프킨, 『엔트로피』에서

공감토크

신 교사 어제 뉴스 보셨어요? 이제는 41조 연수에 대해서도 부정적
인 인식이 팽배하더라고요. 그나마 방학 동안 전문성을 신장할
수 있는 기회인데 말이죠.

조 교사 시간이 흐를수록 교사되기는 어려운데, 교사의 전문성에
대한 인식은 점점 흐릿해져 가는 것 같아요. 사실 20년 차인
저도, 교사의 전문성이 무엇일까에 대한 고민은 더 깊어져요.
학교가 점점 교육기관이 아닌 보육기관이 되어 가는 것 같고….

이 교사 그래도 부장님께서는 바쁘신 와중에도 대학원도 다니시고
좋은 연수라면 지역 불문하고 열심히 찾아다니시잖아요!

조 교사 시대에 뒤떨어지지 않아야 된다는 불안함과 막연함을 지우
기 위해 노력하고 있지만, 사실 새로운 내용을 내 교실에서 적
용해 보는 것은 쉽지 않아요. 무엇보다 제가 계속해 왔던 생각
을 바꾸는 것도 어렵고요.

신 교사 어떤 생각을 말씀하시는 거예요?

조 교사 아무래도 외부 기관과 함께 수업을 계획하고 운영하는 것

도 마음에 확 와닿지 않고, 학생이 주인이라고는 하는데 내 수업에서 학생들이 주인이 되게 한다… 사실 교육과정만 해도 우리도 주인이 아니잖아요.

이 교사 하하하. 그렇죠, 연구부장님이 주인이죠.

조 교사 그런데 학생이 주인이 된다는 것은 정말 더 먼 이야기 같고, 어떻게 해야 할지 모르겠어요.

신 교사 계속해서 바뀌는 교육과정 따라가기도 바쁜데, 그 뿌리에 있는 우리의 생각을 바꾸는 것은 훨씬 더 어려운 것 같아요. 어떻게 변화해 나가는 것이 옳은 방향인지도 모르겠고….

김 교사 우리만 이런 고민을 하는 게 아닐 거예요. 오죽하면 교육청에서도 시간 정해서 함께 고민하라고 했을까요! 자, 피곤해도 이제 전문적 학습 공동체 하러 연구실로 내려갑시다!

이 교사 역시 우리 연구부장님! 잠시라도 쉬는 모습을 보이면 안 된다니까!

1. 교사는 수업으로 교육과정을 말한다

지식 전달자에서 교육과정 디자이너로*

당신은 성공한 교사인가

학교 안팎에서 흔히 생각하는 성공한 교사라고 하면 교장, 교감과 같이 학교의 관리자가 되거나 장학사, 장학관 등이 되어 일선 학교를 지원하고 장학의 업무를 수행하는 '직책'으로의 승진을 일컫는다. 다른 조직과 달리 비교적 학교조직의 위계성이 단순함에 따라, 소수의 교사들만이 경험하게 되는 직책으로의 승진을 성공으로 보는 것이다. 하지만 이러한 직책으로서의 승진과 무관하게, 교사는 1년 단위로 성공과 실패를 경험한다고 볼 수 있다. 매해 새로운 학생들과 함께하는 교실에서의 교육활동은 외부에서 쉽게 판별하기 어렵지만, 교사 스스로에게는 큰 성취감을 때로는 크나큰 좌절감을 안겨 주기 때문이다.

그렇다면 교실에서의 성공은 어떻게 판별할 수 있을까? 학교폭력과 같은 큰 사고와 학부모의 민원 유무가 성공을 결정하는 요인이 될 수도 있을 것이다. 로티Lotie가 교사의 사회적 지위에 대해 '특별하지만 그늘에 가려진'이라고 표현한 지 50여 년이 흐른 지금까지 안타깝게도 전문직으로 크게 인정받지 못하는 것이 유효한 현실이지만[1], 교실의 승패를 결정짓는 교사만의 전문성은 분명 있다. 바로, 교실에 적합한 교육과정을 디자인하고 학생들과 함께 구현해 내는 역량이다. 앞서 살펴본 바와 같이 지식과 기술이 빠르게 변할 뿐 아니라 이에 대한 접근성이 높아짐에 따라 교사의 교육과정 디자인 역량은 더욱 중요해지고 있으며, 성공한 교실을 이끄는 데 미치는 영향력은 크다.

지금까지 우리나라뿐 아니라 대부분의 국가교육과정들이 교사의 역량과 크게 상관없이 일정 수준 이상의 교육을 보장하기 위한teacher-proof 노력의 결과물이었다면, 이제는 어떠한 교육과정 개정이 진행되더라도 교실이 처한 상황과 학생들의 요구를 가장 잘 분석하여 유의미하게 교육과정을 운영할 수 있는curriculum-proof 교사의 역량이 중요해진 것이다.[2] 단, 국가교육과정의 잦은 개정으로 인한 피로감을 호소하며 교육과정에 대한 무관심과 비난의 목소리로 자신만의 수업을 진행하는 것과는 구별되어야 한다.

이제는 주어진 교육과정을 수용하고 충실하게 실행하기보다, 개정된 국가교육과정과 시·도 교육청 수준의 교육과정에 대한 철저한 분석과 비판적 검토를 출발점으로 하여 학생들에게 가장 적합한 교육과정을 디자인해야 한다. 국가교육과정을 편성한 이들도, 시·도 교육청의 교육과정정책과에서도 교실을 맡고 있는 담임교사만큼 깊이 있게 각각의 교실을 이해하지 못하기 때문이다. 그만큼 교실을 둘러싼 맥락의 복잡성을 파악하기란 쉽지 않으며, 교사는 이를 토대로 학생에게 맞는 교육을 제공해야 할 의무를 가지고 있는 것이다.

이와 같은 입장에 대해, '국가교육과정 또는 시·도 교육청 수준의 교육과정에 대한 이해가 부족하다고 해서 실패한 수업 또는 실패한 교육이라고 보아야 하는가?' 라는 반문을 할 수도 있다. 적지 않은 교사들에게 교육과정이라 함은 새 학년도를 준비하는 2~3월에 담당 부장들만이 관여하는 학교교육과정 '문서'로만 생각할 수도 있으며, 문서에 대한 관심 없이도 교과서 진도를 나가는 데 큰 문제가 없이 학생들이 즐거워하는 수업이 가능했다고 답할 수도 있다.

하지만 한 발자국 떨어져서 생각해 보면, 과연 교과서 진도를 차곡차곡 나가는 것이 우리 교육의 목표일까? 한 학교에서 초등학교 6년의 교육을 받는다고 할 때, 맥이 이어지는 교육이 진행되었다고 볼 수 있을까? 수업 시간에 충실히 전달되고 다루어지는 지식은 과연 학생의 성장에 어떤 도움을 주고 있는가? 이 같은 근본적인 질문에 대해서는 쉽게 답하기 어려울 것이다.

그동안 교사들은 별다른 보상이 주어지지 않음에도 즐겁고 신나는 수업을 위해 부단히 노력을 기울여 왔다. 인터넷 교사 커뮤니티에서 자료를 찾기도 하고, 옆 반 선생님이 반응이 좋았다고 이야기하는 수업 자료를 공유하기도 한다. 그런데 하나하나 진주 같은 수업들이 하나의 목걸이로 꿰어지지 않는 한, '우리의 일 년, 길게는 초등학교 6년이 성공한 교육이며 나는 성공한 교사'라고 말하기는 어려울 것이다. 한 차시 한 차시의 수업은 결과적으로 일련의 공통된 목표를 지향해야 하며, 이러한 목표가 체계적으로 모여 6년간 초등학교 교육의 목표에 도달할 때 의미 있기 때문이다.

이를 위해서는 결과적으로 다시 학교교육의 출발점이라고 볼 수 있는 국가교육과정에 대한 이해와 분석이 필요하며, 시·도 교육청 차원의 차별화된 교육정책을 파악하고 단위학교의 교육과정 편성 과정에 참여가 필수적이다. 자신의 교실을 둘러싼 다양한 맥락에 대한 이해와 한 차시의 수업이 놓여 있는 정확한 위치 파악이 더해질 때, 보다 의미 있고 학생들에게 필요한 방향으로 엮어 갈 수 있기 때문이다. 따라서 국가교육과정과 학교교육과정에 대한 관심은 더 이상 소수의 업무 담당자들만의 것이 아니라, 성공한 수업을 위한 첫 단추를 꿰는 것이다.

고정관념에서 벗어나자

교육과정과 이를 구현한 수업은 교사의 교육을 둘러싼 각각의 상像의 집합체라고 볼 수 있을 것이다. 학생, 좋은 수업, 잘 운영되는 학급의 상像 등을 바탕으로 우리 학급에 대한 분석이 이루어지고 교육과정을 편성하며, 이를 펼치는 수업에서 수업 방법을 결정할 뿐 아니라 학생에게 기대하는 바까지 모두 연결되기 때문이다. 그렇다면 과연 우리는 교육과 연관된 개념에 대해 어떤 관점을 가지고 있는가? 언론뿐 아니라 다양한 교사 연수를 통해 접하고 있는 4차 산업혁명에 대한 관심과 수업의 변화에 대한 고민과는 달리, 기존에 가지고 있던 자신만의 틀이 아직도 유효하지는 않은지 되돌아보아야 한다.

먼저, 학생에 대해 살펴보자. 초등학교 학생들은 유년기와 청소년기 초반에 해당함에 따라, 교사와 학생의 관계를 어른과 아이의 관계와 동일시하는 경우가 많다. 교사, 학생, 학부모를 교육의 주요 주체라고 이야기하고는 있지만, 아직까지 많은 부분에서 학생은 미성숙하며 교사의 도움이 필요한 수동적인 존재로 위치 지우는 것이다. 단적인 예로 초등학교 교사들은 중·고등학교와 달리 아직 학생들이 자율적으로 할 수 있는 부분이 적어 창의적 체험활동을 운영하는 데 어려움이 많다는 반응을 보인다.[3]

교과 수업으로 들어가면 더욱 학생에게 수업의 주도권을 넘기는 것이 어려워진다. 주어진 시간 내에 도달해야 할 목표가 설정되어 있으며, 끝내야 하는 교과서 진도를 생각하고 있는 입장일 경우 더욱더 수업의 주도권을 학생에게 넘긴다는 것은 어불성설일 것이다. 학생들에게 활동 주제 또는 활동 방법에 대한 선택권을 주는 수업을 준비하고 진행하면서, 학생들의 요구를 최대한 반영한다고 만족감을 느끼는 경우도 많다. 일방적으로 수업의 내용을 결정하고 전달하는 교사 주도형 수업에서 한 걸음 나아간 것이지만, 이는 학생 참여형 수업이며 한 단계 더 나아간 학생 주도형 수업이라 보기는 어려울 것이다. 한 번쯤 내가 만족하고 있는 또는 내가 지향하는 수업이 어디에 위치하는지 성찰해 볼 필요가 있다.

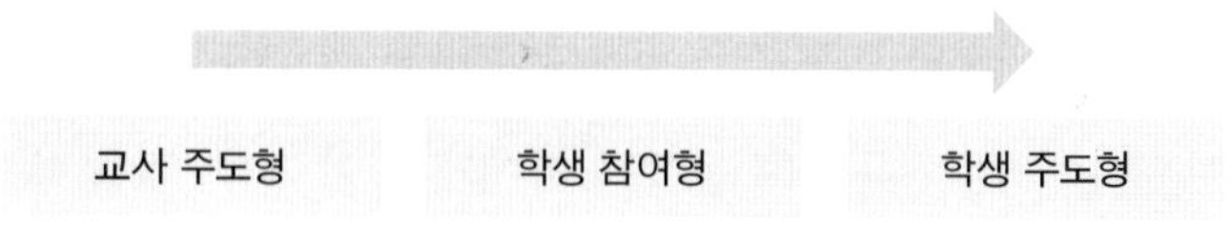

교사 주도형 　　　　학생 참여형 　　　　학생 주도형

[그림 3-1] 수업의 지향점

결국 우리의 교실은 시대의 흐름에 맞춰 로봇이 대체할 수 없는 인간만의 고유한 역량을 크게 발휘할 수 있는 인재를 키워야 한다고 주장하면서, 로봇에게 데이터를 입력하듯 학생들에게 주어진 지식을 정확하고 빠르게 전달해야 하는 수업에 아직도 멈춰 있는 경우가 많다. 이러한 저변에는 학생에 대한 교사의 인식이 가장 크게 작용하고 있다. 현재와 같은 교육 경험을 통해 학생들이 창의적으로 문제를 해결하고 배움의 즐거움을 느끼며 주체적으로 학습하기 바라는 것은 모순이라고밖에 볼 수 없다.

이러한 가운데 경기도교육청의 정책 가운데 하나로 진행되고 있는 '꿈의학교' 사례는 주목해 볼 만하다. 학교 밖에서 진행되는 '만들어 가는 꿈의학교'라는 프로그램은 학생들이 직접 배우고 탐구하고 싶은 주제를 정하고 이를 위한 17차시 동안의 구체적인 활동을 스스로 계획·운영하는 방식으로 진행되고 있다. 담당 교사는 보다 빠르고 정확한 길을 안내해 주고 싶은 마음을 꾹 누르고 옆에서 묵묵히 지켜보고 격려한 결과, 오히려 활동 기간 내내 학생들이 주인의식을 가지고 배움에 대한 흥미와 성취감을 느끼며 성장한다고 이야기한다.[4] 물론 아직까지 많은 부분 중·고등학생들이 주를 이루고 초등학생들은 소수만이 참여하고 있지만, 근본적으로 학생들에게 학습의 주도권을 넘기고 스스로 계획하고 실천할 수 있도록 한 접근 자체는 우리의 교실에 의미하는 바가 크다.

학생에 대한 인식 재고와 더불어 보다 세부적으로 수업을 이끌어 나가는 교수·학습 방법에 대한 고정관념을 깰 필요가 있다. 거꾸로 수업, 하브루타 수업, 교육연극 등 교사들에게 있어 교수·학습 방법에도 유행이 있다. 이러한 교수·학습 방법의 개발 또는 발굴의 저변에는 교사 중심의 설명식 수업에 대한 반성이 있다. 교사 중심의 설명식 수업은 학생을 수동적으로 만든다는 측면에서 되도록 피해야 하며, 동료 교사 또는 다른 사람들에게 자신 있게 말할 수 없는 교수법이 되어 왔기 때문이다.

단적인 예로, 많은 교수·학습 방법 연구에서 새로운 수업 방법의 효과를 살펴보기 위한 대조군으로 설명식 수업을 택하고 있다. 하지만 실제 교실 상황을 살펴볼 때 설명식 수업 방법에 대한 부정적 인식 또한 고정관념으로 볼 수 있다. 학생들에게 과제를 제시하고 이를 학생이 가지고 있는 지식이나, 기능 전략 등을 능동적으로 발휘할 수 있는 여건을 마련하는 과정에서 교사의 설명과 의미 있는 발문이 깊이 있게 사고하는 결과로 충분히 이어질 수 있기 때문이다.

따라서 모든 수업 상황과 모든 교사에게 일괄적으로 적용할 수 있는 유일한 수업모형도, 만병통치약과 같은 수업 기법도 없다고 보아야 한다. 이분법의 논리로 전통적인 관점의 수업을 무조건 지양한다거나 매 수업마다 하나의 교수·학습 방법을 추구하는 것을 경계해야 하는 것이다. 어떠한 방법이든 교과 지식을 잘 전달하기 위한 기법적 측면에서 접근하는 것이 아니라, 학생이 배운 것을 실제 생활 장면에서 수행하고 사고할 수 있도록 이끌어 내는 목적을 염두에 두고 접근해야 한다. 목적을 잃을 경우, 학생 주도형 교육활동으로 주목받고 있는 프로젝트 학습 역시 활동을 위한 활동으로 국한될 수 있기 때문이다.

교육과정과 수업에 가장 큰 영향을 미치는 평가에 대한 고정관념도 되짚어 보아야 한다. 중·고등학교와 비교했을 때 상대적으로 평가로 인한 압박감이 덜하지만, 평가에 대한 개념 자체는 초등학교에서도 크게 다르지 않다. 평가 결과에 따라 학생들을 서열화하지는 않지만, 평가의 과정과 그 결과가 학생들의 성장으로 이어지는가에 대해선 쉽게 고개를 끄덕이지 못할 것이다. 학생들의 배움을 촉진시키기 위한 평가를 지향해야 하며 무엇보다 마침표가 아닌 배움의 과정 안에서의 평가로 자리매김해야 할 것이다.[5] 평가 자체가 학생의 역량 개발을 위한 또 하나의 수업이 되어야 하는 것이다. 이를 위해서는 단순히 학습한 내용을 정확하게 재생시키는 것을 넘어, 새로운 맥락에 따라 활용할 수 있는 기회가 되어야 한다.

위에서 언급한 것을 종합해 볼 때, 결과적으로 '교육적'이라는 개념에 대한 교사의 성찰이 필요하다는 것을 알 수 있다. 통상적으로 교육적 효과는 투입과 산출의 측면으로 접근하여, 학습자의 변화 그 가운데 학업성취도에 많은 초점이 맞춰져 있다.[6] 이에 따라 과정보다는 결과, 정성적인 측면보다 정량적인 측면에 중점을 두었던 학교교육은 자연스럽게 빠른 시간 내에 많은 지식을 습득할 수 있도록 이끌어 주는 수업을 고수해 왔다. 하지만 얼마나 많은 지식을 정확하게 알고 있는가가 아닌 알고 있는 지식을 적재적소에 활용할 수 있는 역량이 더욱 중요해지는 사회의 변화를 고려할 때, 그동안 가지고 있었던 '교육적'이란 개념에 대한 틀을 깨야 한다.

교육과정 전문성, 성취기준을 갖고 놀아라

멀게만 느껴졌던 국가교육과정과 시·도 수준의 교육과정에 대해 교사들을 틀에 가두고 통제하기 위한 장치라는 생각에서 벗어나야 한다. 국가교육과정과 시·도 수준의 교육과정은 각각 교사만의 교육과정을 디자인하는 데 필요한 주요 재료들과 방향을 제시해 주는 가이드라인이라고 인식하고 전문성을 마음껏 발휘할 수 있는 자율성과 그에 따른 책임감을 가져야 하는 시점이다.

교사만의 차별화된 교육과정을 디자인한다는 것은 낯설거나 완전히 새로운 개념이 아니다. 이미 교육과정 재구성이라는 접근을 통해 소극적으로나마 교과서의 내용 전개 순서 변경, 내용 대체, 내용 추가 등을 실천해 왔다. 재구성의 대상이 되어 온 교과서는 많은 교실 수업의 상당 부분을 좌우하며 학교교육에서 오랫동안 확고한 지위와 위상을 유지해 왔다.[7] 일종의 경전처럼 여겨지던 교과서의 순서를 바꾸고 지문을 대체하며 활동을 변경하는 것만으로도 의미 있는 한 걸음이었다.

이처럼 교과서에 따른 차시 수업은 전통적인 학문을 학생 수준에 맞는 교과로, 교과 내에서 다시 하위 영역으로, 이후 단원 및 차시로 분절된 시스템이다. 이러한 절차를 반복적으로 함으로써 교사가 좀 더 구체적으로 명확하고 체계적으로 자신이 가르치는 것, 배우는 것에 접근할 수 있는 장점이 있다. 하지만 학교에서 가르치고 배우는 것 모두가 모이면 어떤 그림이 되는지 전체 모습을 파악하기는 점점 힘들다는 한계를 가지고 있다. 즉, 가르치고 배우는 전체에 대한 조망도big picture를 찾아보기 힘들며, 결과적으로 1년 동안 가르치고 배운 큰 그림을 교사나 학생이 실감하기 어렵다.

이러한 상황에서 수업 내용을 보다 흥미로운 자료로 대체하고, 계절 또는 학교 행사에 맞게 교과 수업 전개 순서를 변경하는 것은 미봉책일 것이다. 근본적으로 학문에서 교과서로 변환해오기까지의 과정과 그 과정에서의 중심이 되는 성취기준에 대한 이해가 부족한 상황에서 완성된 하나의 그림을 가지기 어렵기 때문이다. 이제는 1년, 길게는 6년 동안 이루어지는 학교교육 전체에 대한 조망도big picture를 가짐으로써, 교사와 학생 스스로 자신의 교수나 학습을 조율하고 완성해 나가야 한다.[8]

최근 들어 교사의 교육과정 전문성이 요구되는 가운데 교육과정 문해력curriculum literacy이란 개념이 주목받고 있는데, 이는 교사에게 교육과정 해석의 재량권을 부여하고 능동적으로 전문성을 발휘해야 한다는 관점을 바탕으로 교사가 성취기준을 중심으로 교육과정 문서를 읽고 해석하여 자신만의 교육과정을 디자인하고 그에 따른 수업과 평가를 진행할 수 있는 능력을 일컫는다.[9] 교육과정 문해력 습득 과정은 다음의 표와 같이 크게 4단계로 나누어 접근할 수 있다.[10]

〈표 3-1〉 교육과정 문해력 습득 과정

습득 단계	실천 행동	실천 내용
1. 교육과정 문서 찾기	문서와 자료를 구별하고 찾아 소지하라!	• 문서와 자료 구별하기 • 문서와 자료 찾아 소지하기
⇩		
2. 교육과정 읽고 해석하기	문서를 가까이 두고 읽고 해석하라!	• 총론 문서 읽고 해석하기 • 교과 각론 문서 읽고 해석하기
⇩		
3. 교육과정 조망도 갖기	'나'만의 교육과정 조망도를 만들어라!	• 총론 조망도 갖기 • 교과 각론 조망도 갖기 • 성취기준의 종적-횡적 연계망 갖기
⇩		
4. 교육과정 상용하기	교육과정 편성·운영에 쉼 없이 적용하라!	• 교육과정 재구성하기 • 배움중심수업 하기 • 성장중심평가 하기

국가교육과정을 이해하고 분석하면서 담당하는 학년 또는 교과의 조망도를 갖는 3단계까지가 실제 수업을 위한 준비 단계이다. 특히 '1단계 교육과정 문서 찾기'를 통해 교과서는 교육과정 문서가 아닌 자료일 뿐이라는 관점의 전환이 이루어질 수 있다. 그동안 교과서와 지도서를 통해 비교적 수월하게 수업을 준비할 수 있는 반면 모든 내용을 다 다루어야 한다는 압박감으로부터 벗어나 본인만의 교육과정을 디자인할 수 있는 토대가 마련된 것이다. 이후 읽고 해석하는 과정을 거쳐 '3단계 교육과정 조망도 갖기'에서 전체 학교교육에서 교사와 학생이 함께 호흡해야 하는 1년이 어디에 위치하는지 명확하게 파악할 수 있고, 성취기준에 대한 이해도를 높일 수 있다.

교육과정 조망도를 그리는 데 정해진 틀은 없지만, 성취기준을 파악하는 데 참고할 수 있는 기준은 크게 3개로 볼 수 있다. 먼저, 각 교과의 성취기준을 크게 집중적으로 다루어야 하는지, 보다 긴 시간에 걸쳐 지속적으로 접근해야 하는지 또는 타 교과의 성취기준과 연계하여 진행할 것인지로 구분한다. 예를 들어 국어과의 문법 관련 성취기준의 경우 일 년에 거쳐 진행하기보다 집중적으로 다룰 수 있으며, 독서 습관과 관련된 성취기준의 경우 현재와 같이 정해진 교과서의 한

〈표 3-2〉 3-4학년군 국어과 성취기준 분석 예시

성취기준	단기간	장기간	타 교과 연계
[4국02-04] 글을 읽고 사실과 의견을 구별한다.	V		
[4국03-04] 읽는 이를 고려하며 자신의 마음을 표현하는 글을 쓴다.	V		V / 도덕
[4국04-01] 낱말을 분류하고 국어사전에서 찾는다.	V		V / 사회
[4국05-05] 재미나 감동을 느끼며 작품을 즐겨 감상하는 태도를 지닌다.		V	

두 단원을 통해 도달하기 어렵기 때문에 보다 지속적으로 접하면서 도달할 수 있다는 점 등을 판단할 수 있을 것이다.

교육과정 조망도 그리기를 도구 교과의 성격을 띠는 국어과를 중심으로 진행할 경우 좀 더 어렵지 않게 진행할 수 있다. 국어과의 경우 국어 사용 능력 신장을 목표로 하며 다른 교과 학습의 기반이 되므로, 성취기준의 성격이 기능과 관련된 경우 다른 교과의 성취기준과 일대일 연계뿐 아니라 1:多 또는 多:1의 방식으로 연계 및 융합이 가능하기 때문이다.[11]

이러한 과정에서 교과서와 지도서를 무조건 배척하고 멀리하는 것이 아니라 오히려 좋은 자료로 충분히 활용할 수 있다. 아직까지 성취기준이 낯설고 이에 대한 자신만의 조망도가 그려지지 않는다면, 먼저 교과서의 단원들이 어떤 성취기준을 풀어낸 것인지 확인하는 것으로 쉽게 접근할 수 있는 것이다. 이를 통해 성취기준을 구체적인 학습 자료와 수업 장면으로 풀어내는 경험을 쌓는다면, 이후 보다 창의적이며 각각의 다른 교실에 있는 교사와 학생들에게 보다 적합한 조망도가 그려질 뿐 아니라 실제 수업으로 연결될 수 있다.

〈표 3-3〉 교육과정 문해력 습득 '3단계- 교육과정 조망도 갖기' 수준별 실행

교과서 단원과 성취기준 연결하기	성취기준의 성격 파악하기	한 교과의 성취기준 조망도 그려 보기	'나'만의 교육과정 조망도 만들기
교과서가 분석의 대상이 됨	시기별/타 교과 연계 가능성 등을 분석함	종적·횡적 연계망을 그려 봄	교육과정 분석 완료 /새로운 단원 설계 가능

이와 같은 분석이 의미 있게 완성되려면 마지막으로 각 교과 성취기준별 시수에 대한 고려가 이루어져야 한다. 교과별로 배정된 총 시수를 성취기준의 수로 나누면 평균적으로 하나의 성취기준을 위해 필요한 시수를 확인할 수 있다. 예를 들어 3~4학년군 국어과의 경우 408시간이 배당되어 있으며, 성취기준 수는 모두 26개이다. 이를 통해 한 성취기준당 약 16시간씩 배분되는 것을 알 수 있고, 학년으로 나눌 경우 한 학년에서 약 8시간씩 수업을 하게 된다. 이때 국어과와 달리 수학, 과학, 사회의 경우 교육과정상 교과 시수는 학년군별로 배정되어 있지만 내용상의 위계를 가짐으로써 해당 학년에서만 다루는 성취기준이 있다는 점을 유의해야 한다.

이후 성취기준의 성격에 따라 타 교과와의 연계, 장시간이 필요한 경우 등을 고려하여 시수를 조정하면 성취기준에 대한 더욱 명확한 조망도가 그려지는 것이다. 이러한 경험이 유의미하게 쌓여 가면서 자연스럽게 각 교사만의 단원 설계가 가능해지며 중·고등학교와 달리 여러 교과를 담임교사가 지도하는 초등학교에서는 자연스럽게 교과 간의 융합이 이루어질 수 있다. 무엇보다 이와 같은 조망도가 학년에 따라 맥락을 이어 가도록 하는 데 학교교육과정의 역할이 중요하므로, 우리 교실을 위해 담당 부장뿐 아니라 학교의 모든 구성원들이 학교교육과정 편성에 대한 관심을 가지고 적극적으로 참여해야 한다.

결국, 교사교육과정

앞서 살펴본 바와 같이 우리의 교실을 둘러싼 시대적·사회적 변화들이 발 빠르게 달라지고 있는 시점에서 결국 교사의 전문성을 판가름하는 척도는 교사교육과정일 것이다. 이제는 익숙한 교육과정 재구성이나 새로운 교육과정 정책으로 다가오고 있는 교육과정 문해력은 결국 교사에게 교육과정 해석의 재량권을 부여함으로써 전문성을 발휘하는 것을 지향하고 있다. 학교 단위에서 빛깔 있는 교육과정을 운영하라는 요구는 최종적으로 학생 맞춤형 교육을 지향하는 교실로 이어질 것이고, 이러한 요구에 대한 응답은 교사교육과정이기 때문이다.

교육에 대한 자신만의 철학을 끊임없이 되짚어 본 후 국가교육과정 총론을 비롯해 성취기준과 학생에 대한 분석이 필요하며, 이러한 분석력이 교사가 갖추어야 할 중요한 역량이 될 것이다. 같은 학교의 같은 학년을 담당하고 있다 하더라도, 성취기준을 분석하는 데 각자 다른 기준이 있을 것이며 각 학급의 학생들을 이해하고 다가가는 방법 또한 다를 수밖에 없다. 전문성을 토대로 자율성을 발휘할 수 있는 만큼 책임감 또한 그 어느 때보다 커지므로, 전문적 학습 공동체 안에서 지속적인 성찰과 이에 따른 교육과정의 수정·보완이 이루어져야 한다. 성취기준 조망도와 이를 구현한 수업에 대한 피드백이 필요한 것이다.

무엇보다 교사교육과정 전반을 아우르는 교육의 목적에 대한 깊이 있는 고민과 성찰이 필요하다. 교사의 성장과 전문성 발휘가 중요하지만 교육의 가장 중요한 포커스는 학생의 성장이며, 앞서 살펴본 봐와 같이 더 이상 정확하고 많은 지식을 가진 자로서 타인보다 우위를 점하며 재능을 펼칠 수 없는 상황이기 때문이다. 이에 따라 교사교육과정을 통해, 학생들이 어떤 역량을 키우기를 바라는지 늘 교육과정 디자인의 출발점이자 목적지에 두어야 한다.

교육과정 디자이너로서 준비가 되어 있는가?

이제 더 이상 교과 지식을 충실히 가르치는 것만으로 교사의 역할을 충분히 다했다고 보기 어렵다. 적절한 교수방법을 선택하여 수업을 진행하는 것 외에 교과 지식이 학생 개개인에게 유의미하게 다가갈 수 있도록 학습 환경을 조직하는 일, 그 과정에서 학생의 특징을 피드백해 주고 학부모와 소통하는 일, 범교과적 접근을 위해 다른 교사들과 협력하는 일, 학교조직을 개선하는 일 등 교사가 갖추어야 할 역량이 점점 더 넓은 영역에 걸쳐 언급되고 있다.[12]

즉, 교실 내에서의 교과 수업 및 평가라는 장면에 국한되지 않고 학교 밖 지역사회와의 연계, 다른 교사들과의 협력 등을 중요시하게 된 것이다. 이와 같은 역할이 강조될수록 6장에서 살펴볼 교사교육과정에 대한 철저한 준비와 디자인이 더욱 중요하다. 본인이 추구하고자 하는 교육에 대한 철학과 그에 따른 교육과정 디자인이 탄탄하게 이루어질 때, 학교 안팎의 자원을 효율적으로 활용할 수 있으며 학생들의 성장을 학교 밖으로 확장시켜줄 수 있기 때문이다. 결국 교사의 전문성은 교사교육과정을 통해 드러나게 될 것이며 그와 동시에 평가받게 될 것이다.

이를 위해 먼저, 교육과정 '재구성'이라는 틀에서 벗어나야 한다. 그동안 교육과정 재구성에서 다루어진 많은 내용들은 실제 '교과서' 재구성 또는 '지도서' 재구성에 가깝기 때문이다. 이러한 접근으로는 교사와 학생이 교육과정의 주도권을 갖기 쉽지 않다. 누군가가 미리 마련해 놓은 것이 있고, 이를 일부 수정하는 측면이 크기 때문에 주도적으로 새로운 틀을 마련한 후 교사와 학생들의 삶을 담아내는 교육과정으로 나아가기 쉽지 않은 것이다. 교과서와 지도서는 교사가 활용할 수 있는 훌륭한 자료일 뿐, 조각난 수업을 위한 의지의 대상이 아니라는 것을 인식해야 한다.

이제 교육과정은 교사들에게 마음껏 전문성을 펼칠 캔버스와 같다고 볼 수 있다. 공교육이라는 큰 틀은 주어졌지만, 성취기준이라는 물감을 가지고 마음껏 그림을 그릴 수 있다. 조금 달리 생각해 보면 시대적 변화와 사회적 요구에 따라 이제는 그렇게 해야만 하는 시점에 이르렀다고도 볼 수 있다. 그렇다면 교사들은 교육과정 디자이너로서 준비가 되어 있는가? 새로운 교육정책들이 교사교육과정을 향해 의지와 상관없이 이끌어 가기 전에 교사 스스로 질문을 던져 보아야 한다.

교실의 문을 열고, 함께 성장하는 교사

교육과정 전문성을 발휘하여 교사교육과정을 디자인하기 위해서는 교사 개개인의 측면에서 접근하기보다 동료 교사들과 함께 협의하고 협력하는 문화가 필수적이다. 학교교육을 둘러싼 다양한 맥락과 그 복잡성에 교사 개인의 전문성만으로 대응하기 더욱더 어렵기 때문이다. 혼자 가르치는 경우 보다 동료 교사들과 협력하여 수업을 계획하고 실행하거나, 반성하고 개선할 때 보다 효과적으로 전문성을 향상시킬 수 있다는 것은 이미 밝혀진 사실이다.[13] 이러한 맥락에서 교사교육과정은 교사들 간의 체계적이고 수평적인 협의와 학습 조직을 기본 전제 조건으로 한다. 뒤포DuFour는 전문가 학습공동체의 원칙을 다음 표와 같이 제시하였다.[14]

〈표 3-4〉에서 알 수 있듯이 교사학습공동체의 중심은 학생의 '학

〈표 3-4〉 전문가 학습공동체의 원칙

학생의 학습 보장	협력 문화	결과 중심
• 학생들을 가르치는 것에서 끝나는 것이 아니라 학생들이 배우는 것까지 책임을 져야 함. • 한 명의 낙오자 없이 모든 학생들이 교육과정을 배울 수 있도록 학생 개개인에게 적절한 교육적 지원을 제공해야 함.	• 교수·학습 과정에 중점을 둠으로써, 학생의 학습을 보다 효율적으로 지도하고 향상시킬 수 있는 노력을 기울임.	• 학생들의 학업성취 결과를 토대로 효과성을 판단함. • 방대한 데이터를 기꺼이 받아들이고, 이를 적절하고 유용한 정보로 전환하여 적극적으로 활용함.

습'이다. 이를 위해 방대한 데이터를 함께 정보로 전환하며, 학생 개개인에게 맞춤형 교육을 제공하기 위한 협력의 과정인 것이다. 교과서 중심의 수업에서 벗어나 성취기준을 분석하여 학생 및 학교의 맥락에 적합한 교육과정을 디자인하는 것을 지향하지만, 이를 위한 교사들의 출발점은 모두 다를 것이다. 또한 이를 실제로 교실에서 적용하고 풀어내는 방식에서의 수준 차이도 적지 않을 것이다. 이처럼 교사의 전문성을 발휘할 수 있는 자율성이 커진 만큼 책임감이 뒤따르므로, 교육과정의 우수한 질을 확보하기 위해서는 교사들 간의 협력이 더욱 중요하다.

무엇보다 교사학습공동체를 조직하고 운영하는 과정에서 길러지고 발휘되는 교사의 전문성은 기존의 연수 또는 개별 연찬을 통한 전문성과 분명 다르다. 각자가 알아서 잘하면 되는 개인주의적 전문성을 넘어서는 것이다. 즉 '나'의 전문성뿐만 아니라 '우리'의 전문성을 추구하게 된다.[15] 교사의 노력이 한 교실 또는 한 학교에 국한되지 않고 집단 전문성을 추구하고 공유하게 됨으로써 각 교실의 맥락에 따라 수정되고 보완될 수 있다는 점에서 더욱 의미가 있다. 더 이상 혼자만의 교실에서 고립되어 시행착오를 거듭하는 아마추어로 남아 있어서는 안 된다.

교사교육과정의 시작과 끝, 교육과정 평가

특히, 교사 수준에서의 교육과정-수업-평가의 일체화는 교사교육
과정의 성공적인 디자인과 실천을 위해 필수적이다. 교과서를 통해 일
정 수준의 교육과정 질을 담보할 수 있었던 것과 달리, 성취기준을 토
대로 교육과정을 교사의 전문성에 기초하여 편성하게 되면 교사교육
과정이 다양하게 구현되는 만큼 질적인 측면의 우수성의 정도도 차이
가 날 수밖에 없기 때문이다.

질 관리를 위하여 학교교육과정 평가에 대한 관심은 꾸준히 있었으
며, 수업 컨설팅, 장학 등의 다양한 형태를 통해 한 차시의 수업에 대
한 평가는 비교적 활발하게 진행되어 왔다. 하지만 일 년을 주기로 진
행되는 교사교육과정에 대한 평가와 피드백은 교사 개인에게 맡겨 두
고 있는 현실이다. 일부 시·도 교육청에서 수업 컨퍼런스를 통해 그동
안 진행되어 온 교육과정 재구성 결과를 나누고는 있지만, 대부분의
교사들에게는 어떤 목표를 가지고 교육과정을 디자인하고 실천해 왔
는지 되돌아볼 기회는 많지 않았던 것이다.

학생들에게 과정 중심의 평가, 성장을 위한 평가가 중요하듯이, 교
사 스스로 교육과정을 디자인하고 실천하는 전문성을 향상시키려면
수시 또는 정기적으로 피드백을 주고받는 시간이 필요하다. 즉, 교사
의 성장을 위한 평가가 뒷받침되어야 하며 이를 위해서는 평가자의 입
장에서 단순히 필수 내용의 포함 여부를 확인하거나 문제를 해결하기
위한 접근에 머물러서는 안 된다. 교육과정 디자이너들의 맥락을 이해

하고 그들이 성찰하고 성장할 수 있도록 함께 질문을 던지며 나누어야 하는 것이다.

이를 위해서는 정성적 측면에서 수업 일지를 쓰거나, 정기적으로 동료 교사들과 함께 수업안을 분석하는 방법을 통해 접근할 수 있다. 학생들의 수업 만족도와 코멘트를 분기별로 체크해 보는 것도 수업 개선뿐 아니라 일 년간의 큰 그림을 그려 가는 데 좋은 나침반이 될 것이다. 이와 더불어 학기가 시작하기 전, 일 년 동안 주력해야 할 요소들을 동료 교사들과 함께 추출하여 체크리스트 문항을 작성해 둠으로써 진행 정도를 꾸준히 확인하며 스스로 되돌아보는 시간을 가질 수 있다. 무엇보다 이와 같은 시간을 통한 성찰이 새로운 학기, 학년도 교육과정 편성으로 연결되어야 한다.

〈표 3-5〉 분기별 교육과정 자기평가 예시

순	평가기준	O/X	비고
1	공동체 역량*을 향상시키기 위한 수업을 계획·운영하였는가?		
2	학생들의 요구를 반영하기 위해 노력하였는가?		
3	학교 특색교육 활동이 행사로 끝나지 않고 관련 교과 성취기준과 연계하여 운영하였는가?		
4	평가 계획에 따라 과정 중심 평가를 실시하였는가?		
5	외부 강사의 수업이 교육과정의 맥락에 적합하도록 사전·사후 교육을 하였는가?		

* 주력하는 역량은 교사의 계획에 따라 달라질 수 있음

교사의 교육과정 디자인 및 실천 과정과 결과를 보다 의미 있게 성찰하고 다시 디자인으로 선순환하기 위해서는 동료교사와 함께 성찰하려는 노력이 중요하다. 이러한 시간만으로 교육과정에 대한 안목을 키울 수 있는 좋은 기회가 되며, 학교 안에서 동료 교사들과 함께 시간을 가질 경우 학교교육과정의 질 관리로 순환될 수 있다. 또한 학교

밖 같은 학년 또는 학년군 교사들과 함께할 경우, 다양한 각도에서 자신의 교육과정 디자인 역량을 성찰할 수 있을 뿐 아니라 학교 안팎의 다양한 자원을 활용하고 지역사회와 함께 교육과정을 풍성하게 하는 과정 등을 더욱 심도 있게 다루어 볼 수 있다.

2. 학생은 성장으로 교육과정에 답한다

같이, 또 다르게 성장하는 학생들

똑같은 학교교육과정을 토대로 하더라도 교사에 따라 다양한 교육과정 디자인으로 연결되듯이, 같은 교사의 교육과정도 학생들의 삶과 경험에 따라 다른 결과로 이어진다. 즉, 같은 국가교육과정이 다양한 교사교육과정으로 전개되듯, 실제로 실현된 학생 수준의 교육과정의 다양성은 더욱 커지는 것이다.[16] 그럼에도 불구하고 학생의 교육적 성장에 대한 관점은 비교적 오랜 시간 학업 성취 능력에 중점을 두고 유지해 왔다. 교과서 중심에서 벗어나 성취기준을 중심으로 학생들에게 맞는 수업을 제공해야 한다고 하지만, 그 결과물에 있어서는 기존의 관념을 따르는 것이다.

이제는 같은 성취기준에 따른 수업이라도 학생들의 특성에 따라 내용, 과정, 그리고 결과물에서도 다양성을 허용하는 학생 맞춤형 수업으로 나아가야 한다.[17] 이를 위해서는 무엇보다도 학생들의 다양성을 포용할 수 있는 교실문화가 정착되어야 한다. 학생이라는 하나의 '집단'으로 접근하는 것이 아니라, 각자의 목소리와 관점을 가지도록 독려하며 서로의 다름을 인정하는 교실문화가 필요하다. 이러한 맥락에서 영국의 경우 학생의 생물학적 나이가 아닌 학습 정도를 바탕으로 한 교육을 실시하고 있으며, 학생이 준비되었을 때 시험을 보는 등 보다 학생 개인에게 적합한 성장을 지원해 주기 위해 노력하고 있다.[18]

이와 같은 환경 조성과 더불어 다양한 결과물을 산출하는 학생 모두에게 적용될 수 있는 일반적이면서도 이해를 위한 핵심 내용을 반영할 수 있는 평가기준이 뒷받침되어야 실질적인 변화로 이어질 수 있다.[19] 교실문화와 수업이 변화하더라도 평가에서 다시 경직되고 획일적인 접근을 할 경우, 머지않아 다시 예전의 교실로 돌아갈 수밖에 없기 때문이다. 모호하고 엉성한 평가기준으로는 교육활동의 다양성을 평가해 낼 수 없으며, 이는 곧 유의미한 수업이 진행되지 않았다는 것을 뜻한다. 성취기준에 대한 명확한 이해와 분석을 바탕으로 체계적인 평가기준이 세워질 때, 보다 자유롭고 폭넓은 배움으로 안내할 수 있을 것이다.

학생들의 서로 다른 성장을 지지하고 독려하려면 무엇보다 학생들이 서로를 통해 배울 수 있는 기회를 제공해 주는 것이 중요하다. 이미 많은 교실에서 학습 과정에서의 협력을 위해 노력하고 있다. 모둠학습을 기본으로 하며, 주제에 따른 프로젝트 학습을 통해 진행 과정에서 다양한 의사소통 경험을 제공하는 것이다. 그에 반해 학생들이 노력한 결과물을 함께 분석해 보거나, 진행 과정에서의 시행착오 등을 나누는 시간은 많지 않다. 나의 성장이 우리의 성장으로 이어지는 연결 고리가 약한 것이다.

12년 동안 수많은 평가에 노출되지만 나와 우리가 아닌 교실 밖 누군가에게 더 필요한 결과였을 뿐, 실질적인 성장으로 이어지는 경우가 많지 않은 것이 현실이다. 따라서 함께 성찰할 수 있는 능력을 향상시키는 기회가 마련되어야 하며, 이와 같은 경험이 쌓여 갈수록 학습 과정을 냉철하게 분석하는 역량 또한 길러져야 한다. 이처럼 학생 개인의 성장에서 머무는 것이 아니라, 성장의 결과물을 함께 공유하고 새로운 시각을 가질 수 있는 '배움의 공유' 기회를 갖는 것이야말로 학교교육만의 장점이며 나아가야 할 방향이다.

학생, 교육과정의 주인이 되다

타바Taba는 학생의 요구에 대한 진단을 교육과정 디자인의 출발점
이라 하였다.[20] 학생들의 사전지식과 잠재력에 대한 이해에 따라 교육
과정이 달라질 수 있기 때문이다. 3월 초 학급교육과정을 작성할 때,
'우리 반 학생들이 어려워하는 교과를 어떤 방법으로 가르치면 더욱
효과적일까?'와 같은 고민을 토대로 교과, 수업 방법 등에 대한 학생들
의 선호도를 파악하는 것도 이와 같은 맥락이다.

교육과정 디자인에서 적극적으로 학생들의 참여를 반영하는 부분
에 대해 교육학자들 간의 이견이 있다. 학생들의 지식, 동기, 지능의 다
양성을 고루 반영하고 학생들의 권리라는 측면에서 교육과정 디자인
과정에 적극적으로 참여하게 해야 한다는 입장과 전문가가 아님에 따
라 단순히 정보를 제공하는 선으로 제한해야 한다는 입장으로 나뉘
는 것이다.[21] 교사의 전문성과 교육과정에 대한 자율성을 발휘하여 학
생들의 성장에 보다 유의미한 교육과정 디자인을 지향하고 있는 상황
을 고려할 때, 보다 적극적으로 학생들의 목소리에 귀를 기울일 필요
가 있다.

학생이 자신의 정보를 제공하는 것만으로는, 수동적으로 교사가 마
련한 교육활동을 소비하는 위치에 머무를 수밖에 없다. '원래 시험 보
는 기간이니까', '시간표에 따르면 국어를 해야 하니까'와 같이 수동적
으로 이끌려 가는 것이 아니라, 교사가 교육과정 성취기준을 분석하
고 자신만의 조망도를 마련하듯 학생들에게도 일 년 동안 그려 나갈

배움의 스케치에 참여할 수 있는 기회를 제공해야 한다. 이를 통해 교육과정에 대한 일종의 책임감ownership을 가질 수 있도록 할 때, 보다 적극적으로 교육활동에 임하며 학생의 삶에 교육이 녹아들 수 있다.

이와 같은 맥락에서 3월은 더욱 중요한 달이다. 일차적으로 교사와 학생, 학생과 학생 간의 이해를 높이는 시간에서 나아가, 어떤 교과 또는 성취기준을 어떻게 언제 배울 것인지에 대한 계획을 함께 나누는 시간이 필요하기 때문이다. 교육과정을 편성하는 과정에서부터 학생들의 목소리를 반영하는 것이 낯설고 어렵다면, 교사가 디자인한 교육과정에 대한 이해를 높이면서 학생들의 선택권을 점차 넓혀 가는 방식으로 접근할 수 있다.

예를 들어 정기적으로 프로젝트 학습을 진행할 경우, 1) 교사가 준비한 주제 가운데 선택하여 진행 순서 정하기, 2) 학생들이 주제 제안한 후 교사가 관련 성취기준을 연계하기, 3) 성취기준부터 학생과 함께 살펴본 후 프로젝트 학습 주제 정하기 등 다양한 수준과 방법으로 접근할 수 있다. 학생들의 요구와 의견을 막연히 받아들이는 것과 차별화되기 위해서는 교육 전문가로서 다양한 자원을 활용하고 학교교육과정과의 맥을 함께해야 하기에 교사의 조율 능력이 더욱 중요하다. 따라서 보다 진지한 고민과 협의를 통해 학생들이 '나의' 교육과정이라는 책임감을 갖게 하려면 성취기준 및 교육과정에 대한 교사의 깊이 있는 분석 및 이해와 준비가 뒷받침되어야 한다.

학생의 성장을 위한 여백

앞서 살펴본 많은 노력과 그에 따른 변화들은 교사의 성장을 이끌어 내기도 하지만, 결국 교육의 출발점과 종착점 모두 학생의 성장일 것이다. 하지만 안타깝게도 아직까지 학교교육에 대한 기대보다 실망과 우려가 앞서는 것이 현실이다. 여전히 보여주기식의 일회성 행사를 위해 많은 교사들이 에너지를 쏟는가 하면, 수행평가보다 서술형 평가 결과에 더욱 관심을 쏟으며 '매우잘함'의 개수로 서열화하려고 하는 학부모들 그리고 학교 영어 수업 시간을 지루해하며 수많은 영어 단어를 외워야 하는 학원 숙제에 지친 학생들이 우리 교육의 민낯이다.

이처럼 엄청난 노력과 에너지를 교육에 쏟고 있음에도 계속되는 실망과 좌절의 이면에는 목적을 잃은 채 실패하지 않기 위해 애쓰는 조급한 마음이 있다. 교사, 학생, 학부모 모두 각자의 입장에서 실패를 피하려다 보니, 진정으로 원하고 필요한 것, 나아가야 할 방향을 살펴볼 겨를도 없이 오히려 실패한 길을 답습하고 있는 것이다. 이를 깨기 위해서는 무엇보다 학교교육에 여백이 필요하다. 교육 구성원 모두가 다른 학생, 다른 학교 보다 많이 빠르게 채우기 위해 애쓰기보다, 학생의 성장을 목적에 두고 내면을 들여다볼 시간이 필요한 것이다.

앞서 살펴본 바와 같이 3월은 학생들과 함께 일 년 동안 배울 내용을 짚어 보면서 어떤 방향으로 어떻게 나가야 할지 차분히 나누어 보고, 이를 위해 어떤 노력이 필요한지 학생 스스로 준비할 시간을 주어야 한다. 이와 같은 맥락에서 독일 함부르크주의 초등학교 경우 평균 주당 2시간씩 교과와 별도로 학교에서 자율적으로 계획하고 운영할 수 있는 학교자유설계 시간을 통해 교과 학습을 강화하거나 담임교사와의 시간 또는 실습 시간을 가지고 있다.[22] 밖에서 채워 주기보다 학생의 삶 안에서 내면화할 수 있는 시간을 확보해 주어야 할 것이다.

교과 수업뿐 아니라 현재 많은 학교에서 지역사회와 연계하여 운영되는 체험활동도 마찬가지이다. 지역사회와의 연계를 강조하며 단순히 일회적인 체험활동의 수를 늘리는 것만으로는 학생의 성장을 이끌어 내기 어렵다. 최근 들어 급격히 늘어나고 있는 진로교육을 살펴보아도, 학생들이 다양한 직업을 체험 코너에서 30분 남짓 경험해 보는 것만으로는 턱없이 부족하다. 직업의 특성과 직업 관련 분야에 대한 이해가 활동 전후로 뒷받침되고 이에 대해 깊이 있게 생각해 볼 시간이 더해질 때, 진정한 진로교육이 되는 것이다.[23]

성취기준을 중심으로 교사교육과정을 디자인할 경우, 교과서와 지도서의 진도에 따라 수업을 하는 것보다 시간적 여유를 가질 수 있을 것이다. 성취기준을 달성하는 데 교사가 최대한 많은 내용을 전달해 주려고 애쓰기보다, 학생 스스로 또래 친구들과 함께 채워 나갈 수 있는 여백을 마련해 줄 수 있기 때문이다. 단순히 자유 시간을 확보하는 것이 아니라 배움을 내면화할 수 있는 시간으로 보낼 수 있도록 독려하려면 더욱 체계적인 교사의 준비가 필요하다. 이와 더불어 교과서를 빠짐없이 다루어야 한다는 학교 수업에 대한 학부모들의 고정관념을 깨는 것이 뒷받침되어야 할 것이다.

3. 미래의 학교와 교육과정

미래의 교육과정은 어떤 모습이어야 할까

비단 교사뿐 아니라, 교육학자, 교육행정가, 기업체의 HRD(Human Resource Development), 산업교육 및 평생교육 분야 컨설턴트, 교육상담가, 평생 교육사, 청소년지도자 등 다양한 분야에서 교육 전문가들이 활동하며 더 나은 교육을 위해 노력하고 있다. 하지만 아직까지 많은 사람들은 교육이라 할 때, 학교 그리고 교실 속에서의 교육 현상에 초점을 맞추는 것이 현실이다.

앞서 살펴본 봐와 같이 학교를 둘러싸고 있는 사회는 빠른 속도로 변하며, 학교를 향한 요구는 날이 갈수록 다양해지고 시선은 더욱 날카로워지고 있다. 그런데 교실의 문제를 해결하기에 벅찬 학교 구성원들의 관심의 폭을 학교 밖의 교육 현상으로까지 적극적으로 확대하여 폭넓은 시야에서 교육을 조망하는 역량을 갖추도록 노력하는 것은 쉽지 않다.

마을교육공동체, 대안학교 등 기존의 학교교육의 틀을 벗어나 교육을 논하기 위한 움직임들이 더욱 활발해지면서 학교 밖 교육의 위상또한 점차 높아지고 있다. 이러한 상황에서 학교교육은 학교 밖의 교육과 긴밀한 연계를 맺어 갈 수밖에 없는 현실에 놓여 있다. 또한 이러한 환경 변화에 적극적으로 대응하고 주도적 역할을 할 수 있는 교육 전문가로서의 역량을 발휘하기를 교사들에게 기대하고 있는 실정이다.

이를 위해서는 무엇보다 학교, 좀 더 명확하게 말하면 학교교육과정이 보다 유연하게 변화를 받아들이고 새로운 도전을 할 수 있도록 단위학교에 자율성이 주어져야 할 것이다. 또한 지역사회를 비롯해 다양한 층위의 교육 전문가들과 함께 창의적인 학교교육을 펼치며 시너지 효과를 낼 수 있도록 서로의 자원을 공유하고 조정해 나가는 경험의 축적이 필요하다. 결과적으로 이와 같은 노력과 경험들이 학교교육과정 안에 유의미하게 축적되면서 교사들에게 길잡이가 될 수 있는 위치에 놓여야 하는 것이다.

이에 따라 본 저자들은 모두가 조금 더 행복하고 조금 더 성장할 수 있는 미래의 학교를 꿈꾸며, 학교교육의 목표에서부터 전 생애에 걸친 학생들의 삶 안에서의 성장을 이끌어 내기 위해 어떤 노력과 고민이 필요한지 살펴보고자 한다. 적지 않은 사람들이 학교의 역할이 축소될 것이라 예상하며 때로는 학교교육의 무용론을 거론하기도 하지만, 학교교육이 사회, 문화, 역사 등 학교 밖의 현상까지 확대하여 폭넓은 시야에서 다시 희망의 장소가 될 수 있기를 소망하며 조금은 막연하지만 우리 가까이에 있는 미래의 학교교육에 한 발자국 다가가고자 한다.

다시, 학교교육의 목표: 민주시민교육의 장

교과 지식과 아동의 경험, 학교와 지역사회의 상호작용과 연계를 추구한 듀이Dewey는 정치 체제가 아닌 삶의 양식으로 민주주의에 접근하였다. 공동체의 구성원들은 누구나 사회적 현안에 관심을 가지고 그 해결에 동참하는 것이 민주주의적 삶의 모습이며, 이 점에서 학교와 지역사회는 결코 분리될 수 없다는 것이다.[24]

이러한 맥락에서 듀이Dewey는 학교 그 자체가 민주적 삶을 경험하는 실험실인 동시에 지역사회와 학생들을 연결해 주는 연결 고리의 역할을 담당해야 한다고 주장하였다. 삶의 문제 사태를 해결하기 위해 학교에서 배운 지식과 기술을 활용하는 과정에서 교실에서 다루어진 지식이 학생들의 경험으로 이어질 수 있기 때문이다.[25]

이와 같은 듀이Dewey의 입장은 100여 년이 흐른 지금, 4차 산업혁명이라는 시대적 흐름 아래 학교교육에서 많은 변화가 예상되고 또 다양한 사회적 요구사항이 언급되고 있는 시점에서 학교교육의 방향성을 재고하는 데 여전히 시사하는 바가 크다. 기술이 발전하고 정보량이 증가되며 사회 구성원이 다양해질수록 시민의식의 중요성은 더욱 커지며, 민주주의에 대한 위협 상황이 더해지는 상황에서 이를 극복할 수 있는 것은 시민의식이기 때문이다.[26] 국가의 발전 과제나 역사적 맥락에 따라 민주시민교육이 다양하게 정의되고 변화한다는 특성을 고려하더라도[27], 그동안 학교가 민주주의적 삶을 경험하고 지역사회와의 연결 고리가 되어주고 있었는가라고 반문하였을 때 여전히 우리는 자신 있게 답할 수 없는 현실이다.

미래의 학교 그리고 학교교육과정을 생각해 보고자 하는 지금, '학교란 무엇인가'라는 원론적인 질문을 던지며 다시, 학교교육의 목표에 대해 성찰해 보아야 한다. 학교교육을 통해 '민주시민으로서의 공동체 의식을 함양하고, 학생 개개인의 소질 계발의 통로가 될 수 있는가?'와 같이, 당연시하였던 교육 목표와 그 과정에 대해 고민해 보아야 하는 것이다.

이때, 민주시민교육이라고 하여 직접적으로 연관되어 있는 내용을 다루는 사회과 또는 도덕과와 같은 특정 교과 수업에서의 노력을 통해 이루어질 수 있다고 생각해서는 안 된다. 또한 단순히 정치적 이슈, 인권문제 등을 수업 자료로 활용하는 것에 그치거나, 거대하고 이상적인 별도의 교육활동을 추가해야 한다고 접근해서는 안 된다. 소소하지만 일상적인 학교생활 안에서 공동체 구성원으로서의 기본적인 역할과 의무를 경험할 수 있어야 하며 공동체가 주는 행복과 이를 위한 개인의 희생을 경험할 때 우리의 교실은 듀이Dewey가 말한 민주적 삶의 실험실이 될 수 있는 것이다.

학교조직의 민주화: 자율성 그리고 책임감

교과 간의 벽을 허물고 통합적인 접근을 추구하는 핵심 역량교육을 위해 EU에서는 학교조직의 변화 방향을 〈표 3-6〉과 같이 제시하였다.[28] 학교 밖의 다양한 인적, 물적 자원을 활용할 것을 권장하며 이를 위해 교사들 간의 협력과 학교장의 리더십을 필요로 하고 있다. 학생들의 성장의 장을 학교 안으로 국한시키는 것이 아니라 더욱더 확장시키기 위해, 교육활동 장소뿐 아니라 외부 전문가의 참여를 권장하고 있다. 또한 교사들 간의 협력을 강화해야 한다고 보는데, 이는 학교 내 학습공동체뿐 아니라 다른 학교에서 근무하고 있는 교사들과의 원

〈표 3-6〉 핵심역량 교육을 위한 학교조직의 방향

영역	학교조직의 특징
학교조직의 변화	• 학교 밖 활동 활성화 • 외부 전문가 참여 활성화 • 교사들 간의 협력 강화 및 학교장 리더십 • 학생들과 책임 공유

활한 소통을 통해 교육에 대한 유연한 사고와 정보 공유가 가능하기 때문이다.

무엇보다 학생들을 수동적으로 참여하는 위치에 한정 짓는 것이 아니라 함께 주도적인 자세로 책임감 있는 태도를 가져야 한다고 본 점에 주목할 필요가 있다. 학교조직의 민주화를 위해 교육청의 상명하달식의 문화를 개선하고 수평적인 교직원 회의문화를 조성하려는 노력이 교실에서의 민주화로 이어져야 한다는 점을 시사하고 있기 때문이다. 특히, 현재와 같이 교실 속에서의 학생자치로 접근하는 것에서 한 걸음 더 나아가 교육과정 운영 과정을 포함하여 학생에게 자율성과 책임감을 공유할 수 있는 기회를 제공해야 하는 것이다.

결과적으로 학교 구성원 모두가 자율과 자치의 문화 속에서 학교를 둘러싼 현안에 대해 논의하며 함께 실천하고 무엇보다 결과에 대해 함께 책임지며 성장하는 것을 지향해야 한다. 이러한 문화가 조성되어 있을 때, 듀이가 언급한 민주적 삶을 경험하는 실험실인 동시에 지역사회와 학생들을 연결해 주는 연결 고리의 역할을 담당할 수 있을 것이다.

지역으로의 확장: 삶과 더욱 가까워지는 교육

학생의 학습 경험을 다양화하려면 필연적으로 학교가 지역사회와의 네트워크를 구축해야 한다. 교과서 속의 정제된 현상이 아닌 학생의 삶과 연계된 교육을 위해서 지역사회와 함께 학습생태계를 형성함으로써 그 안에서 학생이 주도적으로 배울 수 있는 여건을 마련해 주어야 하기 때문이다.[29] 이미 이와 같은 맥락에서 여러 지역사회에서는 다양한 통로와 층위를 보이며 네트워크를 형성하고 있다. 문화·예술 강사 및 프로그램을 지원해 줄 뿐 아니라 새로운 학년도가 시작하기 전 학교교육과정을 풍성하게 할 수 있는 프로그램을 운영할 수 있는 지역사회 내 기관들을 섭외하여 학교 단위로 신청하도록 하는 사례도 찾아볼 수 있다.

일례로 경기도 성남시의 경우, '같은 출발, 다양한 성장'을 기조로 2015년부터 성남교육지원청, 성남시청의 협력을 토대로 성남시 내 다양한 기관과 협력하여 지역의 특성을 살리면서 학교교육과정을 더욱 풍성하게 할 수 있는 프로그램 및 예산을 지원하고 있다.[30] 네트워크 형성 과정에서의 시행착오를 통해 하나의 업무가 아닌 학교교육과정을 위한 필요한 지원으로 접근할 수 있도록, 신청 시기를 1월로 조정하였고 학년별 교육과정에 맞춰 세부 영역 및 운영 형태 등을 조정하며 발전시켜 가고 있다.

이러한 노력을 통해 학교와 지역사회 간의 벽을 낮추고 지역사회에 대해 배우거나 지역사회의 전문가를 학교 수업 시간에 교사로 활용하면서 학생들이 실제 세계에 대해 경험하고 배울 수 있는 기회를 제공한다. 〈표 3-7〉의 연극 수업의 경우, 연극 강사가 일방적으로 정해진

〈표 3-7〉 2018 성남형 교육 지원 사업 중 초등학교 3학년 프로그램

	추진 영역	세부 영역	세부 사업	운영	내용
학교와 마을이 함께 만드는 지역교육 공동체 구축	문예 교육	Book극성 독서 지원 사업	독서교육 도서 지원	자율	교과 수업 시간에 도서를 활용한 독서교육
		학교문화 예술교육	교육연극	자율	연극 기법을 통한 교과 연계 협력 수업
	지역 특성화 사업	안전한 성남	생존수영 교실	공통	수중 생존 기술 및 기초체력 향상 프로그램
		내 고장 성남	행정기관, 문화시설 탐방	자율	성남시청, 지구촌체험관 등 내 고장 알아보기

차시만큼 교실을 방문하여 수업을 진행하는 것이 아니라 교육과정 전문가인 교사와 연극 분야의 전문가인 강사가 함께 사전·사후 협의를 거쳐 공동의 수업안을 마련하고 이를 실천함으로써 학교교육과정 안에서 학생들의 흥미와 수준을 고려한 연극 수업을 보다 심도 있게 진행하도록 하고 있다.

5학년의 경우, 체육 및 사회 교과와 관련하여해 성남을 연고지로 하는 '성남FC'를 탐방하여 축구 체험만 아니라, 선수들이 직접 사용하는 라커룸과 인터뷰실을 체험할 수 있는 프로그램에 참여하게 된다. 지역사회 내 관련 기관을 단순히 탐방하는 것에서 나아가 지역사회 공동체의 일원으로서 학생들이 살아가고 있는 지역사회의 맥락 속에 함께하게 된다. 이를 통해 사회를 구성하고 있는 다양한 사람들과 함께 마주하고 소통할 수 있는 경험을 쌓으며 보다 민주적인 시민으로 성장할 수 있는 기회를 제공해 줄 수 있다.[31]

비단 성남시뿐 아니라 각 지역별로 특성화된 교육, 지역의 특색을 더욱 살릴 수 있는 교육을 위해 노력하고 있으며 앞으로 더욱 지향하게 될 것이다. 이와 더불어 미래의 학교교육과정을 디자인하고 실천하는 데 더욱 다양한 기관과의 협업이 이루어질 것이다. 지역사회 내 교육 관련 기관에 국한되지 않고 다양한 전문 기관들과의 협력은 선택이 아닌 필수 사안이 될 수밖에 없기 때문이다. 또한 단순히 일괄적으로 프로그램을 제공받거나 장소를 대여하는 차원이 아닌, 담당자들 간의 논의를 통해 교육활동을 수정하고 보완해서 실천하는 것이 당연시될 것이다.

경기도교육청 혁신교육지구 사업

지역사회와의 연계를 통한 학교교육과정 외연과 내연의 확장을 위한 움직임은 경기도를 비롯해 서울, 전북, 전남, 강원, 인천, 충북에서 시도되고 있으며, 경남과 부산, 제주도에서도 검토 중이다.[32] 2011년 6개의 지자체로부터 시작된 경기도의 경우, 앞서 살펴본 성남시를 비롯하여 고양시, 안성시, 여주시, 의왕시를 비롯하여 15개의 혁신교육지구가 운영되고 있다. 지역사회와 학교의 소극적인 교류를 넘어, 적극적으로 소통하고 협력하는 지역교육공동체를 구축하고자 하는 경기도 혁신교육지구는 지역 여건과 특성을 고려하여 MOU를 체결하고 지역 내 교육 인프라를 연계·공유함으로써 학교 간 교육 격차를 해소하고 교육의 균형적 발전을 도모하고자 추진되고 있다.[33]

실제 운영 사례를 살펴보면, 군포교육혁신지구의 경우 보편적 교육 복지의 측면에서 추진되고 있는데, 학교 안에서 이루어지고 있는 방과후학교와 돌봄사업을 '책읽는 군포' 사업과 연계하여 지역에서 학생들을 돌볼 수 있도록 하고 있다. 부천의 경우 부천아트밸리교육을 통해 1인 1기 보편적 문화예술 교육 기회 제공과 더불어 다양한 문화예술공간, 문화예술인, 문화 콘텐츠와 네트워크를 활용해 교육과정과 연계된 프로그램을 230여 개 운영함으로써 문화예술 교육도시 모델을 구축하고자 노력하고 있다. 등록 외국인 수가 5만 5,000명을 넘어서는 다문화 도시 안산의 경우 다문화 어울림학교 사업을 진행하고 있다.

이와 같이 지역사회 인프라와 연계하여 운영함으로써 얻을 수 있는 장점 중 하나는, 지역 특성에 맞는 지역사회 연계 프로그램 운영이 가능하다는 것이다. 학교의 울타리를 벗어나 진로, 생태, 문화, 역사 등

보다 생생한 학교교육과정이 펼쳐질 수 있다. 이를 통해 학교교육의 향상과 지역사회의 성장을 동시에 이루어 낼 수 있으며, 이러한 교육을 받은 학생들이 훌륭한 지역사회의 구성원으로 성장함으로써 선순환을 이끌어 낼 수 있다.

이러한 과정에서 교사들의 역할을 더욱 중요해진다. 색다르고 다양한 경험이 제공되더라도 교육적 목적을 잃게 되면 단순히 일회적으로 재미있는 놀이 또는 체험에 그치기 때문이다. 교사는 학생과 교육과정에 대한 충분한 이해와 분석을 바탕으로, 교육적 성장에 필요한 경험과 자원을 활용할 수 있는 역량을 더욱 발휘해야 하는 것이다.

앞서 언급했던 것과 같이 이미 사회는 교과 지식을 잘 전달하는 역할만을 교사에게 기대하지 않는다. 학교의 울타리를 벗어나 학생에게 보다 폭넓고 생생한 교육적 경험을 할 수 있도록 학교 안팎의 자원을 활용할 수 있는 역량이 필요하며, 그 과정에서 지역사회 전문가와의 협업 능력 또한 더욱 중요해질 것이다. 교사는 교육 전문가로서 마음의 문을 열고 전문성은 더욱 견고히 하여, 맥락이 있는 교육과정을 디자인하고 운영해 나갈 수 있어야 한다.

배움의 씨앗을 심자

민주시민교육의 장으로 학교가 나아간다고 했을 때, 한 사람의 일생에서 학교교육은 어떤 영향을 미칠까? 번스Berns는 인간 발달의 생태학적 모델을 [그림 3-1]과 같이 보았는데, 이 모델은 학교가 인간의 사회화를 위해 여러 층위에서 시스템적 영향을 주고받는다는 점을 보여 준다.[34] 즉 학교는 지역사회, 대중매체, 가족, 동료 집단 등과 함께 학생을 둘러싼 여러 미시 체계 중의 하나일 뿐이라는 것이다. 또한 다른 미시 체계들과 다양한 관계를 맺으면서 또 다른 형태의 중간 체계를 만들어 가며, 정치적 이데올로기, 문화, 종교, 경제, 그리고 과학과 기술 등과 같은 거시 체계는 수시로 변화하면서 끊임없이 학교에 영향을 미친다는 것을 알 수 있다.

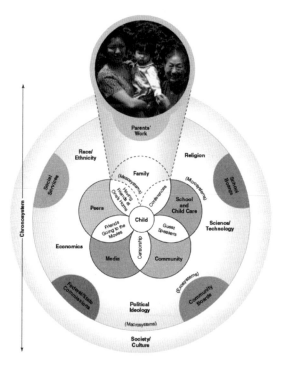

[그림 3-1] 번스Berns의 인간 발달의 생태학적 모델

이와 같은 관점에서 보면 학교와 교사가 학생들을 교육하는 것은 사회화의 과정에서 일부분에 해당한다. 하지만 이를 통해 학교교육 영향력의 한계를 직시하는 것에 그치는 것이 아니라, 학교교육과 교육의 동일시를 깨는 계기가 되어야 할 것이다. 다양한 교육정책을 무비판적

으로 수용하며 충실히 따르거나 학생의 성장을 학교 안으로 국한시키는 것에서 벗어나 교육 주체, 공간, 방법에 대해 다시 한 번 생각해 보는 시간이 필요하다.

앞서 언급한 바와 같이 지역사회 내 다양한 기관들과의 협력을 통해 교육 경험을 확대하는 사례가 늘어날수록, 동료 교사뿐 아니라 다양한 전문가들과 소통하는 능력이 더욱 중요해질 것이다. 누군가에게 "맡겨 버리는 시간"이 아닌, 교육활동을 더욱 의미 있고 학생들의 삶과 연계하기 위한 기회이기 때문이다. 이에 따라 교육 전문가인 교사들은 시야를 더욱 넓혀 다양한 사회 분야에 대한 이해를 높이고 변화의 흐름을 따라가야 한다. 이러한 사고의 전환이 바탕이 될 때, 학생의 삶에 유의미한 학교교육에 더욱 가까워질 수 있을 것이다.

앞으로 과학기술이 발달하고 사회가 다양해질수록 사회화 과정은 더욱 복잡해질 것이다. 학생들은 새로운 환경에 적응하고 자신의 역량을 발휘하기 위해 이전 세대보다 더 많이 배워야 하며 더 많은 시간을 투자해야 한다. 이처럼 평생교육 시대의 도래와 생애에 걸쳐 환경과 상호작용하며 발달해 간다는 사실을 고려할 때, 학교는 학생들을 둘러싼 수많은 환경들 가운데 유일한 의도적 교육기관으로서 더욱 중요한 디딤돌의 역할을 해 주어야 한다.

학생 스스로 배움의 주체가 될 수 있도록 필요한 역량을 길러 주고 다양한 경험을 제공해 주어야 하며, 가정 및 지역사회와 더불어 학습 경험을 더욱 공고히 할 수 있는 여건을 마련해 주어야 한다. 무엇보다 학생이 경제적, 심리적, 문화적으로 처한 여건과 상관없이 학생에게 건강한 사회적 자본으로서의 역할을 해 주어야 할 것이다. 결과적으로 다양한 환경과 상호작용하고 정보의 수용·활용에 대한 자신만의 관점을 정립하고 자신을 둘러싼 사회에 관심을 가지며 책임 있게 행동

하는 시민으로 성장하는 데 마중물이 될 수 있는 경험들을 제공하기
위해 노력해야 한다.

주석

1. Lortie, D.(1975). Schoolteacher: A sociological study. Chicago: University of Chicago Press. 진동섭 옮김(1993). 교직사회: 교직과 교사의 삶. 서울: 양서원.
2. Taylor, M. W.(2010). Replacing the 'teacher-proof' curriculum with the 'curriculum proof' teacher: Toward a more systematic way for mathematics teachers to interact with their textbooks. (Doctoral Dissertation, Stanford University, Stanford, CA).
3. 이승미 외 5인(2013). 초·중·고 창의적 체험활동 운영 현황 분석 및 향후 과제. 한국교육과정평가원 연구보고 RRC 2013-1. 서울: 한국교육과정평가원.
4. 임현화 외 3인(2017). 학생주도형 교육활동에 대한 사례 연구. 수원: 경기도교육연구원. 정책진단 2017-05.
5. 정창규·강대일(2016). 평가란 무엇인가. 서울: 에듀니티.
6. 윤희정(2009). '교육적 효과' 개념의 비판적 분석: Tyler '원리'를 중심으로. 교육원리연구, 14(2), 65-84.
7. 이동엽 외 3인(2015). 미래 교과서 위상 및 역할 연구. 교육학연구, 53(3), 161-193.
8. 정광순(2012). 교사의 교육과정에 대한 문해력. 통합교육과정연구, 6(2), 109-132.
9. 박윤경 외 2인(2017). 교육과정 문해력의 개념 정립을 위한 시론. 교육연구논총, 38(4), 27-50.
10. 경기도교육청(2016). 교사의 교육과정 문해력 신장. 수원: 경기도교육청 교육과정정책과. 장학자료 제2016-5호.
11. 정영근 외 7인(2016). 2015 개정 교육과정에 따른 성취기준 코딩 체계 구축을 통한 교과 간 연계·융합 학습 강화 방안 연구. 서울: 한국교육과정평가원. 연구보고 CRC 2016-5.

12. 이상은(2017). 비교교육의 관점에서 살펴본 한국 핵심역량 교육정책의 특징과 과제: 초·중등교육을 중심으로. 교육학연구, 55(1), 67-95.

13. McLaughlin, M.(1997). Rebuilding teacher professionalism in the United States. In A. Hargreaves, & R. Evans (Eds.), Buying teachers back. Buckingham: Open Unversity Press.

14. DuFour, R.(2004). What is a professional learning community? Educational Leadership, 61(8), 6-11.

15. 서경혜(2015). 교사학습공동체. 서울: 학지사.

16. Snyder, J. 외 2인(1992). Curriculum implementation. In Jackson, P. W. (ed.), Handbook of research on curriculum. (pp. 402-435). New York: Macmillan Publish Company.

17. Tomlison 외 6인(2009). The parallel curriculum. (2nd Ed.). Thousand Oaks, CA: Corwin Press.

18. UK Department for children, schools and families(2007). The Children's Plan. Department for children, schools and families.

19. 온정덕(2013). 이해중심 교육과정과 맞춤형 수업의 통합: 초등예비교사들의 현장 적용을 중심으로. 한국초등교육, 24(1), 25-41.

20. Taba, H.(1962). Curriculum Development. New York: Harcourt.

21. Allan, C. & Francis, H.(2009). Curriculum: Foundations, principles, and issues(5th ed.) Pearson.

22. 소경희 외 3인(2013). 주요국의 핵심역량 중심 교육과정 운영 실태 조사 연구. 서울: 교육부. 28-30.

23. 김재호(2016). 초등학교에서의 진로체험 실행 개선방안. 학습자중심교과교육연구, 16(2), 645-666.

24. Dewey, J.(1954). The public and its problems. Denver, CO: Alan Swallow. (Original work published 1927).

25. Dewey, J.(1938). Experience and education. Toronto: Collier-MacMillan Canada Ltd.

26. The Economist(2012). Megachange: The world in 2050. 김소연·김민항(역). 메가체인지 2050.(2012). 서울: 한스미디어.

27. 곽혜송·홍미화(2017). 초등학교 민주시민교육 실천 유형 연구. 사회과교육연구, 24(1), 11-30.

28. Gordon 외 7인(2009). Key competences in Europe: Opening doors

for lifelong learners across the school curriculum and teacher education. CASE Network Reports No. 87.

29. 조윤정 외 4인(2017). 미래학교 체제 연구: 학습자 주도성을 중심으로. 수원: 경기도교육연구원. 기본연구 2017-04.

30. 경기도 성남교육지원청(2017). 2018 혁신교육지구 시즌Ⅱ 성남형 교육 길라잡이. 성남: 성남교육지원청.

31. Dewey, J.(1954). The public and its problems. Denver, CO: Alan Swallow. (Original work published 1927).

32. 하봉운(2017). 경기도 혁신교육지구 시즌Ⅱ의 성과와 과제. 교육발전연구, 33(2), 21-50.

33. 경기도교육청(2018). 2018년 혁신교육지구 시즌Ⅱ 운영계획. 수원: 경기도교육청 학교정책과.

34. Berns, R. M.(2016). Child, family, school, community: Socialization and support(10th ed.) Cengage.

2부
함께 만들어 가는
학교교육과정 실제

4장

교육과정 중심
학교문화 만들기

* 4장의 내용은 본서 저자들이 참여한 '2014 혁신학교 직무연수 공동 강의안' 과 '2014 혁신학교 전문가 과정 워크숍' 결과물을 토대로 작성된 내용이 포함 되어 있습니다.

"도대체 어떤 종류의 환경이 성장과 발전에 가장 도움이 될 것인가? 어떤 종류의 교육환경이 교사의 목적과 교사의 사람됨을 인정하고 존중하며 그것을 토대로 형성될 수 있는 것인가? 그리고 동시에 새로운 교육환경 속에서 생겨나는 아이디어와 기대감들을 해결해 나가도록 할 수 있을 것인가?" 지속적인 향상이 확보되기 위해서는 다른 종류의 환경, 지도력 그리고 근무관계가 요청된다. 이와 같은 상황에서 요청되는 환경은 어떤 한 가지 특정한 종류의 "문화", 즉 교사들이 서로 공동의 목표와 지속적인 발전을 위해서 함께 우호적이고 탐구하는 공동체를 형성하는 데에 헌신하는 그러한 종류의 환경이다.

_마이클 풀란 & 앤디 하그리브스, 『학교를 개선하는 교사』에서

1. 소통과 화합의 학교문화

교육은 사람의 문제이다. 한 명 한 명의 특수성을 인정하면서 동시에 보편성을 지향해야 한다. 정해진 목표를 향해 모두가 똑같은 출발점에서 산을 오르는 방식에서 벗어날 필요가 있다. 오직 '하나의 정답'이라는 정상을 향해 산을 오르지만 정작 왜 오르는지에 대한 물음이 부족하거나 부재할 경우 그 행위의 동기를 발현시키기 어렵기 때문이다.

학생 개인의 다양성과 자율의지를 존중하지 않는 상황에서는 누구든지 수단과 방법을 가리지 않고 빨리, 쉽게 오르는 길만 선택하게 된다. 이 과정에서 이른바 '주류'에 포함되지 못하는 학생은 포기하고, 절망하며 결국에는 실패자로 낙인찍힌다. 이 등산의 스포트라이트는 오로지 단 하나의 길로 이어져 있는 정상만을 비추고 있기 때문이다.

학생이 천 명이면 천 개의 삶이 있다. 지금까지 우리의 교육은 천 명이 동일한 삶을 살도록 부추기지는 않았는지 돌아보아야 할 때이다. 지난 교육의 반성을 통해 우리는 교육이 학생의 삶과 동떨어져 있어서는 안 된다는 것을 배웠다. 교육과 학생의 삶이 함께 가야 한다는 것이다. 학교는 이것을 실천하는 공간이 되어야 하며, 교육과정은 이것을 실현하는 통로가 되어야 한다.

그렇다면 학생의 삶과 함께하는 학교는 어떤 모습인가? 우리 모두 교육을 바라보는 저마다의 시선이 있다. 우리 교육이 당면하고 있는 현재의 지점에서 학교 밖의 다양한 요구와 시선들을 한 방향으로 수렴하여 교육을 통한 사회의 변화를 만들기 위한 상을 만들어 가는 일이 필요하다. 그것이 교육의 비전이다. 합의된 비전을 초석으로 삼고 교사의 사유와 협력을 통해 학교교육과정을 만들고 실천해 가는 일이 절실한 것이다. 이것이 오늘 우리가 그리려고 하는 새로운 학교의 모습이 아닐까?

4장에서는 교육과정 중심의 학교를 만들기 위해 학교 구성원들이 교육과정 워크숍에서 시도할 수 있는 실습 내용을 담았다. 먼저 '소통과 화합의 학교문화'에서는 단위학교 구성원의 교육철학에 대한 토론 과정이 중요하다. 우리나라 교육을 진단하고 문제점을 발견하여 이를 해결하기 위한 방안을 고민하는 과정이 포함되어 있다. '민주적 학교 운영'에서는 단위학교 철학과 비전 공유, 권한 위임, 민주적 의사결정 체제 구축이 핵심이다. 이를 위한 전략으로 단위학교에서 민주적인 의사결정 체제 만들기 실습 과정이 포함되어 있다. '함께 성장하는 교사 전문성'에서는 동료 교사와 함께 성장하기 위한 전문적 학습공동체 형성을 다루고 있다. 교사의 참여와 자발성을 높이기 위한 학습공동체 운영 실습 과정이 포함되어 있다. 마지막으로 '우리 학교 문화 진단하기'에서는 겉으로 드러나지 않으나 학교조직과 구성원의 사고와 행동에 직간접적인 영향을 미치는 학교문화를 살펴본다. PMI 기법을 활용하여 학교문화를 진단할 수 있는 실습 과정이 포함되어 있다.

● 읽을거리

애빌린 패러독스The Abilene Paradox

미국 텍사스의 무더웠던 어느 일요일, 제리 하비Jerry B. Harvey 교수의 장인은 애빌린에 가자고 제의한다. 그리고 제리의 모든 식구들은 가고 싶지는 않았지만 결국 애빌린에 가게 된다. 돌아오는 차 안에서 약간의 대화를 통해 사실은 단 한 명도 애빌린에 가고 싶지 않았으나 아무도 싫다는 말을 하지 않아 결국 모두 가게 된 것을 알게 된다.

제리는 이런 자신의 경험이 사회에서도 많이 존재하는 것을 발견했다. 수많은 조직과 조직 구성원들이 실제로는 전혀 다른 목적지로 가고 싶어 하면서도 아무도 동의하지 않는 암묵적 합의로 인해 '애빌린으로 가는 길'을 선택하게 된다고 말하며, 이처럼 조직 구성원들이 아무도 원치 않는 여행을 떠나는 현상을 '애빌린 패러독스'라고 규정하였다. 이는 아무도 원치 않았는데 만장일치의 합의로 나타난 대화와 소통의 부재 문제를 잘 보여 주고 있다.

우리 학교는 애빌린 패러독스 현상이 일어나고 있지 않은지 살펴보자.

교직원 회의 시간, 이러한 생각이 떠오르지는 않는가?

'다른 방법이 더 좋을 거 같은데 내가 다른 방법을 제시하면 담당자가 힘들어하겠지?'

'내가 부장도 아닌데 굳이 내가?…'

'내가 제안해 본들 어차피 결론은 정해져 있는 거 아닌가?'

'지금 말하면 회의 시간이 길어질 텐데…'

'어떤 결정이 나든 난 따르기만 하면 되지…'

이러한 생각을 떠올리는 구성원의 비율이 높다면 우리 학교는 분명 애빌린 패러독스 현상이 일어나는 조직이다.

● 토론해 봅시다

1. 회의에서 침묵은 무엇을 뜻하며, 왜 침묵하는가?
2. 우리 학교의 모습은 어떠한가?
3. 교육 구성원들의 관심을 높이고 자발적 참여를 위해 필요한 것은 무엇인가?

● 실습해 봅시다

모두가 바라는 학교 상 토론하기

1. 포스트잇에 자신이 바라는 학교의 모습 3장씩 적기
2. 소그룹별로 자신의 생각 돌아가며 말하기
3. 같은 단어는 세로로, 다른 단어는 가로로 붙이며 카테고리화하기
4. 모둠별로 발표하고 전체 공유하기

TIP 1 토론 전 간단한 신체적 게임이나 동영상 시청을 통한 마음 열기 활동을 하는 것이 토론의 분위기를 부드럽게 할 수 있음
TIP 2 자리 배치를 효율적으로 할 것, 가능한 소그룹에서 점점 확대되는 것이 모두의 목소리를 내는 데 효과적임
TIP 3 활동에 치우치기보다 교육에 대한 방향과 철학의 토론으로 이끌어 갈 필요가 있음

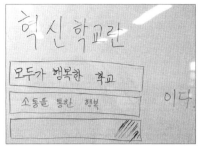 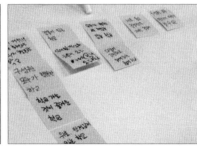

2. 민주적 학교 운영

● 읽을거리

    교사는 학교에서 크고 작은 회의와 협의에 참여한다. 하지만 의사
결정 과정이 민주적이지 않다고 느끼는 경우가 적지 않다. 회의를 마
치고 나오면 해결되지 않고 새로운 짐을 더 짊어지는 듯한 기분이 드
는 것은 왜일까? 때로는 불합리한 의사결정과 불필요한 교육활동이
개선되지 않고 매년 되풀이되는 상황을 경험하기도 한다.

    소통과 합의, 민주적 의사결정 문화 등을 강조하지만 학교에서의 의
사결정은 여전히 학교장, 교감, 부장교사 등 소수에게 집중되어 있다.
소통과 합의보다 업무 전달식 회의 방식, 자율성이 결여되고 침체된
조직의 분위기가 학교문화를 지배하기도 있다.

    권위적인 리더십은 수직적이고 통제적인 학교문화를 낳았다. 소수
가 내린 결정 사항을 다수 구성원이 수용하고 실천하였다. 하지만
시대와 사회의 변화에 따라 학교는 변화해야 한다. 변화된 교육이
이루어지기 위해서는 변화된 조직 문화가 필요하다. 이제는 교장, 교
감뿐만 아니라 교사, 학생, 학부모 등 교육의 주체들이 함께 참여하
여 단위학교 교육철학과 비전을 공유해야 한다. 각각의 요구와 필요
에 따라 가장 가치 있는 교육활동을 선정하여 운영하는 일이 필요
하다.

    먼저 학교가 민주적으로 운영되고 있는지 알아보기 위해서는 다음

과 같은 진단 과정을 활용해 볼 수 있다.

● **토론해 봅시다**

1. 학생 중심의 교육과 가치 교육의 철학과 비전을 공유하고 있는가?
   경쟁 교육을 지양하고 인지적, 정의적, 심동적 영역이 고루 반영된 학력을 기르고자 하는가? 학교 구성원 모두의 사고를 통해 철학과 비전을 공유하고 있는가?

2. 권한을 위임하며 공동체 문화를 형성하고 있는가?
   권한 위임은 구성원들과 함께하기를 통해 자율성을 보장하고 자발성을 이끌어 내며 관료주의, 교실주의, 집단 이기주의를 버리는 일이다. 권한 위임의 구체적인 실천으로는 전결 규정의 확대, 학년 부장교사의 교육과정 결정권 확대, 스몰 스쿨 중심의 학교 운영 등을 들 수 있다.

3. 신뢰와 공감을 바탕으로 하는 민주적 리더십이 발휘되고 있는가?
   수직적이고 권위적인 리더십으로부터 수평적인 리더십으로 전환되고 있는가?
   마이클 풀란[1]은 리더가 갖추고 노력해야 할 리더십 영역으로 도덕적 목표 갖기, 변화과정 이해하기, 대인관계 형성하기, 지식을 축적하고 공유하기, 응집력 형성하기를 제시하였다. 이러한 리더십이 발휘되고 있는가?

4. 민주적 의사결정 체제를 구축하고 있는가?

구성원 모두가 소통하며 학교의 주인으로서 민주적 의사결정에 적극적으로 참여하고 그 결과를 함께 책임지는 것을 말한다. 이를 위해서는 공동의 회의 규칙을 제정하고, 의사결정 과정을 민주적으로 이행하며, 과정과 결과를 일치시키는 것이다. 또 그 모든 과정은 개방적이어야 하고 언제나 변수가 발생하면 다시 변화될 수 있다는 가능성을 가져야 한다.

5. 서로의 노력과 헌신을 인정하고 배려하는 동료성이 구축되어 있는가?

관계 지향적 문화와 상호 신뢰의 문화는 더 이상 교사 혼자가 아니라는 안도감을 준다. 새롭고 도전적인 일을 감수할 수 있게 하고 협력적 문화를 증진시켜 교육적 성과를 향상시킨다. 리더는 물론 학교 구성원 모두가 관계를 중요시하고 신뢰할 수 있는 문화를 형성하도록 노력해야 한다.

● 실습해 봅시다

의사결정 체제 구축하기 1

리치픽처로 우리 학교의 회의 상황 그리기

□ 준비물: 전지, 매직펜
□ 방법
– 리치픽처에 대하여 이해하기

> •리치픽처(rich picture)란 문제 상황을 그림, 키워드, 부호, 아이콘, 만화, 스케치 등을 통해 그려 낸 그림을 말함. 시스템 또는 복잡한 상황에서 참여자들이 겪었던 또는 겪고 있는 일들을 그려 내게 함으로써 자연스럽게 문제 상황을 파악하는 도구임

- 모둠별로 우리 학교의 회의 상황에 대해 이야기 나누기
- 떠오르는 이미지로 회의 상황을 그리기
- 모둠별로 발표하기

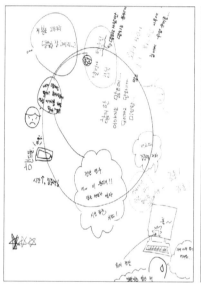 

□ 성찰과 질문
- 우리 학교에서 반복적으로 나타나는 이미지는 무엇인가?
- 문제의 원인을 알아보고 해결책에 대해 토론하기
- 구체적인 해결 방안을 모으기

의사결정 체제 구축하기 2

월드 카페의 형식으로 우리 학교의 회의 규칙 정하기

□ 준비물: 전지, 매직펜, 포스트잇
□ 방법
- 월드 카페 토의 방식에 대해 이해하기

> • 월드 카페 토의 방식은 어떤 질문이나 과제에 대해 최소 12명에서 1,200명의 사람들이 함께 아이디어를 도출하고 공유하는 조직 변화 분야의 하나의 운동이자 대화 방식임. 월드 카페는 4~5명 단위로 팀을 구성해 대화를 시작하여 구성원들이 서로 교차하여 대화를 이어 나감으로써 많은 사람들이 내용을 공유하고 발전시킴

- 토의할 주제 상정하기

> • 주제(예시)
> 회의의 주춧돌 세우기, 모임의 주제와 정례화 방식, 의견 제시 및 수렴 절차, 의사 독점 및 침묵 방지, 상충된 의견의 토의 방식, 결의된 안건에 대한 처리 등

- 모둠을 4~6개 정도로 나누고 주인장 정하기
- 각 모둠에서 한 가지의 주제 지정하기
- 주인장을 중심으로 15분간 토론하기
- 토론 시간이 끝나면 주인장만 남고 다른 모둠으로 이동하기
- 새로운 모둠으로 이동하면 주인장이 지금까지 나온 토론의 결과를 설명하고 토론하기
- 전체 결과를 공유하기

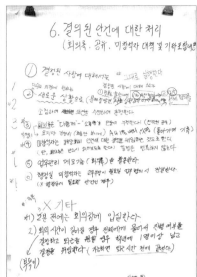

3. 함께 성장하는 교사 전문성

● 읽을거리

학습공동체에서의 숙의의 걸림돌과 다층적 갈등[2]

학교교육과정 개발을 위한 학습공동체가 일단 형성되었지만 본래의 의도에 맞게 유지시키는 일은 더욱 어렵다. 시간 제약, 냉소적 시각, 빈약한 토론 문화 등이 학습공동체에서의 교육과정 숙의의 걸림돌로 관찰되었다. 이러한 걸림돌들은 대체로 A초등학교가 형성하고 있는 학교문화와 관련이 깊었다.

근무시간 이후에 학습공동체에 참여한다는 것은 개인적인 책임감과 헌신을 요구하는 일이었으며, 다른 두 가지는 학교조직에서 각 개인에게 보이지 않는 힘으로 작용하는 잠재적, 심리적 장벽이었다. 학습공동체 내에서 연구하고 협의하는 주제는 논리적인 성격을 가지고 있었고 그에 따라 합리적인 의사소통을 요구하지만, 실제로는 팀원 간의 정서적이고 심리적인 관계에 더 많은 영향을 받고 있었다. 학교교육과정 개발이 진정으로 의미 있는 작업이 되려면 교육과정 또는 교육과정 개발 이론이 팀원 개개인의 의식적인 삶 속에서 한 부분을 차지하도록 만드는 일이 필요했다.

먼저, 매주 목요일을 교육과정 개발팀의 정기적 학습공동체의 날로 지정하여 운영했지만, 시기별 운영 편차가 컸다. 또한 학습공동체 모임 자체를 냉소적으로 생각하는 교사들도 있었다. 그동안 학교 대부분의 의사결정이 학교장과 소수 부장회의에서 이루어져 왔으므로 현재와 같은 시도가 실제 힘을 발휘할 수 있을 것이냐는 의문이었다. 그동안 학교장이나 학교조직의 관료적 문화에 대해 쌓인 불만과 불신은 쉽게 해결될 수 없었으며, 현재 자신이 소속된 학습공동체에 대해서도 막연한 불안감의 원인으로 작용했다.

배○○은 미성숙한 교사 토론 문화를 지적하였다. 학습공동체 협의에서 이○○ 부장이 독단적인 발언권을 행사하고 있으며, 이를 방지하기 위해 토론의 규칙이 필요하고, 공동체 학습 상황에서는 참석한 모든 사람이 균등한 발언을 할 수 있어야 한다고 했다.

또한 초기부터 혁신교육에 부정적인 입장을 보여 온 최○○과 김○○이 중요하지 않은 사안에 대해 자주 감정적인 발언을 하면서 분위기를 갈등관계로 몰고 가고 있다고 했다. 자신의 의견을 고집하며 상대방을 굴복시키려는 경향이 강하고, 타인의 견해를 수용하려는 의지는 부족하다는 것이다.

이○○ 부장은 혁신교육이 강조하는 교사 간 협력, 공동체 의식, 토론 중심의 의사결정 등은 근본적으로 교사 자신의 철학과 가치를 드러내고 타인의 철학과 가치를 받아들일 수 있는 심리적 자세가 형성되어야 가능할 것이라고 했다.

시간 제약, 냉소적 참여, 빈약한 토론 문화 등을 개선하려면 많은 시간과 노력이 필요하다. 이와 더불어 진지한 대화를 할 수 있는 마음의 준비, 타인의 생각을 경청할 수 있는 열린 마음, 팀에 대한 신뢰, 교육과정 개발과 관련한 작은 담론을 수시로 다룰 수 있는 역량 등도 필요하다고 관찰되었다.

7월 31일 학습공동체는 워크숍 평가회로 진행되었다. 워크숍의 본질이 축소, 조정되는 것을 막고 원칙대로 실천하며 혁신교육을 실현해 보고 싶어 하는 입장과, 관행이라 불리는 기존 학교문화도 의미 있으며 어떤 새로운 가치도 전통적인 학교문화와 현실적 맥락 속에서 변형될 수밖에 없다는 입장이 선명하게 대립하였다.

배○○의 말을 빌리면 결과적으로 워크숍에 참여한 A초등학교 선생님들 만족도가 높았다고 했으나, 학교교육과정 개발팀이 의도한 본질적 가치에 대해 깊은 고민을 했는지는 알 수 없다고 했다. 학습공동체 내부 갈등의 씨앗은 수면 아래에서 원래의 형태대로 자리 잡고 있었다.

● 토론해 봅시다

교사 참여의 비자발성을 어떻게 극복할 것인가?

□ 비자발성의 원인 살피기

[예시]

나의 의견이 수용되지 않았던 경험, 경쟁적 학교 분위기, '모난 돌이 정 맞는다?', 변화하지 않아도 불편하지 않음 등등

□ 자발성을 키우기 위한 전략 살펴보기

[예시]

1단계 : 관계 만들기

- 동료성을 위한 함께 나누는 분위기

- 학급 운영 자료나 수업 자료 공유

- 서로 만나 이야기하는 기회

2단계 : 경험 나누기
- 작지만 의미 있는 성공 경험 나누기
- 잘 안 되는 점, 고민 나누기

3단계 : 실천하기
- 수업에 관한 관점을 갖기 위한 활동(배움 중심 수업이란, 수업에서 무엇을 볼 것인가? 어떤 수업이 좋은 수업인가?)
- 수업 공개에 대한 부담 줄이기(지도안 간소화, 공동 수업 지도안 만들기)
- 수업 공개 후 수업협의회 속에서 배우는 기회 만들기

4단계 : 시스템 만들기
- 일상적인 교과협의회를 위하여 시간표 내에 교과협의회 시간 마련하기
- 학교에 공유 시스템 만들기(교과협의회, 학년협의회, 학기말 교육과정 평가회, 수업 컨퍼런스 등)

전문적 학습공동체 개념과 어떻게 인식, 자각할 것인가?

□ 다 같이 생각해 볼까요?
※ 다음 중 전문적 학습공동체인 것을 고르시오.
① 100시간 학교연수
② 즐겨요! 댄스 동아리
③ 전달식 동학년 협의회
④ 발제를 강요하는 독서모임

⑤ 일상적 수업 나누며 공동연구, 실천하는 교육과정 협의회

□ 전문적 학습공동체에 대한 오개념

※ 교사 연수?

① 전문적 학습공동체는 교사 연수를 받으면 된다?

② 교사의 요구를 반영하지 않은 연수

③ 연수피로증후군에 시달리는 교사

④ 비법 전수가 아닌 '학습'이어야 함.

⑤ '학습'은 함께 연구하고 실천하는 일

→ 그러므로 교사 연수만으로 전문적 학습공동체라고 할 수 없다.

※ 교사 동호회?

① 전문적 학습공동체는 교사 동호회다?

② 공동체의 교육 목표와 관련하여 학생의 성장, 학교의 성장을 이끄는가?

③ 공동연구, 공동실천으로 이어지는가?

→ 그러므로 교사 동호회만 하는 것은 전문적 학습공동체라고 볼 수 없다.

※ 성장 없는 협의회

① 전문적 학습공동체는 모여서 이야기를 나누는 것이다?

② 친목 중심, 전달 중심, 행사 중심 동학년 협의회

③ 형식적인 칭찬과 평가 중심의 수업협의회

④ 공동연구, 실천이 있는가?

⑤ 공동의 교육 목표와 관련된 이야기인가?

□ 전문적 학습공동체의 핵심 키워드

① 교사 동료성

② 지속적 관계

③ 공동연구, 공동실천

④ 공동의 교육 목표(공동체)

⑤ 교육활동에 대한 대화, 협의, 함께 성장

□ 전문적 학습공동체의 개념

교사의 동료성을 바탕으로 공동연구, 공동실천하며, 교육활동에 대하여 대화하고 협의하는 과정에서 함께 성장하는 학습공동체

(경기도교육청, 2014)[3]

□ 학교 내외 지원 체계 방향

• 업무 담당자에서 벗어나 리더를 키우기 위한 전략을 가지고 있는가?

[예] 정서적 연대의 강화, 관계 형성, 친밀감과 신뢰의 형성, 업무에 대한 철학적 이해 등

• 콘텐츠는 어떻게 구성할 것인가?

[예] 맥락 있는 꼭 필요한 연수, 수업 및 교육의 목적성을 가질 것, 구성원들의 요구를 최대한 수용할 것 등

• 성공과 만족의 경험을 만들고 이것이 또 다른 자발성으로 연결되는가?

[예] 워크숍을 통해 구성원들의 갈증과 고민을 모으고 해결하기, 재미있고 유익한 회의, 원래 하던 일을 제대로 하기(교과협의회, 학년협의회 등), 공동수업 공동실천 해 보기, 학교 밖 배움의 기회와 결과를 함께 공유하기, 교육적 주제에 대한 토론, 함께 만들어 가는 교육과정 등

• 전문적 학습공동체를 운영하는 시스템은 만들어져 있는가?
[예] 부담감 줄이기(이미 있는 싹을 확인하고 가꾸어 가는 방향으로), 전시성 행사 지양, 예산과 시간의 확보, 구성원 간의 학습공동체 약속 정하기 등

• 온라인과 오프라인의 네트워크가 구축되어 있는가?
[예] 학교 개방, 각종 협의회, 학교 간 담당자 네트워크와 일반 교사들의 학교 간 네트워크 구축으로 서로의 경험 나눔

• 학습공동체의 질 관리 전략을 가지고 있는가?
[예] 내부에서의 엄격한 자기평가 및 성찰, 맞춤형 컨설팅 등

• 구성원들의 역량을 강화하기 위한 연수 방안은 무엇인가?
[예] 학교 내 희망 그룹에 대한 맞춤형 소규모 연수, 교육의 전반적 변화 동향이나 전문적 지식에 대한 전체 연수, 담당자를 리더로 키우기 위한 역량 강화 연수 등

• 행정적 지원 계획은 수립되어 있는가?
[예] 의무적 강제 사항이 아닌 자발성을 이끌어 내는 방식의 지

원, 실적 위주의 장학은 지양, 학교의 요구와 지원청의 지원
을 연결하는 코디네이터의 역할, 자료의 누적과 공유 등

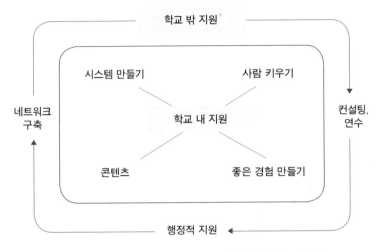

[그림 4-1] 전문적 학습공동체 교내외 지원 체계의 방향

● 실습해 봅시다

학습공동체 어떻게 실천할까요?

각자가 생각하는 '과정'의 의미 생각해 보기
[예] 우리가 만들어 가는 학습공동체
　　각 학교의 상황에 맞는 학습공동체 구축의 과정
　　모두의 생각이 반영되는 토의의 과정

학습공동체 실천의 과정 실습하기

□ 준비물: 포스트잇, 전지, 매직펜
□ 방법

• 과정 1단계: 생각 모으기

학습공동체에서 '해야 할 것'과 '필요한 것'을 주제로 브레인스토밍하기

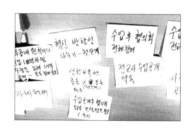

• 과정 2단계: 생각 나열하기

구성원 한 명이 먼저 자신이 쓴 내용을 가지고 순서를 나열하고 그다음 구성원은 비슷한 내용은 아래에, 추가해야 할 내용은 옆에 붙이며 구성원 모두의 생각을 구조화하여 나열하기

• 과정 3단계: 생각 묶어 제목 정하기

구성원들의 의견을 종합하여 전체적인 틀 만들기

4. 우리 학교문화 진단하기

● 읽을거리

학교조직 문화의 모호함, 공동체로서의 학교 가능성[4]

로젠홀츠Rosenholtz에 의하면, 학교를 이해하려면 학교 안에서 생활하고 있는 교사를 이해해야 하며, 교사가 학교를 어떻게 바라보고 있는지 분석해야 한다. 교사 또한 대부분의 사회조직 구성원처럼 자신들을 둘러싼 일상의 구조와 관습에 적응하며 신념과 행위를 형성해 간다. 조직 내에 적합한 태도와 행위에 대해 공통된 가정assumption을 공유함으로써 현실을 규정한다. 일반적인 조직에서 일work의 의미는 구성원 간의 의사소통이나 타인의 관찰을 통해 바뀐다.

교사 또한 매일매일의 상호작용을 통해 어떻게 일을 명명하고 체계화하는지를 배우고 이 과정을 경험함으로써 일과 관련해 어떻게 행동해야 하는지를 습득하게 된다. 그러나 교사는 일에 의해 일상을 통제받지만, 행정업무와 교육과정 운영, 즉 일터로서의 '일'과 교육활동으로서의 '일' 사이에서 혼란을 경험한다.

교육행정 중심의 학교 시스템이 문제예요. 관료주의라고 하나요? 감사에 걸리지 않을 정도로만 하게 되는 거예요. 행정 문서 처리가 늦어지거나 안 하면 곧 지시가 내려옵니다. 교육과정 운영은 그거 먼저 한 다음에… 우리 젊은 선생님들도 점점 물들

까 봐 걱정이 되기도 하고 그래서 공문서 처리는 거의 실무사랑 제가 많이 했습니다. C교사

행정업무 중심의 학교조직은 관료적 조직의 특성을 보인다. 학교조직의 관료적 체제는 학교 구성원 간의 잠재적 대립 가능성을 크게 만든다. 지시와 통제, 하향적 의사결정 체제는 교사의 자율적 결정권, 동기와 욕구를 유도하지 못한다. 학교의 내적 변화와 외부의 교육개혁이 발전적으로 조직화되려면 학교 구성원의 기능과 역할을 적절히 조정해야 한다.

또한 서지오바니Sergiovanni는 학교의 조직 구조는 느슨해서 각각의 부분들이 독립적으로 기능한다고 지적한다. 예를 들어, 교사는 교실에서 홀로 일하며, 그들이 무슨 일을 하고 있는지 타인이 알 수가 없다. 설정된 학교 목표가 실제 교실 수업에 반영되고 있는지 확인해 줄 수 있는 장치도 존재하지 않는다. 따라서 느슨하게 구조화된 학교조직에서는 직접적인 장학이나 엄격한 관리적 기능이 효과적으로 실행되기 어렵다. 교사들은 엄격한 조직 관리 시스템보다는 가치, 신념, 규범 등에 의해 더욱 확고히 연결되어 있다는 점을 고려해야 한다고 밝히고 있다. 무엇보다 관리자의 리더십 유형에 따라 학교문화와 질서가 판이해져 교사들의 예측 가능한 상황 판단과 일관된 교육적 노력이 어렵게 되는 상황이 발생하기도 한다.

무엇보다 불필요한 잡무 걷어내기가 먼저예요. 관습적으로 해 오던 것. 행정업무가 뭐 하지 말라는 것을 말한 적은 거의 없고 새로 하라고 추가만 되니깐 불필요한 업무가 계속 쌓이기만 하는 거죠. 혼자 교실에서 공문서 처리하던 것이 공문서가

거의 없으니까 동학년 선생님들이랑 교육과정 협의를 자주 하
게 되지요. 또 선생님들이 결정한 것이 학교 계획에 많이 반영
되니까 달라졌다고 하면 그런 것…. F교사

조직의 혁신은 궁극적으로 유목적적인 실험과 변화를 필연적으로
요구하며, 지속적 성장을 위해 조직의 변화 과정과 구조적 특성을 보
유해야 한다. 학교가 성공적 조직이 되기 위해서는 여기에 규율과 자
기혁신의 능력을 보유해야 한다. 규율은 학교의 철학과 비전에 대한
구성원들의 공감, 가치부여, 그리고 이를 실천할 수 있다는 신념으로
이루어진다. 또한 자기혁신은 급격한 속도와 다양한 방식으로 진행되
는 사회 변화를 창조적으로 수용할 수 있는 조직 문화와 구성원의 역
량으로 이루어진다. 학교교육개혁은 학교조직 문화 개선을 전제로 가
능하다는 점을 시사하고 있다. 행정업무 중심의 학교조직은 관료적 성
격을, 교육과정 중심의 학교조직은 교육공동체적 성격을 띤다. 결국
학교조직이 교육과정 중심 공동체로서의 성격을 갖도록 하는 고민이
뒤따라야 힌다.

● 실습해 봅시다

그래프 토론하기

학교문화 키워드 찾기
□ 준비물: 포스트잇, 전지, 매직펜
□ 방법
- '학교문화'를 키워드로 연상되는 단어 찾기

- 찾은 단어를 포스트잇에 적어 붙이기

학교문화 키워드	비전 공유, 자발성, 권한 위임, 책무성, 변혁적 리더십, 존중과 배려, 민주적 회의 문화, 참여와 소통, 협력적 풍토, 집단지성, 자기 효능감, 공동체 의식, 공개와 공유 등

※학교문화 키워드는 예시일 뿐이며 학교 사정에 따라 수정하여 운영함

- 학교문화 키워드를 구체적 영역으로 나누어 볼 수도 있음

자치공동체	생활공동체	학습공동체
비전 공유, 자발성, 권한 위임, 책무성 등	존중과 배려, 참여와 소통, 협력 등	자기효능감, 공개와 공유, 집단지성 등

학교문화 그래프 그리기

□ 준비물: 포스트잇, 전지, 매직펜

□ 방법

- 전지에 그래프 선 그리기(아래 그림 참조)

- 키워드난에 위에서 찾은 키워드 넣기

- •키워드난에 학교문화 키워드를 종합적으로 넣어서 진단하는 경우
- 우리 학교문화의 전반적인 강점과 약점을 한눈에 살펴보기 좋은 점이 있음
- •키워드난에 영역별 키워드를 넣어서 진단할 경우
- 영역별 세밀한 진단이 가능하고, 세 가지 영역 중 필요한 영역의 진단만 하고자 할 때 유용함

- 각 키워드별로 5점을 만점으로 하여 내가 평가한 점수 주기

- 점을 연결하여 꺾은선그래프로 나타내기

		참여와 소통	배려와 나눔		
	AA				
	BB				
	CC				
	DD				

참여자 이름을 쓰되 A, B, C 처럼 익명을 사용해도 무방함 →

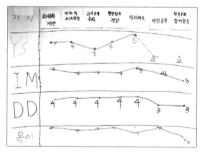

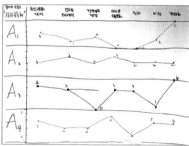

● 토론해 봅시다

1. 그래프를 살펴보며, 가장 높은 점과 가장 낮은 점을 확인한다.
2. 각 모둠별로 비교하였을 때, 우리 학교에서 공통적으로 높은 점과 낮은 점이 나타났을 때를 주목한다.
3. 문제해결 방안 모색을 위한 PMI 토론하기

> • 드 보노(De Bono, 1973)가 고안한 기법으로 특정한 대상의 긍정적인 면과 부정적인 면을 각각 기록한 다음 이들 각각에 대한 문제해결자 나름대로의 판단에 의해 이익이 되는 점을 찾는 기법이다. PMI 기법은 제안된 아이디어의 장점(Plus), 단점(Minus), 그리고 흥미로운 점(Interesting)을 따져 본 후 그 아이디어를 평가하는 아주 간단하면서도 매우 효과적인 기법이다.

- 우리 학교가 하고 있는 교육활동 중 발전시켜야 할 것(P), 없애거나 축소해야 할 것(M), 새로운 아이디어나 고려해 볼 만한 것(I)으로 구분하기

P	M	I

4. P와 I를 중심으로 해결 과제를 설정한다.

중요한 것	덜 중요한 것
급한 것	덜 급한 것

주석

1. Michael Fullan(2006). 체인지 리더십. 서울: 아인북스.
2. 박승열(2015). 교사 학습공동체에서의 숙의가 학교교육과정 개발에 주는 함의. 학습자중심교과교육연구, 15(12), 633~634쪽에서 인용하였음.
3. 경기도교육청(2014). 전문적 학습공동체 기본 문서. 경기도교육청
4. 박승열(2013). 학교교육과정 개발 과정에 드러난 초등교사의 정서. 학습자 중심교과교육연구, 13(5), 151~152쪽에서 인용하였음.

5장
학교교육과정 만들기

*5장은 본서 저자들이 참여한 '2014 화성창의지성센터 초·중등학교 컨설팅 워크숍' 자료 중 일부가 포함되어 있습니다.

교사가 학생들 및 동료 교사들과 긴밀한 관계 속에서 효과적으로 협력하는 것, 학생들이 서로 배우고 돕는 것, 이 모든 교육 주체들이 학부모 및 지역사회와 함께 공동의 목적을 도출하고 그것에 대해 함께 고민하는 것 등이 그렇다.

제4의 길에는 변화의 목적과 파트너십을 세우는 기둥이 아래와 같이 여섯 개 있다.

- 영감을 주고 통합을 이끄는 비전
- 시민의 적극적인 참여
- 성과 도출을 위한 투자
- 교육에 대한 기업의 사회적 책임
- 변화의 파트너로서의 학생
- 사려 깊은 교수·학습

_앤디 하그리브스 & 데니스 셜리, 『학교교육 제4의 길』에서

학교교육과정에 대한 기존의 인식은 교육과정을 평면적으로 인식하는 것이다. 사회적 합의에 도달할 수 있는 교육 목표를 달성하기 위해 합리적으로 교과를 조합하는 수준으로 학교교육과정을 보는 것이다. 이런 인식에서는 교육과정에 대한 의사결정이 국가, 시·도 교육청, 학교, 교사, 학생 및 학부모 순으로 서열화된다는 점에 주목할 필요가 있다. 이와 같은 문제를 극복하려면 학교교육과정을 단순히 전달해야 할 지식으로 접근하기보다는 학생들이 자신의 삶을 설계할 수 있도록 도움을 주는 삶의 역량으로 확장해야 한다. 학생들이 공동체의 생활에 참여하기 위해서는 공동체에서 요구하는 자질, 지식, 기능, 태도 등을 획득하는 것이 중요하다. 이러한 활동은 외부 자극은 물론 학생 스스로의 사고를 성장시키는 여건이 충족될 때 순조롭게 진행되기 마련이다. 이와 같은 측면에서 학교교육과정을 기본적으로 학생의 삶을 스스로 만들어 가는 체계로 이해하고, 이에 적합한 내용 요소들에 대한 고민을 해야 한다.

학교교육과정을 디자인할 때 직면하는 또 다른 고민은 학교공동체가 왜 함께 소통하고 합의해야 하는가의 문제이다. 종종 단위학교에서는 구성원이 모두 참여하여 학교의 비전을 합의하는 과정이 없거나,

민주적이지 않거나, 심지어 필요성을 느끼지 못하는 경우도 있다. 그 결과 구성원 각자의 교육관이 독립적으로 존재하며 자신의 교실 속에 만 머무르는 현상이 나타난다.

학교는 교육의 주체들이 함께 모여서 살아가는 공간적 의미, 동시 대의 삶을 살아가는 시간적 의미, 교육의 방향을 세워 교육활동을 해 나가는 과업적 의미, 그리고 구성원 각각의 이상적인 교육을 지향하 는 철학적 의미 등 다양한 의미를 모두 담고 있다. 저자들은 이러한 의미들이 학교교육과정을 만드는 과정에 모두 포함되도록 의도하였다.

5장에서는 학교교육과정을 만들어 가는 단계를 크게 3단계로 제안 하였다.

먼저 '학교철학과 비전 세우기'에서는 학교철학의 필요성을 인식하 고 우리 사회의 변화와 교육공동체의 요구를 토대로 한 성찰과 질문 을 통해 우리 학교교육의 철학과 비전을 수립하기 위한 과정을 제시 하였다.

'학교교육과정 체계 세우기'에서는 비전에 따른 교육활동 수립을 위 해 학교교육과정의 비전도를 그리고 제안서를 쓰는 활동을 통해 모두 가 함께 학교교육과정을 수립하는 과정을 다루고 있다. 이에 대한 실 천도를 높이기 위해 교육과정의 공간을 확보하고 교육과정 중심의 조 직으로 개편하며 교원업무정상화 전략이 필요하다.

마지막으로 '학교교육과정 평가하기'는 이 책에서 강조하는 '함께 만들어 가는 교육과정'의 의미를 적극적으로 반영하여 계획과 운영의 결과를 함께 성찰하고 반성하여 다음 교육활동에 반영하는 활동이 다. 이는 교육활동의 질뿐만 아니라 이에 참여하는 교사들의 역량이 강화되는 것이며 더 나아가 학교교육력이 제고될 수 있는 중요한 활 동이다.

1. 학교철학과 비전 세우기

교육과정에 대한 의견이 다양하고 사람에 따라 해석이 다른 것은 그만큼 '교육과정'이란 용어에 담긴 의미가 크기 때문이다. 앞서 살펴보았듯이 교육과정은 국가 수준, 교사 수준, 학생 수준의 다각적 측면으로 해석해야 한다.

교육과정 계획 → 수업 → 평가라는 선형적인 인식은 오랫동안 현장에 머물러 왔다. 가령, 교육청에 교육과정 지원단과 수업 지원단, 평가 지원단이 존재하여 각각의 역할을 하거나, 단위학교에서는 봄방학 기간에 교육과정 계획을, 학기 중에는 수업을, 학년말에는 평가가 이루어지는 것으로 여긴다. 그런데 교육과정 계획, 수업, 그리고 평가가 각각의 요소로 존재하는 분절적 발상은 현재의 학교 상황을 기형적으로 만드는 데 일조했음을 간과해서는 안 된다.

교육과정은 더 이상 각각의 요소로 존재하며 맞물리지 않고 돌아가는 톱니바퀴가 아니다. 교육과정과 수업, 평가가 천의 씨실과 날실처럼 겹겹이 맞물려 있으며 이것을 하나의 교육과정으로 규정해야 한다. 이를 정책용어로 교육과정-수업-평가 일체화라고 말한다.

단위학교의 특수성에 대한 인식 부족 또한 우리가 재고해야 할 사안이다. 학교마다 교사, 학부모, 학생의 구성이 다를 뿐 아니라, 학교가 위치한 지역사회의 문화 등 단위학교 자체의 특수성이 있다. 그동안 우리는 존재에 대한 인식을 통해 그에 맞는 교육을 수립하고 운영하기보다, 만들어진 교육의 틀에 교육의 주체를 집어넣는 방법으로 접근해 왔다. 이와 같은 인식은 다른 학교의 교육과정을 Ctrl+C 해서 우리 학교의 교육과정에 Ctrl+V 하는 방식을 가능하게 했다.

일체화된 교육과정이 일관된 교육 방향의 핵심을 잃지 않으면서 우리 학교와 그 구성원들 사이에 어우러질 수 있는 교육과정, 그것이 우리가 지향해야 할 교육과정이 아닐까? 이를 위해 우리는 앞으로 교육이 추구하고자 하는 핵심을 잃지 않으면서 우리 학교의 교육 방향을 설정할 필요성과, 그 안에서 일체화된 교육과정이 어떻게 설정되고 운영되는지 알아보고자 한다.

학교철학의 필요성 인식하기

● 읽을거리

학교철학은 학교에서 이루어지는 교육과 인간의 삶에 대한 포괄적인 이해를 전제로 통합되고 일관된 전체적인 전망을 나타낸다. 학교철학의 정립은 학교 구성원들이 학교교육 현실의 구체적인 사안들과 문제들에 대해서 일관성 있게 반응하여 학교의 상을 세우고 교육의 방향을 설정하게 하므로 학교교육의 구심점을 세우는 일이라고 할 수 있다.

따라서 학교철학은 학교 구성들의 신념 체계이기도 하다. 이러한 신념 체계는 기존의 상위 수준의 교육과정 분석, 학교 실태 조사에 의한 학교교육 목표 수립으로는 나올 수 없다. 특히 빠르게 변화하는 사회의 요구를 반영하고 새로운 교육 패러다임에 의한 교육과정을 편성·운영하기 위해서는 학교철학이 제일 먼저 새롭게 정립되어야 한다.

무엇보다 학교철학은 학교장의 경영 철학이 아니라 학교 구성원 모두의 집단지성에 의해 수립되어야 한다. 집단지성에 의한 학교철학을 정립하기 위해서는 학교 구성원의 비판적 사고가 일어나는 학교의 민주적 자치공동체 형성이 전제되어야 한다. 학교 구성원의 집단지성에 의해 정립된 학교철학은 교과교육과정, 창의적 체험활동, 학교 운영 체계 등에 깊은 영향을 미치기 때문이다.

학교와 학습, 그리고 학생들을 바라보는 가치와 관점이 일치하지 않으면 앞으로 나아갈 수 없다. 또한 집단지성에 의해 정립된 학교철학이 존재하지 않는 교육과정은 '프로그램의 백화점'에 전시된 상품처럼 현장 교사들이 전혀 사용하지 않는 전시성 학교교육과정으로 전략할 수밖에 없기 때문이다. 그리고 학교철학 없이 교육과정만 재구성한다면 교육 구성원의 열정과 의지를 모아낼 수 없을 것이다. 따라서 교육 공동체가 모두 한 생각으로 교육활동에 임하려면 학교 구성원 모두가 참여하여 학교철학을 정립하고, 학교교육 목표를 설정하고 공유해야 한다.[1]

● **토론해 봅시다**

전체에 대한 물음을 던지고 함께 나누기

- 학교철학은 왜 필요한가?
- 학교철학을 왜 집단지성으로 세워야 하는가?
- 교육철학이 없는 기계적 결합의 문제는 무엇인가?

성찰과 질문하기

● **토론해 봅시다**

학교철학 수립 단계에서는 교육을 바라보고 다양한 학교교육의 요구를 살펴보고 이를 학교교육의 비전을 설정하는 데 포함시켜야 한다.

우리 아이들이 살아갈 시대를 진단하기

1. 현재 우리가 살아가고 있는 시대 및 앞으로 우리와 아이들이 살아가야 할 시대의 특징은 무엇인가?
2. 앞으로 우리 사회는 어떻게 변화해 가야 하는가?
3. 사회의 요구와 문제에 대응하고 바람직한 미래 사회를 만들어 가기 위해 학교에서 육성해야 할 능력은 무엇인가?

우리 아이들에 대해 진단하기

1. 현재 내가 만나고 있는 아이들의 사회, 경제, 문화적, 정서적 상황은 어떠한가?
2. 내가 만나고 있는 아이들의 학습능력, 자기표현능력, 자기이해능력, 진로에 대한 방향성 등은 어떠한가?
3. 아이들이 바라는(의미 있는) 학교의 모습은 어떤 모습일까?

우리 학교 진단하기

1. 우리 학교의 강점과 약점은 어떤 것인가?(교사 특징, 지역사회 특징, 학부모 특징 등 학교교육과정에 반영될 수 있는 다양한 요소들을 찾아보기)

2. 꿈꾸는 학교를 만들기 위해 우리 학교는 무엇을 버리고 무엇을 얻어야 하는가?
3. 원하는 학교 만들기를 위해 지금 꼭 해야 할 일(할 수 있는 일), 시간을 두고 전략을 세워 꼭 해야 할 일을 정하기

● 워크시트

질문과 성찰

- 학생은 (   )으로 바라봐야 한다.
- 교사의 가장 중요한 일은 (   )이다.
- 우리 학교의 존재 이유는 (   )이다.

성찰을 통한 키워드 찾기

● 실습해 봅시다

아래의 3가지 질문지를 A4용지에 복사한다.
- 복사한 종이를 4절지 중간에 붙인다.
- 월드 카페의 형식으로 운영한다.
- 주인장이 질문의 내용을 설명하고 토론의 사회를 본다.
- 15분씩 토론하고 다음 자리로 이동한다.
- 토론 결과를 주인장이 발표한다.

시대 진단
- 현재 우리가 살아가고 있는 시대 및 앞으로 우리와 아이들이 살아가야 할 시대의 특징은 무엇인가?
- 앞으로 우리 사회는 어떻게 변화해 가야 하는가?
- 사회의 요구와 문제에 대응하고 바람직한 미래 사회를 만들어 가기 위해 학교에서 키워야 할 능력은 무엇인가?

아이들 진단
- 현재 내가 만나고 있는 아이들의 사회, 경제, 문화적, 정서적 상황은 어떠한가?
- 내가 만나고 있는 아이들의 학습능력, 자기표현능력, 자기이해능력, 진로에 대한 방향성 등은 어떠한가?
- 아이들이 바라는(의미 있는) 학교의 모습은 어떤 모습일까?

학교 진단
- 우리 학교의 강점과 약점은 어떤 것인가?(교사 특징, 지역사회 특

징, 학부모 특징 등 학교교육과정에 반영될 수 있는 다양한 요소들 찾아보기)

- 꿈꾸는 학교를 만들기 위해 우리 학교는 무엇을 버리고 무엇을 얻어야 하는가?
- 원하는 학교 만들기를 위해 지금 꼭 해야 할 일(할 수 있는 일), 시간을 두고 전략을 세워 꼭 해야 할 일을 정하기

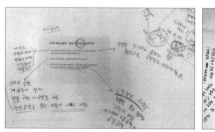

[그림 5-1] 학교 진단 활동 자료

상위 수준 교육과정 분석 및 학교교육과정 원칙 수립하기

● 생각해 봅시다

국가교육과정은 공통요소임에 따라, 학교교육과정 편성을 위해서는 우선 상위 수준의 교육과정(국가 수준, 교육청수준)을 면밀하게 분석해야 한다. 국가교육과정 분석이 중요한 이유는 학교 구성원들만의 이상향을 추구하다가 공교육으로서 학교교육에서 누락된 부분이 나오지 않도록 하기 위함이다.

국가교육과정의 분석 내용으로는 총론에서 제시하는 교육과정의 성격, 추구하는 인간상, 교육과정 구성의 방침, 초등학교 교육 목표 및 총론에 대한 해설서, 각론에서 제시하는 학교급별 교육 목표 및 교과

의 목표, 내용의 영역과 기준 등이 포함된다. 학교의 비전을 작성하고 이를 교육 목표로 구체화하는 데에서 교육과정이 추구하는 인간상, 초등학교 교육 목표 등을 자세히 살펴볼 필요가 있다.

비전과 그 비전을 달성하기 위한 핵심 가치, 세부 가치가 공동의 작업으로 수립되면 이는 학교교육과정 운영을 위한 학교 헌장이나 강령으로 제시될 수 있다. 이러한 학교 헌장이나 강령은 학교의 모든 교육활동의 지향점이며 원칙이 된다. 학교 구성원의 진정성이 담긴 학교 헌장은 교육 목표 달성을 위한 세부 교육활동의 방향 및 방법에까지 영향을 미친다.

● 토론해 봅시다

1. 2015 개정 교육과정이 추구하는 방향은 무엇인지 생각해 보고, 학교 수준에서 이를 구현할 수 있는 방안에 대해 토론해 봅시다.
2. 국가 또는 시·도 교육과정에 비추어 우리 학교의 특수적 환경이나 특성에 대해 토론해 봅시다.
3. 국가 수준 및 시·도 수준 교육과정의 방향을 공유하면서 우리 학교의 특수성에 맞는 교육 비전을 수립하기 위한 원칙을 정해 봅시다.

● 읽을거리

2015 개정 교육과정[2]에 나타난 추구하는 인간상과 핵심역량

우리나라의 교육은 홍익인간의 이념 아래 모든 국민으로 하여금 인격을 도야하고, 자주적 생활 능력과 민주시민으로서 필요한 자질을 갖추게 하여 인간다운 삶을 영위하게 하고, 민주 국가의 발전과 인류 공영의 이상을 실현하는 데 이바지하게 함을 목적으로 하고 있다.

이러한 교육 이념을 바탕으로, 이 교육과정이 추구하는 인간상은 다음과 같다.

가. 전인적 성장을 바탕으로 자아정체성을 확립하고 자신의 진로와 삶을 개척하는 자주적인 사람

나. 기초 능력의 바탕 위에 다양한 발상과 도전으로 새로운 것을 창출하는 창의적인 사람

다. 문화적 소양과 다원적 가치에 대한 이해를 바탕으로 인류 문화를 향유하고 발전시키는 교양 있는 사람

라. 공동체 의식을 가지고 세계와 소통하는 민주시민으로서 배려와 나눔을 실천하는 더불어 사는 사람

추구하는 인간상을 구현하기 위해 국가교육과정에서 중점적으로 기르고자 하는 핵심역량은 다음과 같다.

가. 자아정체성과 자신감을 가지고 자신의 삶과 진로에 필요한 기초 능력과 자질을 갖추어 자기주도적으로 살아갈 수 있는 자기관리 역량

나. 문제를 합리적으로 해결하기 위하여 다양한 영역의 지식과 정보를 처리하고 활용할 수 있는 지식정보처리 역량

다. 폭넓은 기초 지식을 바탕으로 다양한 전문 분야의 지식, 기술, 경험을 융합적으로 활용하여 새로운 것을 창출하는 창의적 사

고 역량

라. 인간에 대한 공감적 이해와 문화적 감수성을 바탕으로 삶의 의미와 가치를 발견하고 향유하는 심미적 감성 역량

마. 다양한 상황에서 자신의 생각과 감정을 효과적으로 표현하고 다른 사람의 의견을 경청하며 존중하는 의사소통 역량

바. 지역, 국가, 세계 공동체의 구성원에게 요구되는 가치와 태도를 가지고 공동체 발전에 적극적으로 참여하는 공동체 역량

● 읽을거리

시·도 교육청 편성·운영 지침에서는 어떻게 구현할 수 있는가?

국가교육과정이 추구하는 인간상 및 경기교육의 지향점을 바탕으로 이 교육과정이 기르고자 하는 인간상은 다음과 같다.

가. 능동적 의지로 창의성을 계발하고 진로를 개척하며 배움을 즐기는 학습인

나. 자율과 책임을 바탕으로 공동체의 성장을 위해 참여하고 실천하는 민주시민

다. 건강한 몸과 마음으로 문화·예술을 향유하고 배려와 나눔을 실천하는 따뜻한 생활인

라. 다양한 가치를 이해하고 세계의 지속가능한 발전을 위해 함께하는 세계인

이와 같은 인간을 육성하기 위해 교과 교육을 포함한 학교교육 전

과정을 통해 중점적으로 기르고자 하는 핵심역량은 다음과 같다.

가. 자주적 행동 역량: 긍정적 자아 이해를 바탕으로 자신의 생각과
가치에 따라 스스로의 삶을 계획하고, 능동적이며 책임 있는 방
식으로 행동하는 능력

나. 비판적 성찰 역량: 신념이나 행동, 현상에 대한 합리적 근거에
기초하여 반성적으로 숙고하고 평가하는 능력

다. 창의적 사고 역량: 폭넓은 기초지식을 바탕으로 다양한 분야의
지식·기술·경험을 융합하거나 활용하여 새롭고 의미 있는 것을
창출하는 사고 능력

라. 문화적 소양 역량: 다양한 삶의 가치와 문화·예술을 편견 없이
이해하고 수용하며 행복한 삶을 향유하는 능력

마. 의사소통 역량: 다양한 텍스트와 상징을 이용하여 타인의 의사
를 이해하고 공감하며 자신의 의사를 전달할 수 있는 능력

바. 협력적 문제해결 역량: 학습이나 삶에서 발견한 문제를 협력하
여 합리적으로 해결할 수 있는 능력

사. 민주시민 역량: 공동체의 구성원으로서 요구되는 책임을 다하고
권리를 누릴 수 있으며 공공의 선에 기여할 수 있는 능력

예시: 경기도교육과정[3]에서 발췌

학교철학과 비전 수립하기

● 실습해 봅시다

• 각각의 생각을 공유하면서 유사한 것끼리 유목화하기

- 가장 함축적이고 포괄적인 최상위 가치를 협의를 통해 선정하기
- 각 모둠별로 학생, 교사, 학교별 최고 상위 가치를 칠판에 모으게 하고 서로 협의해서 구성원들이 가장 중요하게 생각하고 비전으로 포함되어야 한다고 생각하는 가치를 3개 선정한다.

학생은? 아이들이 어떤 가치를 품고 사는 사람이 되기를 바라며 교육해야 하는가?	교사는? 교사로 존재하기 위해 우리가 갖추고 지향해야 할 것은?	학교는? 학교는 어떤 곳이어야 하는지 지향해야 할 가치는?

TIP 협의를 통해 가치를 선정하고 나서, 가장 좋은 방법이나 시간상 어려움이 있거나 협의가 도저히 안 될 때는 거수로 하기보다는 가치투표(구성원들이 개인별 3개의 스티커(또는 자기 이름)를 주고 2곳에 2개, 1개를 붙이게 한다.

가장 많은 표를 획득한 가치 2~4개를 추출하여 각 모둠별로 비전을 한 문장으로 만든다.

[그림 5-2] 학교 비전 수립 활동 자료

- 실습해 봅시다

- 앞에서 한 시대에 대한 진단 및 아이들에 대한 파악, 우리 학교의 특수성 등을 종합할 때 학교는(특히 우리 학교는) 어떤 역할을 해야 하는가?

- 우리 학교의 철학에 꼭 들어가야 할 개념이나 단어는?
- 나열한 개념이나 단어를 바탕으로 학교철학을 하나의 문장으로 완성하기

● 생각해 봅시다

효과적인 비전이란?

- 교육의 미래상이 명확하게 제시되어야 한다.
- 모든 이해관계자에 대한 호소력이 있어야 한다.
- 교육 비전은 이해관계자인 학생, 학부모, 교원, 정부 기관, 기업체, 대학, 기타 관련 기관 모두의 기대와 열망, 또 끌림이 있어야 한다.
- 간결하고 명료하여 쉽게 공유할 수 있어야 한다.
- 교육의 이해 당사자들이 비전을 기본으로 의사결정하고 행동하기 위해서는 간단하고 기억에 남게 만들어야 한다. 또한, 별도의 설명이 없이도 쉽게 이해, 전파, 공유할 수 있어야 한다.
- 실행 가능한 것이어야 한다.
- 현재 당장은 달성이 쉽지 않지만 변화와 혁신을 통해 충분히 달성할 수 있다는 생각이 드는 목표이어야 한다.

〈표 5-1〉 학교 비전 예시

참 삶을 가꾸는 작고 아름다운 학교 - 남한산초등학교
21세기의 더불어 사는 삶을 실천하는 인간 - 이우학교
참여와 소통을 통한 희망과 신뢰의 배움 공동체 - 흥덕고
꿈과 열정으로 함께 배우는 행복공동체 - 안양남초
배움과 성장으로 미래를 여는 행복한 학교 - 방교초

● 실습해 봅시다

학교 비전에 따른 주요한 핵심 가치 추출하기
추구하는 인간상과 교육 목표 설정하기

〈표 5-2〉 학교교육과정 비전 및 목표 수립 예시

비전	소통, 배움, 나눔으로 모두가 행복한 학교
핵심 가치	- 소통과 공감으로 더불어 살아가기 - 배움으로 생각과 꿈 키우기 - 나눔으로 개성과 재능 기르기
추구하는 인간상	더불어 살아가는 사람, 꿈을 키우는 사람, 개성과 재능을 기르는 사람
교육 목표	- 소통과 공감으로 더불어 살아가는 건강한 어린이(건강인) - 생각하는 배움으로 큰 꿈을 키우는 창조적인 어린이(창의인) - 보살핌이 있는 나눔으로 개성과 재능을 기르는 어린이(재능인)

위의 사항들이 설정되었을 때, 이를 학교교육 계획 앞부분에 제시
하거나 학교 헌장 또는 강령으로 제시한다.

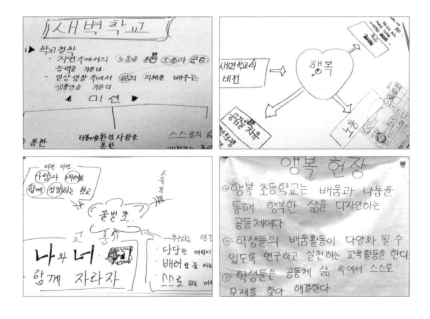

● 워크시트

학생은 ···존재이다.	교사는 ···존재이다.	학교는 ···곳이다.

공통 키워드를 추출하여 적은 후 존재에 대한 철학적 질문을 통해 추출한 핵심 가치로 비전을 세우고 핵심 가치와 세부 가치 및 교육 목표 추출

비전

핵심 가치	세부 가치	교육 목표

2. 학교교육과정 체계 세우기

앞서 설명하였듯이 학교교육과정은 학생들이 자신의 삶에 대해 고민하고 스스로 디자인할 수 있도록 생각을 자극하는 체계로 확장되어야 한다. 이를 위해 학년급별 목표, 목표 달성을 위한 입체적 전략, 교과 간 및 교과-비교과 연계, 내면적 자각을 촉진하는 질문 형식 등의 새로운 시도들을 필요로 한다. 따라서 학교교육과정은 학교 구성원들이 교육활동을 행하는 설계도가 되어야 한다. 학교 구성원들이 함께 실행하고자 하는 비전과 교육활동을 체계적이고 구체적으로 담고 있기 때문이다.

학교교육과정과 관련하여 일정하게 제시된 틀은 없다. 이는 각 학교의 교육공동체가 다양하고 창의적인 학교교육과정을 편성·운영하는데 방해가 되지 않도록 하기 위함이다. 그러나 학교교육과정에는 반드시 포함되어야 할 요소들이 있다. 창의적인 학교교육과정을 편성한다고 하더라도 당해 학교가 무엇을 어떻게 교육하고 평가하고 지원할 것인지에 대한 내용은 필수적으로 포함해야 하는 것이다.

학교교육과정의 편성 절차에 대해서도 정해진 것은 없다. 그러나 학교교육과정을 체계적이고 합리적·논리적으로 작성하여 실천하기 위하여 일반적으로 다음과 같은 절차를 거친다. '준비 → 전년도 학교교육과정의 반성과 성찰 → 수립 → 작성 → 확정 → 추진 및 평가'가 그것이다. 그러나 학교교육과정 수립의 각 절차 사이에는 수시로 피드백하여 수정·보완함으로써 '만들어 가는 교육과정'이 될 수 있도록 하여야 한다.

학교교육과정 편성 시 유의할 점은 학교교육과정 전반에 걸쳐 교육 비전을 실천하기 위한 학교 시스템이 갖추어져 있는지를 먼저 살펴보아야 한다는 것이다. 지속가능한 학생 중심, 현장 중심 교육을 전개하기 위해서는 학교 자율경영체제가 구축되어야 하고, 민주적 자치공동체와 전문적 학습공동체 시스템이 갖추어져야 한다. 그런 후 비로소 창의적 교육과정을 실천할 수 있을 것이다.

교육과정 공간 확보하기

● 생각해 봅시다

1. 우리 학교교육과정을 자세히 읽어 봅시다.
2. 불필요하거나 수정이 필요한 부분을 체크해 봅시다.
3. 더 필요한 부분을 메모해 봅시다.

● 토론해 봅시다

1. 앞에서 교육과정을 읽으며 체크한 부분에 대해 서로의 생각을 공유해 봅시다.
2. 메모한 부분에 대해서 서로의 생각을 공유해 봅시다.
3. 교육과정에 반영할 부분을 토의를 통하여 결정해 봅시다.

● 실습해 봅시다

우리 학교교육과정 꼼꼼히 읽기
1. 우리 학교교육과정을 읽고 우리 학교에서 버려야 할 것과 비워야
할 것 찾기

TIP　학교교육활동을 도식화하고 운영 중인 교육활동을 제시한 후 일정 기간
　　　게시하여 전 교직원이 충분히 숙고한 후 버려야 할 것과 수정해야 할 곳
　　　에 스티커로 표시한다.

학교교육과정 비전도 그리기

● 실습해 봅시다
1. 우리 학교의 비전을 중심에 두고 이에 해당하는 핵심 가치를 뽑
   아내기
2. 토론과 마인드맵을 통하여 핵심 가치 찾기
3. 다분히 추상적인 부분이라 토론의 내용이 빈약할 시에는 가치가
   포함된 씨앗카드를 참고하여 찾아볼 수도 있다.

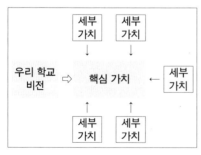 

4. 세부 가치를 구현하기 위한 교육활동을 설정하기
5. 먼저, 기존에 운영하고 있는 교육활동에서 버릴 것과 수정할 것, 첨가할 것 등 앞서 토론한 내용을 충분히 반영하고 이를 위하여 구성원 간에 지속적인 토론을 통하여 설정한다.

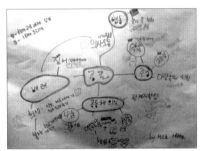 

제안서 쓰기

● 읽을거리

'제안서 쓰기'란?

- 학교교육활동 중 중요한 활동에 대해서는 학교 전체적인 방향을 담고 계획할 필요가 있다. 따라서 제안서는 학년의 분절을 막고 보다 체계적이고 일관된 목표에 따라 교육활동을 계획할 수 있다.
- 제안서를 쓰는 활동을 통해 학교교육의 목표와 방향에 일관된 교육활동을 계획할 수 있고, T/F팀을 구성함으로써 구성원들의 자발적 참여를 통해 교육활동을 함께 만들어 나갈 수 있다.
- 제안서는 결정된 사항이 아니므로 반드시 전체 공유와 합의를 통해 최종 수정해야 한다.

● 실습해 봅시다

- 관심 있는 가치에 대해 실행과제를 써서 내려놓고 간단히 설명한
  다(교육활동 주제 제시).
- 교육활동별로 관심 있는 교사들끼리 모이게 한다(교육활동별 T/F
  팀 구성).
- 일정한 시간(기간)을 주고 다음 워크숍 때까지 교육활동 제안서
  를 작성해 오게 한다.
- 다음 워크숍 때 교육활동 제안서를 발표하고 수정 보완하게 한다.
- 수정 보완된 교육활동을 담당 부장이 최종 정리하고 교육과정
  담당 부장이 수합하여 최종 점검하여 전체 교사에게 공유한다.

제안서에 제시해야 할 내용
● 구현 중점: 방향성, 핵심 가치, 의미, 필요성
● 실행 내용
● 교과, 행사, 창체, 시수 확보
● 학년별 실천 전략
● 예산
● 지원 체제- 담당, 실행 점검, 지원
● 공개와 공유

● 워크시트

제안서 양식은 학교 사정에 따라 수정하여 사용

교육활동명: ( )

1. 목적

2. 필요성

3. 방법

학년	관련 교과(교육과정 편성)	시기	방법
1학년			
2학년			
3학년			
4학년			
5학년			
6학년			

4. 지원(예산 포함)

5. 유의사항

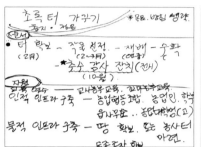
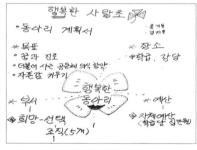
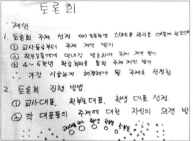
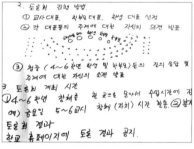

학교교육활동 정리하기

● 실습해 봅시다

- 논의된 결과를 바탕으로 실천과제 작성하기
- 사업 중심이 아닌 교육활동의 방향성이 드러나도록 작성한다.

비전	
핵심 가치	

〈표 5-3〉 학교교육과정 교육 목표별 구현 중점 및 세부 실천과제 예시

교육 목표	세부 가치	구현 중점	세부 실천과제				
			학년	내용	재구성 관련 교과 (시수)	담당자 및 평가계획	관련 행사
소통과 공감으로 더불어 살아가는 건강한 어린이	경청, 소통	나를 드러내고 타인을 인정하는 토론교육	1-2				
			3-4				
			5-6				

● 워크시트

비전	
핵심 가치	

교육 목표	연결 가치	구현 중점	세부 내용 실천과제
교육 목표 1			
교육 목표 2			
교육 목표 3			
교육 목표 4			

● 예시 자료

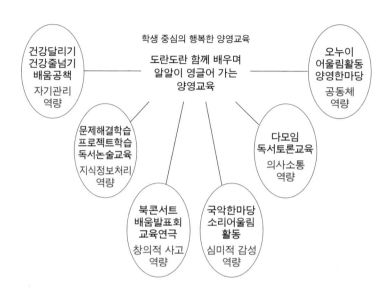

학생 중심의 행복한 양영교육

도란도란 함께 배우며
알알이 영글어 가는
양영교육

건강달리기
건강줄넘기
배움공책
자기관리
역량

오누이
어울림활동
양영한마당
공동체
역량

문제해결학습
프로젝트학습
독서논술교육
지식정보처리
역량

다모임
독서토론교육
의사소통
역량

북콘서트
배움발표회
교육연극
창의적 사고
역량

국악한마당
소리어울림
활동
심미적 감성
역량

[핵심 역량 2] 지식정보처리 역량

실천 과제	실천 내용	대상	시기	예산
자신의 꿈을 키우는 다양한 체험 활동	231. 미디어 리터러시 교육 • 4차 산업혁명에 대한 이해 교육 • 미디어 리터러시에 대한 이해 교육 • 소프트웨어 교육(코딩 교육) • 정보통신윤리 교육	전 학년	연중	
	241. 꿈을 키우는 현장체험학습 • 학년별 1일형 주제별 체험학습 • 청솔영어 체험활동	전 학년	4월 6,10월	
	242. 지역사회 연계 체험활동 전개 • 활동중심체험학습(성남FC,축구교실) • 행정기관 탐방, 생태체험학습 • 목공 체험활동 • 문화예술 체험활동	2, 5학년 3학년 5학년 전 학년	4, 5월 4월 6월 5월	성남형 교육예산 992,000 486,000 332,000 3,000,000

학년(군)별·교과별 시수 편성하기

● 토론해 봅시다

1. 교과교육과정 20% 증감의 방향에 대해 어떻게 이해하고 있는가?
2. 우리 학교의 비전과 우리 학교의 특수성에 대해 이야기해 봅시다.
3. 우리 학교의 비전과 특수성 그리고 환경에 비추어 교과증감에 대한 이야기를 나누어 봅시다.

● 실습해 봅시다

1. 학년별 또는 학년군별 교과 및 환경적 특수성에 대해 이야기해 봅시다.

구분		1~2학년	3~4학년	5~6학년
교과(군)	국어	국어 448	408	408
	사회/도덕		272	272
	수학	수학 256	272	272
	과학/실과	바른 생활 128	204	340
	체육	슬기로운 생활 192	204	204
	예술(음악/미술)	즐거운 생활 384	272	272
	영어		136	204
	소계	1,408	1,768	1,972
창의적 체험활동		336 안전한 생활(64)	204	204
학년군별 총 수업 시간 수		1,744	1,972	2,176

2. 앞의 표를 참고하여 교과증감에 대해 결정하고 학년별 공유를
   해 봅시다.

● 워크시트

교과별 시간 배당 및 편성 방안 수립

구분		(,) 학년군						합계	편성 방안
		( )학년			( )학년				
		기준 시수	증감 시수	본교 시수	기준 시수	증감 시수	본교 시수		
교과 (군)	국어								
	도덕								
	사회								
	수학								
	과학								
	체육								
	음악								
	미술								
	영어								
창의적 체험활동									
계									
연간 총 수업시수									

교육활동 지원 체계 구축하기

● 토론해 봅시다

1. 학교 학사일정을 구성원의 합의를 통해 구성하기
2. 학교 행사가 학년별로 연계되고 원래의 목적에 맞게 진행되도록 계획하기
3. 전담 교과를 적절하게 배치하고 수업의 형태에 맞게 수업 시간을 배치하기(블록수업의 필요 등)
4. 학교 시정을 교육활동의 목적에 따라 아침활동, 중간놀이, 방과 후활동 등으로 계획하기
5. 학년교육과정을 수립함에 있어 학교교육 목표에 따른 지침을 안내하기
6. 목적에 맞게 예산을 적절히 배정하기
7. 함께 배우고 성장하기 위한 전문적 학습공동체 구성하기
8. 그 외 교육활동 지원을 위해 필요한 것을 생각해 봅시다.

3. 학교교육과정 평가하기

　지금까지 살펴본 것과 같이 학교교육과정을 디자인하는 데에서 가장 중요한 것은 표준화된 처방적 지침에서 벗어나 상위 교육과정의 맥락 안에서 학교 구성원들의 합의로 만들어져야 한다는 점이다. 하지만 정작 교육의 주체인 학생과 학부모의 입장이 제대로 반영되었는지 반성해 보아야 한다. 학교철학을 함께 공유하고 비전을 제시하며 교육활동을 계획하는 과정에서 학생과 학부모의 요구와 바람은 대부분 간접적인 매개체를 통해 반영되었기 때문이다.

　교육과정의 실행 결과는 교육활동의 맥락 안에서 이해해야 하며 우리가 예측하지 못하는 방향으로 흘러갈 수 있음을 간과해서는 안 된다. 따라서 교육과정은 완성체가 아닌 협의체제로서 만들어 가는 것임을 명심하고 활동에 대한 피드백과 문제점을 수정해 나가도록 한다.

　교육대토론회나 교육과정 반성회를 통해 교직원뿐 아니라 학부모, 학생, 지역사회의 말에 귀를 기울이고 교육과정에 반영하도록 노력하는 성찰을 통해 우리가 달성하고자 하는 교육의 목적에 더 가까이 가는 길이 될 것이다.

● 토론해 봅시다

1. 학교철학을 반영한 교육과정인가?
2. 교육과정-수업-평가 일체화를 이해하고 학교교육과정 속에 녹

아 있는가?

3. 학생의 흥미와 요구에 부응하고 학생들의 교육적 성장이 올바로 발현되는 교육과정인가?

4. 학생의 삶을 바탕으로 체험과 실천의 기회, 학습의 선택권을 제공하는 교육과정인가?

5. 특정한 한 가지 방식으로 획일화되지 않고 학교와 지역사회 및 실정, 교사의 경험과 역량 등을 고려하여, 다양한 접근 방식으로 만들어진 교육과정 재구성인가?

6. 교육공동체의 요구와 합의를 통해 주제의 설정이나 교과 통합의 규모가 그 학교의 실정에 맞게 설정되었는가?

〈표 5-4〉 학교교육과정 평가의 세부 관점 및 요소

순	영역	세부 관점 및 요소
1	학교교육과정 및 교육철학의 반영	– 학교 비전 및 목표를 반영하였는가? – 학급교육 목표가 학교교육의 기본 철학을 담아 구체적으로 설정되어 있는가? – 학생·학부모·지역사회·교사의 요구 및 실태를 반영한 교육과정인가?
2	교사의 역량	– 교육과정 설계의 철학 및 필요성을 공유하고 있는가? – 성취기준 및 교육 내용에 대해 이해하고 있는가? – 교육과정 자율화에 대해 이해하고 있는가? – 교육과정 설계 방법에 대해 이해하고 있는가? – 교육과정 연구를 위한 전문적 학습공동체를 구성·운영하고 있는가?
3	학교의 지원	– 학년 및 학급 교육과정 편성·운영에 대해 자율성을 지원하고 있는가? – 학년 조직을 탄력적으로 구성하고 있는가?(중임, 연임 등) – 교원 행정업무 경감이 이루어지고 있는가?
4	학생 중심의 교육과정 설계	– 사회적 교류와 협력의 기회를 제공하는 설계인가? – 학생의 학습 주도권 및 선택권을 고려하였는가?

5	교육과정 설계의 체계성	– 주제, 내용, 활동에 학년 간 위계를 고려하였는가? – 발달 단계 및 학년 수준에 맞는 적절한 설계인가? – 학생 간의 수준차를 고려하였는가? – 교과 목표 및 국가성취기준을 반영하였는가? – 교과와 비교과 간 연계 및 통합을 고려하였는가? – 교과의 교과 내 수직적 통합과 교과 간 수평적 통 합, 교과와 창의적 체험활동의 유기적 통합이 이루 어지고 있는가?
6	교육과정 설계의 적절성	– 학력의 본질에 중점을 둔 교육과정 설계인가? – 정의적인 영역을 고려한 설계인가? – 교육과정 설계에 적합한 평가인가? – 학교 상황에 맞는 다양한 설계 방법을 구현하였 는가? – 진정한 배움이 일어나도록 배움 중심 수업을 지향 하는 설계인가? – 학생의 역량 계발에 중점을 둔 역량 기반 교육과정 인가?
7	창의적 교육을 위한 교육과정 재해석	– 문화예술 감수성, 독서, 토의·토론 등 창의적 교육 을 구현하기 위한 교육과정인가? – 체험 및 실천적 경험의 제공으로 삶과 연결된 교육 과정인가? – 교육과정 설계를 통한 참된 학력을 지향(비판적 사 고, 통찰력 등)하고 있는가?

4. 한눈에 살펴보는
학교교육과정 디자인 타임라인

	2월	3~6월(1학기 중)
학교 수준	□ 함께 성장하는 학교문화 조성 　• 전입교사와의 관계형성 □ 교육과정 워크숍 운영 　• 학교 비전 공유 　• 학교교육과정 수립 및 공유 □ 학습조직화 및 교원업무 정상화 　• 인사(학년 배정, 업무) 　• 전문적 학습공동체 조직 □ 학교교육과정 계획 대강화	□ 학교교육과정 설명회(3월) 　• 학교 비전, 교육활동 내용 소개 　• 학부모 의견 수렴 □ 학업성적관리위원회 조직 □ 학업성적관리규정 심의 □ 학년별 평가계획 심의(3월)
학년 수준	□ 커피와 함께하는 학년워크숍 □ 학년운영 비전 수립 Q: 교사로서 어떤 1년을 바라는가? Q: 학생들에게 어떤 성장을 기대하는가? Q: 학생은, 교사는 어떤 존재인가? Q: 학생을 성장시키는 수업은? □ 학년교육과정 수립 　• 학년교육과정 목표 설정 　• 학교특색교육과의 연계성 　• 학년 교과 성취기준 분석 　• 교육과정 설계 아이디어 협의 　• 체험학습 계획 　• 예산 및 인적·물적 자원 확인 　• 프로젝트학습, 독서토론 교육 계획 　• 평가 방향 수립 　• 교수평 일체화 계획 수립 　• 월별 주요 교육활동 주간일정 점검 □ 학부모 교육과정 설명회 준비 □ 학년 내 균형 있는 역할분담 　• 각종 위원회의 학년대표 조직 등	□ 학년교육과정 구현 □ 자율장학을 통한 수업 연구 　• 전학공을 통한 주제 탐구 　• 공동수업안을 통한 동료장학(수업 멘토링, 수업친구와 공동성장) 　• 배움중심수업 실행연구 　• 성장중심평가 □ 동학년 협의 　• 학년 생활규범 협의 　• 학년교육과정 풍성화 □ 학부모 다모임 / 학생 다모임

교 사 수 준	□ 학급교육과정 목표 수립 □ 교사별 수업 및 평가계획 대강화 □ 학급 담임교사 소개 안내장 작성 □ 3월 1주 주간학습안내 작성 □ 반별 연간 시간표 및 시수표 작성 □ 창의적 체험활동 편성 계획	□ 학급 학생 실태, 학부모 요구 분석 □ 학급교육과정, 수업, 평가 일체화 　운영 □ 주간학습계획 구체화 □ 회복적 생활교육, 학급긍정훈육 　구현 □ 자기장학(수업 성찰 및 교과 연구) □ 학생교육활동 결과 누적 관리 □ 학생 및 학부모 상담 활동

	7~8월	9~11월 (2학기 중)
학 교 수 준	□ 교육과정 성장 워크숍 • 수업 컨퍼런스 • 1학기 교육활동 평가 □ 교육과정 개선을 위한 대토론회 (학생, 학부모, 교직원 간)	□ 2학기 학교교육과정 설명회 • 학교 비전, 교육활동 내용 소개 • 학부모 의견 수렴
학 년 수 준	□ 1학기 학년교육과정 성찰 • 학교평가와 연계 • 학년별 사례 나눔 및 공유 □ 2학기 학년교육과정 계획 • 체험학습 수정 보완 • 교육과정 재구성(프로젝트, 독서 　교육 등 포함)	□ 학년교육과정 구현 □ 자율장학을 통한 수업 연구 • 전학공을 통한 주제 탐구 • 공동수업안을 통한 동료장학 • 배움중심수업 실행연구 • 성장중심평가 □ 동학년 협의 문화 활성화 • 학년 생활규범 협의 • 학년교육과정 풍성화 　－ 동학년 협의회 　－ 교사동아리 　－ 전문적 학습공동체 □ 학부모 다모임/학생 다모임
교 사 수 준	□ 1학기 학생 평가 결과 정리, 기록 • 생활기록부 수시 기록 점검 □ 학급교육과정 중간 평가 및 환류 • 1학기 학급교육과정 평가 • 2학기 학급교육과정 보완점 도출 □ 2학기 학급교육과정 및 수업설계 • 반별 수업시간표 점검	□ 학급 학생실태, 학부모 요구 분석 □ 학급교육과정, 수업, 평가 일체화 　운영 □ 주간학습계획 구체화 □ 회복적 생활교육, 학급긍정훈육 　구현 □ 자기장학(수업 성찰 및 교과 연구) □ 학생교육활동 결과 누적 관리 □ 학생 및 학부모 상담 활동

	12~1월
학교 수준	□ 교육과정 성찰 워크숍 • 2학기 수업 컨퍼런스 • 2학기 학교교육과정 평가 및 교육과정 만족도 조사 □ 교육과정 중심 교육공동체 대토론회(학생, 학부모, 교직원) □ 차기년도 교육과정 수립을 위한 학교교육과정 워크숍 • 더할 것, 뺄 것(PMI 토론 등) • 낯설게 보기(월드카페토론 등) • 학교특색 및 역점사업 등 차기년도 교육과정 중점 활동 제안 및 선택 • 학교교육과정 20% 증감 자율화 방안 • 전담교과 서정 및 시수 배정 협의 • 학년 배정 및 업무 난이도 매칭 협의 • 교사연구회 및 동아리 운영 방안
학교 수준	□ 학교교육과정 T/F팀 구성 □ 차기년도 학사일정 수립 • 수업일수, 급식일수 • 졸업식 등 주요 행사 일정 □ 차기년도 예산 편성 • 학년/부서별 예산요구서 제출 • 학교예산 내 역점 사업비 협의
학년 수준	□ 1년 학년교육과정 운영 되돌아보기 • 체험학습, 프로젝트학습, 독서토론교육 • 교육과정-수업-평가 기록 일체화 운영 결과 • 학생의 1년간 성장 모습 • 학생 지도, 회복적 생활교육 활동 • 영역별 학부모 만족도 □ 학년부장 중심으로 차기년도 학년교육과정 수립을 위한 사전 준비 • 더할 것, 뺄 것, 보충할 것 등 PMI 토론 • 토론을 통한 학년교육과정 문서 정리 □ 학생 성장 결과 및 누적 정보 다음 학년으로 이관 • 학년교육과정 및 수업, 평가 우수 사례의 문서화 • 상시평가원안지 등록 내부결재 • 당해연도 학년교육과정 탑재
교사 수준	□ 학생생활기록부 작성 및 정정 마감 □ 기초부진 학생의 현황 및 누적 자료 정리 □ 학생개인정보자료 삭제 □ 주간학습계획 구체화

● 예시 자료

교육과정, 교육공동체가 함께 만들다!

구분	항목	내용	방법	시기	대상	장소
1단계 학교철학 세우기 및 비전 공유	1	학년교육과정 평가 및 검토 PMI 토론	워크숍	12월 2주	학년 단위	각 연구실
	2	교육과정 중심 학교문화대토론회	토론	12월 2주	전 직원	다목적실
	3	학교철학 세우기 및 비전공유	워크숍	12월 2주	전 직원	다목적실
2단계 학교철학 구체화하기	4	전년도 교육 목표 중점 활동 구체화하기	워크숍	12월 4주	학년 단위	각 연구실
	5	교육활동 제안과 수정	워크숍	2월 2주	부장	다목적실
	6	학교교육철학에 맞게 학년교육과정 만들기 (학년별 목표 및 특색사업 수립)	학년 협의	2월 2~4주	학년	학년 단위 워크숍
3단계 학년 및 교과교육과정 재구성하기	7	학년교육과정 완성 학년 및 교과교육과정 재구성하기	학년 협의	2월 ~11월	학년	각 연구실
4단계 평가 및 개선 협의	8	교육과정 평가 및 개선을 위한 토론회	워크숍 및 설문	7월, 11월	전 직원	단위 워크숍
	9	대책 수립 및 결과 피드백	교직원 협의회	11월 4주	전 직원	도서관

주석

1. 화성시창의지성센터(2012). 화성시 창의지성교육과정 Framework 개발
   연구.
2. 교육부(2015). 2015교육과정 총론.
3. 경기도교육청(2016). 경기도교육과정 총론.

6장
교사교육과정 만들기

지식은 오직 학생들이나 교사들이 중요하다고 여기는 것과 연결될 때만이 의미를 가진다. 높은 수준의 지식은 상징적인 기준이나 동의할 만한 유명세가 아니라 우리가 살고 있는 사회를 우리가 어떻게 이해하고 행동할지를 알려 줄 수 있는 능력에 의해서 결정된다. 이 선구적인 학교들에서는 뚜렷한 변화가 나타나고 있는데, 그것은 대부분의 학교에서 사용하는 기계적이고 퇴행적인 표준 교육과정과는 전혀 다른 교육과정 및 평가를 만들어 낸 변화들이다.

　　이 학교들에서는 주제 중심의 교육과정에 대한 아이디어가 지배적으로 나타나고 있는데, 그 이유는 이 교육과정이 단순히 학생들이 기쁘게 해 주는 효과적인 접근법을 활용하기 때문이 아니라 이 접근법이 지식을 실생활의 문제들에 사용할 수 있도록 해 주기 때문이다.

_마이클 애플 & 제임스 빈, 『민주학교』에서

1. 교사 교육관과 비전 세우기

학교교육과정은 교실의 수업 속에서 구현될 때 비로소 생명력을 얻을 수 있다. 이와 같은 맥락에서 학급교육과정 역시 학교 철학과 교육과정의 원칙 속에서 일관된 방향으로 재구성되어야 한다. 또한 학생의 흥미와 요구에 부응하고 학생들의 교육적 성장이 올바로 발현될 수 있는 교육과정인지 성찰해 볼 필요가 있다.

우리네 교실은 각자의 고민과 성장을 품고 있다. 같은 학교 안에서도 1학년은 1학년만의 고민과 성장이 있을 것이며, 6학년은 6학년만의 고민과 성장이 있고, 같은 학년 안에서도 우리 학급만의 특수성이 존재할 것이다. 이에 따라 학교교육과정 속에 드러난 철학을 이해하고, 학년별 학생의 발달단계와 교육 내용, 학생들의 특징과 교사의 교육관, 철학을 담아 학급교육의 목표를 설정히여야 한다.

1부를 통해서 교사는 교과서가 아니라 교육과정을 이해하고 수업으로 풀어내야만 하는 현실을 마주할 수 있었다. 하지만 아직까지 많은 교실에서 '교과서'만을 가르치고 있다. 비록 교과서가 교육과정을 가장 표준적인 방법으로 구성한 예시 자료이기는 하지만, 학생들의 수준이나 흥미, 지역적 특성, 교사의 교육관 등은 반영되기 쉽지 않다. 따라서 교과서를 가르칠 경우, 학생의 앎의 과정이나 의미 해석과 관계없이 교육 내용은 외부에 객체로서 존재할 수밖에 없는 현실이다.

교육과정을 가르치는 것은 학생의 특성과 경험, 의미의 부여 등을 통하여 재구성한 교육 내용을 학습자 개개인의 경험과 의미 세계의 성장에 보다 적극적인 방식으로 활용하고자 하는 노력이다. 이를 위해 교사는 교육과정의 본질에 기반으로 하되 스스로 교육과정을 이해하고 풀어내어 자신의 교실과 학생들의 요구와 등과 맞닿을 수 있도록 기획하며 구체화시켜야 한다. 결국, 교사교육과정을 수립하고 실행할 수 있는 역량을 갖추어야 하는 것이다.

● 생각해 봅시다

합의와 성찰의 관점

현재 내가 맡은 학생들의 특성을 어떤가요?

현재 내가 맡은 학생들의 특성과 학교 환경을 고려할 때, 학년 발달 단계를 고려한 학년의 핵심 가치를 무엇으로 정하는 것이 좋을까요?

학년의 핵심 가치가 반영된 교육 목표를 무엇으로 설정하는 것이 좋을까요?

교육 목표를 실현하기에 적합한 교과활동, 중점 활동, 프로젝트 활동, 창의적 체험활동, 현장체험학습, 행사 등을 고민해 봅시다.

● 실습해 봅시다

학생 실태 및 학생 요구 분석

학생 실태	
학생 요구 분석	
기대 수준	

* 학생 실태와 요구 분석은 전년도 교육과정반성회를 통해 전년도 담임들이 미리 작성하는 것이 좋음

● 실습해 봅시다

학교의 비전 실현을 위한 학교의 주요 교육활동이 합의되었다면 학급의 교육 목표와 교육활동들을 수준에 맞게 녹여내고 재구성하여 봅시다.

학급	
학교교육 목표와 연계되고 학년별 발달단계를 고려한 학년별 핵심 가치	
핵심 가치가 반영된 학년별 주요 교육 목표	
구체적 실현 교육과정 (시기, 내용 등) -교과교육 -학년별 중점 활동 -학년 프로젝트 -창의적 체험활동 -체험학습 및 행사 등	

TIP
- 학교 학사일정과 작년 교육활동을 살펴본 후, 버려야 할 것과 발전시켜야 할 활동을 구분한다.
- "WHAT"에 대한 고민에서 "WHY"에 대한 고민으로 관점 바꾸기
- 실행 가능성에 대한 고민이 이어져야 한다.
- 가장 고려되어야 할 사항은 학년별 학생들의 발달단계이다. 교사는 경험적으로 발달단계를 고려하거나 발달단계에 관련된 이론을 참고하여 발달단계에 적합한 활동들을 고려해야 한다.

학급교육과정 수립 및 운영 원리 만들기

우리 학급은 교육과정을 수립하는 데 이러한 점을 고려한다.	· · · · · · · ·
우리의 아이들은 이럴 때에 더 잘 배운다.	· · · · · · · ·
우리 학급은 교육과정을 수립하고 원활히 운영하기 위해서 이러한 점을 고려한다.	· · · · · · · ·

2. 교사교육과정 디자인

현장에서 교사가 국가 수준교육과정의 기반 아래 자신이 가르칠 학생의 환경과 수준, 학교의 교육 비전, 교사의 교육관에 따라 교육과정을 만들어 가는 것을 교육과정 재구성이라는 용어로 통용하고 있다. 교사가 스스로 전문성에 기초하여 주어진 교육과정 목표를 효과적으로 달성하기 위해 교육계획 및 교과서를 재조직화, 수정, 보완, 통합하는 등의 활동을 교육과정 재구성으로 보는 것이다.[1] 하지만 본서에서는 주어진 것을 재구성하는 수준을 넘어서 교사 수준 교육과정을 디자인하는 것으로 접근하고자 한다.

국가 수준의 교육과정뿐 아니라, 학교교육과정을 이해하고 풀어낼 수 있는 해석, 숙고, 구성 능력을 강조하는 구성주의적 입장에서 학급교육과정을 계획하고 운영해야 하기 때문이다. 이러한 맥락에서 교육과정은 사전에 규정되고 처방되는 것이라기보다 가르치고 배우는 맥락에서 구성되어 가는 과정적 지식과 역량을 중요시한다. 교육 내용역시 보편적·절대적 지식이 아닌 가치 연관적이고 상대적 지식으로 보며, 모든 학습자가 똑같이 도달해야 하는 교육 목표로서의 모범답안을 알려 주는 고정된 교육과정이 아니라 탐구를 위한 소재로 이해되고 활용되는 교육과정을 지향한다.

학급교육과정을 디자인하는 과정에서 기존의 기계적인 절차와 방법은 지양해야 한다. 학생의 삶을 바탕으로 체험과 실천의 기회, 학습의 선택권이 제공되어야 하며 특정한 한 가지 방식으로 획일화되지 않고 학교와 지역사회 및 실정, 교사의 경험과 역량 등을 고려하여, 다양한 접근 방식으로 교육과정이 디자인되고 실행되어야 하는 것이다. 하지만 학습자의 관심을 충분히 반영하여 가르치되 기존의 교과에서 다루고자 했던 핵심적인 개념이나 원리를 경시하지는 않는다. 분절되어 있는 각 교과의 내용을 소홀히 여기는 것이 아니라 의미 있는 개인적·사회적 주체 혹은 문제의 맥락 속에서 다루게 되는 것이다.

● 읽을거리

교육과정 설계의 필요성

학생 중심 교육철학의 관점으로 보면 학생에 맞추는 교육과정 추구한다.

구성주의 관점으로 교사와 아동은 끊임없이 교육과정을 탐험하고 구성해 가는 능동적, 창조적 탐구자이다.

무엇을, 왜 가르치는가에 대한 사고의 전환이 필요하다.

학생 중심의 교육을 지향하는 현장 전문가로 전환이 필요하다.

학생의 삶과 연계된 통합적, 일상적 지식을 지향한다.

학생의 전인적 성장과 자아실현에 맞춘 교육이 필요하다.

교육과정 설계의 목적

교육과정 설계는 아동이나 인간보다 지식 그 자체나 교과서의 순서가 우선시됨으로써 인간이 수단화 되는 비인간화 현상을 극복하려는 학생 중심 교육 정신으로부터 출발하였다.

교육과정 설계는 그 자체가 목적이 아니라 바람직한 학생의 성장 발달을 위한 수단이다.

교육과정 설계를 위한 필요조건

배움에 대한 반성적 사고

교사의 창의적인 교육 기획력

동료 교사와의 전문적 학습 공동체 운영

교육과정 운영에 대한 성찰

교육과정 설계의 절차와 방법

김평국[2004]은 초등학교 교사들의 교과 내용 재구성 실태와 활성화 방안 연구에서 교사들의 재구성 유형을 소극적인 수준으로 전개 순서 변경, 내용 추가, 내용 생략, 내용 대체 등으로 범주화하였으며, 적극적인 재구성으로는 타 교과와의 통합을 들었다.[2]

- 교육 시기와 단원 순서의 변경
- 교육 내용의 추가 또는 축약
- 교육 내용의 대체(여러 텍스트로 교과서의 내용 대체하기)
- 내용을 줄이고 핵심 성취기준 중심으로 재구성하기
- 통합교육과정 운영(단원 간, 교과 간, 주제통합 등)

● 읽을거리

포카티Fogathy가 제안한 교육과정 통합의 방법 10가지[3]

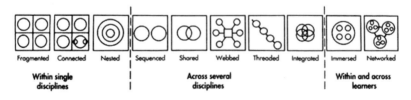

[그림 6-1] 포카티(Fogathy)의 교육과정 통합 10가지 모형

셀룰러형(Cellular)

잠망경처럼 하나의 방향이나 하나의 시각으로 교과를 보는 방법으로 단일 교과가 분리되고 구분된 상태로 가르치되, 교과 영역마다 같은 성취기준을 배우는 것과 같이 하나의 초점을 갖는다.

연결형(Connected)

오페라 안경처럼 각 교과 영역 간에 상세한 설명을 바탕으로 토픽, 개념 등의 세부 내용이 서로 내적으로 상호 연결된다. 예를 들어 교사는 분수 개념을 가르치면서 소수와 연관시키고 돈, 등급, 피자 나누기 등과 관련시키며 지도한다.

둥지형(Nested)

3차원 입체안경처럼 단일한 장면이나 토픽, 단원 안에 복합적인 차원이 존재한다. 예를 들어 교사는 과학의 광합성을 지도하면서 의사결정(사회적 기능), 계열성 이해(사고 기능), 식물의 생명(과학 내용) 등을 동시 목표로 삼고 설계한다.

계열성(Sequenced)

안경처럼 두 개 이상의 교과에서 관련된 교과 내용을 비슷한 시기에 가르친다. 예를 들어 영어 교사가 특정 시기에 역사 소설을 텍스트로 가르치고, 역사 교사는 동시대의 역사에 대해 가르친다.

공유형(Shared)

쌍안경처럼 공통적인 개념과 기능을 공유하는 두 개의 교과를 통합하는 방법이다. 예를 들어 수학과 과학 교사들이 두 교과에 공유된 개념으로 자료 수집, 표와 그래프 그리기 등의 활동을 한다.

거미줄형(Webbed)

하나의 주제 아래 여러 가지의 요소를 거미줄처럼 전체적인 재배열을 하여 조망하는 방법이다. 우리나라 주제 중심 통합의 대부분이 이 방법을 차용하여 사용하고 있다. 예를 들어 우리나라의 자랑거리라는 주제Topic을 중심으로 음식, 놀이, 국기, 꽃 등 다양하게 세분화하여 광범위한 조망도를 만든다.

실로꿴형(Threaded)

확대경처럼 몇몇 교과들을 특정 몇몇 기능이나 빅아이디어Big Idea를 중심으로 관통시켜 통합하는 방법으로 메타 교육과정적 접근이라고 불린다. 예를 들어 예측하기를 목표로 읽기, 수학, 과학 등에서 실로 꿴 듯 연결하여 지도하는 것이다. 이때 각 교과들은 모두 분리되어 있지만 관통하는 중심 기능이나 성취기준 등으로 순차적으로 연결시킨다.

통합형(Integrated)

만화경처럼 각 교과의 기본 요소를 사용하여 네 개 이상의 교과에서 새롭게 유형화하고 통합하여 설계하는 방법이다. 공유형보다 더 교과 통합의 규모가 큰 것으로 범교과적 접근cross-disciplinary에서 주로 나타난다.

몰입형(Immersed)

현미경처럼 모든 교과 내용이 학생의 개별 흥미와 능력에 따라 걸러지는 형태로 미시적인 탐색이 허용되는 학생 개인적인 관점에 의한 통합이다. 예를 들어, 대학원생은 자신의 전문적 관심에 따라 자신의 렌즈를 통해 모든 학습을 이해하고 조정한다.

네트워크형(Networked)

프리즘처럼 자신의 전문성 향상을 위하여 관심 분야를 다중적으로 접근하고 관점을 만들어 가는 통합으로, 몰입형에서 협력적인 집단 추론과 연구가 확장된다.

● 워크시트

교과 및 관련 단원	성취기준	수업 및 평가 계획

3. 교사교육과정 디자인 방식의 몇 가지 제안

교과 내 교육과정 재구성

● 읽을거리

교과서 차시 목표는 성취기준보다 단계가 세분화되어 있으며, 교과서 내용은 학습지 형태로 분절화되어 있기 때문에 지도하거나 학습해야 할 내용이 많다. 그래서 차시 목표보다 좀 더 크게 제시된 단원과 연결된 성취기준을 보고 단원의 전체 목표를 달성하기 위한 로드맵을 생각하면서 교육활동을 기획해야 한다.

핵심 성취기준은 기존 성취기준도 많아 교사의 수업 부담, 학생의 학습량 부담을 경감시켜 주고 좀 더 학습자 중심의 수업을 위해 선정된 것으로 재구성시 핵심 성취기준 중심으로 단원 내용을 재구성한다.

교육부2014[4]는 핵심 성취기준을 활용한 재구성 방향에 관하여 다음의 3가지 관점을 제안한 바 있다.

- 관점 1. 동일 차시 내 학습량은 줄이고 다양한 활동을 늘려 학습 부담을 경감
- 관점 2. 차시 증·감축을 통해 학생 참여 협력 중심의 학습 역량을 키우는 활동으로 구성
- 관점 3. 차시 감축을 통해 타 교과 또는 창의적 체험활동과 통합

관점 2의 방법으로 재구성한 교육부 예시

단원 개요

단원명	4-1-1. 이야기 속으로(읽기/문학)
단원 교육 목표	이야기를 읽고 이야기의 인물, 사건, 배경에 대하여 말할 수 있다.

단원 성취기준

▶ 문학

교육과정 내용	성취기준	핵심 성취기준	핵심 성취기준 선정 근거
1454. 작품 속 인물, 사건, 배경에 대해 설명한다.	1454-1. 작품에서 인물, 사건, 배경이 무엇을 의미하는지 이해한다.		1454는 작품 속 인물, 사건, 배경을 파악하도록 하는 내용으로, 두 개의 성취기준을 나눈다. 교육과정에서 의도하는 중핵적인 내용은 1454-2이며 1454-1은 1454-2를 지도할 때 자연스럽게 지도할 수 있으므로 1454-2를 핵심 성취기준으로 선정한다.
	1454-2. 인물, 사건, 배경을 중심으로 이야기를 이해할 수 있다.	∨	

▶ 읽기

교육과정 내용	성취기준	핵심 성취기준	핵심 성취기준 선정 근거
1426. 글에 대한 경험과 반응을 다른 사람과 나눈다.	1426-1. 글에 대한 경험과 반응을 공유하는 것의 중요성을 안다.		1426은 글에 대한 경험과 반응을 다른 사람과 공유하도록 하고 이를 생활화하도록 하는 학습 요소이다. 1426-2가 이러한 교육과정의 수준과 범위를 잘 반영하고 있고, "읽은 글에 대한 생각과 느낌을 타인과 공유하려는 태도를 지닌다"라는 학년군의 「읽기」영역 성취기준에도 잘 부합한다고 보아 이를 핵심 성취기준으로 선정한다. 한편 1426-1은 1426-2의 기능 수행을 위한 전제 조건으로서 1426-2의 달성을 위한 학습 과정에 포함된다.
	1426-2.글을 읽고 다른 사람과 생각이나 느낌을 적극적으로 주고 받는다.	∨	

단원 재구성

- 재구성 관점

항목	내용
관점 2	지식 중심의 학습은 차시를 감축하여 운영하고 학생 참여 협력 중심의 학습 역량을 키우는 활동은 차시를 증축하여 운영하되, 단원 전체 차시는 변동 없이 운영

- 핵심 성취기준 적용 전·후 교육 내용

기존 성취기준 적용		변화	핵심 성취기준 적용	
차시	교수·학습 개요		차시	교수·학습 개요
1~2	• 인물, 사건, 배경에 대하여 안다. -『고양이야, 미안해』 읽고 내용 파악하기 -이야기의 구성 요소 이해하기 -이야기 구성 요소를 바탕으로 내용 간추리기	→	1	• 인물, 사건, 배경에 대하여 안다. -『고양이야, 미안해』 읽고 이야기 수레바퀴 완성하기
3~4	• 인물의 성격을 파악하는 방법에 대하여 안다. -'흥부와 놀부'의 말과 행동에서 인물의 성격 찾는 방법 알기 -이야기에서 인물의 성격 토론하기 -인물의 성격이 달라졌을 경우 이야기가 어떻게 될지 상상하기	↗	2~3	• 인물의 성격을 파악하는 방법에 대하여 안다. - 역할 인터뷰 활동하기
5~6	• 인물의 성격을 생각하며 이야기를 읽고 느낀 점을 다른 사람과 나눈다. -인물의 성격을 중심으로 줄거리 간추리기 -인물의 성격을 생각하며 역할극 하기 -재미있거나 감동적인 부분 찾기	↗	4~5	• 이야기를 읽고 인물의 성격을 생각하며 다른 사람과 생각을 나눈다. - 가치 수직선 토론하기

6~7	• 인물, 사건, 배경을 중심으로 이야기의 내용을 이해하고 정리한다. – 인물망 만들기 – 이야기 줄거리 만화 컷 만들기
8~10	• 인물, 사건, 배경을 생각하며 이야기책 만들기 – 이야기책 만들기 – 이야기책 전시하기

7~8	• 인물의 성격을 생각하며 이야기의 내용을 정리한다. – 인물에게 일어난 사건이나 성격을 짐작할 수 있는 말과 행동으로 인물망 만들기 – 이야기 줄거리 쓰기
9~10	• 인물, 사건, 배경을 생각하며 이야기책 만들기 – 『요술 항아리』 이야기 읽기 – 이야기의 흐름과 인물의 성격 파악하기 – 이어질 내용 상상하기 – 이야기책 만들기 – 이야기책 전시하기

● 실습해 봅시다

□ 준비물: 성취기준표, 지도서, 교과서, 4절 도화지, 포스트잇, 칼라펜
□ 방법
- 학년별 전 교과 성취기준과 지도서, 교과서를 꼼꼼히 읽고, 교과 분석을 한다.
- 성취기준과 핵심 성취기준을 파악하고 이를 학년과 학급에 맞게 재구성한다.
- 다음 표를 4절 도화지에 그린다.

단원	교과서 내용	성취기준	핵심 성취기준	성취기준별 활동계획	차시	단원 재구성 계획
						평가 계획

- 단원, 교과서 내용. 성취기준 및 핵심 성취기준을 써넣는다.
- 동학년 교사가 함께 성취기준별로 할 수 있는 활동을 브레인스 토밍한다.
- 활동들을 정리하고 활동의 순서와 분량을 계획한다.
- 단원 재구성 내용을 정리하고 평가를 계획한다.

교과 간 교육과정 통합 재구성

● 실습해 봅시다

주제 중심 통합의 절차는 다음과 같다.
- 교과 내용 마인드맵(교과 내용 파악하기)
- 주제 선정하기(공통점 찾아 주제 정하기)
- 주제 교과 단원 구성표 작성(주제 활동 아이디어 구안)
- 주제 마인드맵 그리기(주제 활동 구안하기)
- 주제 활동별 관련 교과, 단원, 시수, 기록하기
- 주제 전체 평가 계획하기

교과 내용 마인드맵
□ 준비물: 성취기준표, 지도서, 교과서, A4 용지
□ 방법
- 성취기준표와 지도서, 교과서를 살피며 교과 분석하기
- 교과를 단원별로 내용 분석하여 마인드맵으로 나타내기
- 주요 키워드를 중심으로 분석하기
- 가능한 전 과목의 분석을 통해 내용 이해하기

주제 선정하기(교과 간 공통점을 찾아 주제 정하기)
- 교과별 공통점을 중심으로 주제 선정
- 학년별 발달단계를 고려한 핵심 가치 중심으로 주제 선정
- 체험학습 중심으로 주제 선정
- 학교 행사를 중심으로 주제 선정

- 학교 학년 교육 목표를 중심으로 학년별 위계를 고려한 주제 선정
- 핵심역량을 기반으로 주제 선정

주제별 관련 교과 단원 추출 및 주제별 교과 구성표 작성하기

주제명	과목	단원명	시수	주요 내용	재구성 활동 내용 아이디어
					총 시수

유의 사항
- 학생들의 학습 진단 후 기초학력과 부진 학생이 많은 학급의 경우, 국어와 수학 교과는 가능한 최소화하는 것이 좋다.
- 주제 전반에 걸친 관련 책을 선정하여 함께 운영하는 것도 내용의 질적 심화를 위해서 바람직하다.
- 차시 중심으로 재구성했을 경우, 단원 안에서의 학습이 단절될 경우가 많으므로 가능한 한 단원 중심으로 재구성하는 것이 좋다. 단, 단원 안에서의 차시 간에 내용의 구분이 확실할 경우엔 차시 중심으로 통합이 가능하다.
- 주제 관련 교과나 단원이 없을 경우 창의적 체험활동으로 시간을 확보한다.

주제 마인드맵 그리기(주제 활동 구안하기)

주제 전개 방법

1) 주제별 교과 구성표에 있는 주제 활동 아이디어 전개 순서 정하
   기(주제 도입 - 주제 활동 - 주제 마무리: 1, 2학년 방식)
2) 프로젝트형 주제 활동 전개(예 : 우리가 만드는 서정행주문화제)
3) 개념의 이해 → 내용의 탐구 → 배운 내용의 표현 또는 사회적
   실천
4) 관련 있는 것끼리 소주제로 묶어서 구성하기
5) 주제 전체 스토리를 구성하여 활동 연결하기

유의 사항

- 교과별 성취기준을 주제와 연결하여 구성함
- 시수는 지도서에 주어진 시수에 너무 얽매이지 말고 마지막에
  정함
- 단원 성취기준 중에서 가장 관련성 있는 내용만 연결해도 상관없
  고 시수는 적절히 부여 가능함
- 1, 2학년의 경우 통합 교과별 성취기준에 맞는 활동을 구안하고
  창체, 국어 등을 연결하여 주제를 재구성할 수도 있음
- 성취기준 중심으로 활동 아이디어를 구성해 본 뒤 교과서와 지도
  서를 참고하는 것이 아이디어 구안에 도움이 됨
- 학습자의 배움을 고려한 학습활동을 구안하되 활동에 너무 치우
  치지 않도록 함

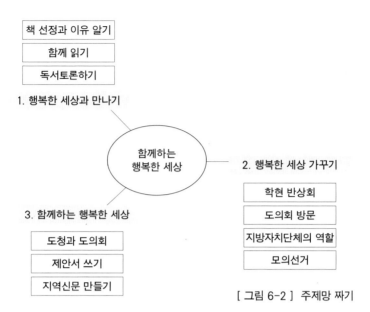

[그림 6-2] 주제망 짜기

주제 활동별 관련 교과, 단원, 시수 기록하기

주제명	교과	시수	단원	성취기준	재구성 이유

● 워크시트

주제 전체 평가 계획하기

활동 및 활동 내용	시수	학습 목표	관련 교과	평가계획

● 예시 자료

지도 시기	4월 1주 ~ 5월 2주
재구성의 취지	정치는 행복한 세상을 만드는 일이다. 사회 3단원은 정치와 민주주의를 학습하는 단원으로 일상적 삶의 정치 문제를 인식하고 이를 민주적으로 해결할 수 있는 실천적인 능력을 기른 후, 이를 기반으로 민주주의를 지역 수준에서 구현한 지방자치를 이해하도록 하고 있다. '함께 하는 행복 세상'은 사회과 3단원을 중심으로 배움이 앎으로 끝나지 않고 아이들 수준에서의 세상 속에서 실천해 봄으로써 교실 속에서의 앎이 삶 속으로 연결되도록 하는 데 중점을 둔다.
핵심 역량	의사소통 역량, 민주시민 역량, 자주적 행동 역량

단원 추출

과목	단원명	성취기준	핵심
사회 (16)	3. 민주주의와 주민 자치	사4101 주민 자치의 의미를 민주주의의 원리와 관련지어 설명하고 주민 자치의 필요성에 대해 말할 수 있다.	V
		사4102 우리 지역을 대표하는 자치단체의 종류를 조사하고 자치 단체의 역할과 의미에 대해 설명할 수 있다.	V
		사4103 우리 지역을 대표하는 사람들을 뽑는 선거 과정을 알아보고 이를 통해 대표자와 유권자의 역할과 중요성을 설명할 수 있다.	V
		사4104 지방정부와 지방의회의 역할을 비교하고 지방정부와 지방의회의 관계에 대해 설명할 수 있다.	
국어 (20)	1. 이야기 속으로	1454-1. 작품에서 인물, 사건, 배경이 무엇을 의미하는지 이해한다.	
		1454-2. 인물, 사건, 배경을 중심으로 이야기를 이해할 수 있다.	V
		1426-1. 글에 대한 경험과 반응을 공유하는 것의 중요성을 안다.	
		1426-2. 글을 읽고 다른 사람과 생각이나 느낌을 적극적으로 주고받는다.	V
		1417-1. 의사소통에서 반언어적 표현의 효과를 설명할 수 있다.	
		1417-2. 의사소통에서 비언어적 표현의 효과를 설명할 수 있다.	
		1417-3. 의사소통에서 반언어적·비언어적 표현을 활용할 수 있다.	V

국어 (20)	7. 의견과 근거	1434-1. 자신의 주변에서 일어난 일에 대하여 자신의 의견이 드러나는 글을 쓸 수 있다.	
		1434-2. 사실에 대해 이유를 들어 자신의 의견이 드러나는 글을 쓸 수 있다.	
		1434-3. 주변의 문제에 대하여 자신의 의견과 이유를 글로 쓸 수 있다.	V
		1432-1. 문단에서 중심 문장과 뒷받침 문장을 구별할 수 있다.	
		1432-2. 말하고자 하는 내용을 중심 문장으로 드러내어 한 문단을 쓸 수 있다.	
		1432-3. 중심 문장과 뒷받침 문장을 갖추어 말하고자 하는 내용을 문단으로 쓸 수 있다.	V
		1425-1. 의견을 제시한 글에서 주요 의견과 근거를 파악할 수 있다.	V
		1425-2. 의견을 제시한 글에서 의견의 타당성을 판단할 수 있다.	
미술 (4)	2. 이미지로	시각 이미지를 통해 느낌과 생각을 전달할 수 있음을 안다.	
	6. 다양한 표현	자신이 표현하고 싶은 주제를 자유롭게 표현할 수 있다.	
도덕 (4)	3. 더불어 나누는	도424. 이웃 간 예절의 중요성을 종합적으로 이해하고, 다양한 생활 장면에서 이웃 간에 일어나는 갈등을 해결하는 방법과 지켜야 할 예절을 찾아 구체적으로 실천할 수 있다.	V
창체 (2)	자율활동	교통안전	
	자율활동	주제중심수업	
총 시수		46시간	

주제망

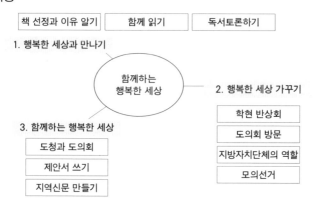

| 책 선정과 이유 알기 | 함께 읽기 | 독서토론하기 |

1. 행복한 세상과 만나기

함께하는
행복한 세상

2. 행복한 세상 가꾸기

| 학현 반상회 |
| 도의회 방문 |
| 지방자치단체의 역할 |
| 모의선거 |

3. 함께하는 행복한 세상

| 도청과 도의회 |
| 제안서 쓰기 |
| 지역신문 만들기 |

교수학습 지도 계획

소주제	통합 활동	차 시	활동 내용	비고	관련 교과
	주제 열기	1	• 주제학습 마인드맵 하기 • 주제활동 안내하기 • 책 선정의 이유 알기	온책 읽기	국어
행복한 세상과 만나기	함께 읽기	2	• 글을 읽고 인물, 사건, 배경에 대하여 안다.	『트레버』 온책 읽기 지도	국어
		3			국어
		4	• 인물의 말이나 행동을 생각하며 책 읽기		국어
		5			국어
		6	• 인물의 성격을 생각하며 이야기를 읽 고 느낀 점을 다른 사람과 나누기		국어
		7			국어
		8	• 인물의 성격을 생각하며 이야기 내 용을 정리하기 • 이야기책 만들기		국어
		9			국어
	독서 토론 하기	10	• 책을 읽고 인물의 행동에 대하여 토 의하고 아름다운 세상을 위해 내가 실천할 수 있는 일 알아보기		국어
		11	• 지필평가		국어
행복한 세상 가꾸기	학현 반상회	12	• 의견과 근거가 무엇인지 알아보기 〈구 술평가〉 • 우리 지역에서 일어나는 문제를 찾 아서 자신의 의견과 근거를 들어 글 을 쓰고 발표하기		국어
		13			사회
		14	• 학현 반상회를 열어서 해결 방법 찾 기 • 의견이 드러나는 글의 특징에 대해 알아보기 • 학현 반상회에서 나온 결과를 의견 이 드러나는 글로 나타내기		사회
		15			도덕
		16			국어
		17			국어
		18	• 주민 자치에서 주민 참여의 중요성 알아보기 • 토론한 결과를 바탕으로 제안하는 글을 쓰고 발표하기		사회
		19			국어
		20			국어

행복한 세상 가꾸기	모의 선거	21	• 선거의 필요성과 선거 과정 알아보기 • 대표를 뽑을 때 고려하여야 할 기준과 선거 원칙을 알아보기		사회
		22	• 지역 주민과 대표의 역할 알아보기		사회
		23	• 모의 선거하기 - 후보자가 되어 홍보·벽보 만들기		사회
		24	- 선거 연설문 작성하기		사회
		25	- 후보자 연설과 연설문 듣고 공약 파악하기		미술
		26	- 투표하기		미술
	도의회 방문 하기	27	• 도의회 견학하기 - 도의회의 구성과 하는 일에 대하여 알아보기		사회
		28			사회
		29	- 도의회에서 지역을 위해 하는 일 알아보기		국어
		30	• 수원 화성 견학하기 - 경기도의 문화재인 수원 화성 알아보기		국어
		31			도덕
		32	- 민속놀이 체험하기 • 교통안전 규칙을 알고 실천하기		창체
	모의 지방 의회	33	• 모의 지방 의회를 열어 우리 지역에 필요한 조례 만들기		사회
		34			도덕
	지방 자치 단체 역할	35	• 지방 정부에서 하는 일 알아보기		사회
		36			사회
함께 하는 행복한 세상	도청과 도의회 제안서 쓰기	37	• 지방 정부와 지방 의회의 관계 알아보기		사회
		38			사회
		39	• 지방자치단체에 바라는 일을 제안하기		사회
		40	• 토의한 것을 바탕으로 지방자치단체에 제안서 쓰기 • 〈수행평가〉		국어
	지역 신문 만들기	41	• 지역신문 만들기 - 우리 지역의 여러 문제점을 취재하기, 취재한 것을 모둠 친구들과 논의하고 기사로 작성하기		국어
		42			도덕
		43	- 우리 지역의 자랑거리 취재하기, 취재한 것을 기사로 작성하기		미술
		44	- 지역 신문을 완성하고 돌려서 읽기		미술
	평가	45	• 지필평가		사회
	주제 닫기	46	• 주제 닫기/성찰일지 쓰기		창체
			*경기 학현초등학교 교육과정 재구성 사례		

백워드 설계

타일러Tyler에 의해 체계화된 기존의 교육과정 설계는 교사들이 학생들을 가르칠 때 교육 목표를 먼저 수립하고 학습 내용 및 방법을 선정한 후 끝으로 평가계획을 수립한다. 선형적으로 진행됨에 따라 평가는 수업 중에 학생들의 얼마나 내용을 이해하였는지를 확인하는 과정으로 수업 후 이루어지는 것으로 인식해 왔다.

그러나 최근 교육자들은 학교교육이 단편적인 정보나 사실을 무조건적으로 암기하고 재생하는 방식으로 학생을 가르치고 평가함으로써 학생의 삶과 괴리되고 있음을 비판하여 왔다. 평가는 교육과정, 수업, 평가 일체화에서 가장 괴리가 많이 발생하는 영역이기도 하다. 평가를 통한 경쟁에 익숙해져 있는 한국 사회에서는 매우 중요하면서늘 쟁점이 되는 문제이기도 하다.

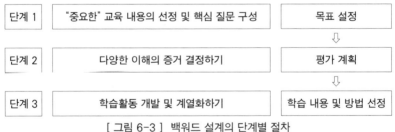

[그림 6-3] 백워드 설계의 단계별 절차

● 읽을거리

백워드 설계backward design란?

백워드 설계는 위긴스와 맥타이어Wiggins & McTighe가 제안한 이해 중심 교육과정understanding by design의 설계 방식으로[5] 교과 내 재구성, 교과 간 재구성 등 모든 방식으로 응용이 가능하다. '이해'란 학습자가 새로운 지식을 기존 지식과 관련지어 파악하여 일반화된 지식이나 원리를 다른 맥락과 상황 속에서 적용하여 문제를 해결할 수 있는 상태를 의미한다. 따라서 먼저 1단계에서 가르쳐야 할 중요한 교육 내용을 핵심 개념, 기능, 일반화된 지식으로 추출하고, 학습 내용과 방법을 선정하기에 앞서 2단계에서 이해의 증거로 수집해야 할 것이 무엇인지 수행평가 과제를 개발한다.[6] 백워드 설계에서 평가계획은 이해의 큰 그림을 제공하며 핵심 내용과 수업활동의 연결 고리 역할을 한다.

　백워드 설계는 최근 핵심 질문 개발[7], 교과 통합의 가능성 등이 꾸준히 연구되고 있으며, 역량 기반 교육과정의 실제적 설계 방식으로도 주목받고 있다.[8] 그러나 백워드 설계는 교사들이 일정 수준의 교육과정 전문성을 갖추어야 적용할 수 있다는 제한점을 갖고 있다. 또한 학자에 따라서는 이해중심 교육과정이 브루너의 학문중심 교육과정과는 이론적 배경이 동일하다고 볼 수 있으나 총체적인 성격을 갖는 역량과는 그 이론적 기반에 차이가 있음을 지적하며[9] 역량 등 학교현장에 적합한 백워드 설계 모형에 관한 연구들을 제안하고 있다.

● 예시 자료

　백워드 설계 단계에 따라 5학년 과학과 교육과정 설계 과정을 소개한다. 핵심 질문은 포괄적 핵심 질문, 소재적 핵심 질문 등으로 엄격하게 구분하기도 하나 여기에서는 학교현장에서 교사뿐 아니라 학생도 질문을 활용하기 용이하도록 설정하였다.

1단계: 바라는 결과 확인(목표 설정)

1단계 주요 용어

지식은 일반화 수준에 따라 사실, 개념, 일반화된 지식으로 구분할 수 있다.

- 핵심 개념: 사실, 개념들 간의 관계를 나타내는 개념
- 핵심 기능: 일반적인 사고기능과 교과 고유의 탐구과정과 기능
- 일반화된 지식: 개념들의 관계를 명제화한 진술문
- 핵심 질문: 학생들이 개념에 도달하도록 탐구 질문의 형태로 제시된 길잡이

▶온도와 열 단원 내용 분석

성취기준
• 과6011. 차가운 것과 따뜻한 것을 구분하고, 온도계를 사용하여 온도를 측정할 수 있다. • 과6012. 물체나 장소의 온도는 시간이 지남에 따라 달라질 수 있음을 설명할 수 있다. • 핵과6013. 온도가 다른 두 물체가 접촉할 때 열은 온도가 높은 곳에서 낮은 곳으로 이동하며 시간이 지나면 두 물체의 온도가 같아짐을 설명할 수 있다. • 핵과6014. 주위에서 온도가 변하는 물체를 관찰하여 열이 이동하는 예를 설명할 수 있다.

핵심 개념(big idea)	핵심 기능(essential skill)
• 온도 • 고체에서의 전도 • 액체나 기체에서의 대류 • 단열	• 생활 속에서 온도를 어림하거나 측정하는 사례, 단열 사용의 예 조사하기 • 접촉한 두 물체의 온도 변화 관찰하기 • 액체나 기체의 대류 현상 관찰하기 • 실험 결과를 바탕으로 의사소통하기
일반화된 지식(understanding)	핵심 질문(essential question)
• 온도가 다른 물체가 접촉하면 온도가 같아진다. • 물질의 종류에 따라 열의 이동 빠르기는 달라진다.	• 온도가 다른 물체가 접촉하면 어떤 변화가 생길까? • 물질에서 열은 어떻게 이동할까? • 물질에서 열은 어떻게 보존될까?

2단계: 수용 가능한 증거 결정(평가계획)

2단계 주요 용어

성공적인 수행과제 개발을 위한 GRASPS 요소란?

G(Goal: 목적) 학생들이 수행과제에서 가야 할 과제의 방향

R(Role: 역할) 학생들이 요청받은 실제적인 역할

A(Audience: 청중) 과제를 수행할 구체적인 대상 혹은 관중

S(Situation: 상황) 실생활 맥락에서 학생들이 처한 상황

P(Product: 결과물) 학생들이 수행 결과로 만들어 내야 하는 형식

S(Standard: 기준) 결과물이 갖추어야 할 세부 요건

온도와 열 간이 보온병 제작 수행과제 시나리오

최근 바이러스로 인근 ○○병원 어린이병동이 북새통이라고 해요. ○○병원에 입원한 해당 어린이들이 내일 수술을 할 예정이에요. 어린이들은 수술 후 밥도 못 먹고 미음만 먹어야 한대요(Situation: 상황). 아픈 어린이들이 수술을 받고 먹을 수 있도록 미음을 만들어 주고 싶은데 어떻게 하면 미음이 식지 않게 전해 줄 수 있을까요?(Goal: 목적)

여러분은 보온병회사의 제품개발팀원이 되어(Role: 역할) 팀별로 아이디어 협의를 한 후 열을 잘 보존할 수 있는 간이 보온병을 제작해 봅시다(Product: 결과물). 협의를 통해 작성한 설계안을 발표하고 제작한 후에는 실제로 따뜻한 미음을 넣어 온도 유지가 잘 되는지 실험을 통해 보온 성능, 사용의 편리성 등의 심사를 통과해야 해요(Standard: 기준).

핵심 개념(big idea)	핵심 기능(essential skill)
G(Goal: 목적)	어린이병동 환우들에게 따뜻한 마음 전하기
R(Role: 역할)	○○○ 보온병회사 제품 개발팀
A(Audience: 청중)	○○○초 어린이심사위원단
S(Situation: 상황)	선생님이 수술한 조카에게 따뜻한 마음을 전하려고 함
P(Product: 결과물)	마음 온도를 잘 보존하는 간이 보온병 제작
S(Standard: 기준)	보온병 성능: 1시간가량 온도 보존성, 보온병 디자인: 실제 사용의 용이성 고려 팀별 아이디어 협의를 통한 협력, 발표, 설계, 제작

GRASPS 수행과제 개발 요소 체크

이해의 6가지 측면: 만약 학생들이 이해했다면 어떤 모습을 보일까?[10]

설명할 수 있다: 일반화나 원리를 사용하여 현상, 사실, 자료의 관계를 설명, 정의, 적절한 예나 일화를 찾는 것

해석할 수 있다: 적절한 해석을 하고 의미를 찾아 이야기하는 것

적용할 수 있다: 자신이 알고 있는 것을 복잡한 실제 맥락에서 효과적으로 사용하거나 보여 주는 것

관점을 가진다: 비판적인 관점을 갖고 보거나 듣는 것

공감 한다: 낯선 것에서 가치를 발견하는 것, 이전의 경험에 비추어 반응하는 것

자기 지식을 가진다: 자신의 방식, 편견, 계획, 사고 습관을 깨닫고 전략을 사용하여 학습하는 것

수행과제의 타당도를 높이기 위하여 과제의 채점기준(루브릭 등)을 개발한다.

[예시] 5학년 1학기 1단원. 온도와 열의 수행과제 루브릭 개발

요소	성취 수준			
	매우 잘함	잘함	보통	노력요함
창의적 설계와 협력 태도 (50점)	열의 이동과 단열의 원리를 응용하여 창의적으로 설계안을 협력적으로 잘 작성하고 설명함(50)	열의 이동과 단열의 원리를 이용한 아이디어를 협의하고 설계안을 작성하여 발표함(40)	열의 이동과 단열의 원리를 이용한 설계안을 작성하였으나 협력적 토의가 부족함(30)	보온병 설계 그림을 완성했으나 완성도가 약하고 아이디어에 차별성이 적음(20)
보온 성능도 (30점)	검증을 위한 실험이 정확하며 제작한 보온병의 보온 성능이 3도 차 이하로 현저히 높음(30)	검증을 위한 실험을 잘하고 제작한 보온병의 보온 성능이 7도 차 이하로 높은 편임(25)	검증을 위한 실험 절차가 준수되었으며 보온병의 보온 성능이 10도 차 이하임(20)	검증을 위한 실험 절차가 서툴고 보온병의 보온 성능이 11도 이상 차이가 남(15)
디자인 (20점)	보온병의 디자인이 실제 사용하기에 적합하고 감성적인 아이디어가 돋보임(20)	보온병의 디자인의 실용성과 감성적인 미적 감각을 표현함(15)	보온병의 디자인의 실용성, 미적예술성 중 1가지가 드러남(10)	보온병의 디자인이 실용성과 미적 예술성 모두 적절하지 않음(5)

〈그 밖의 이해의 증거〉

토의 활동 모습과 수행 결과물을 관찰하여 기준의 적절성, 성실성, 협력성 등을 파악하여 이해의 증거를 확인한다.

학생들은 자기평가를 통해 주요 지식과 개념, 기능, 태도를 가지고 있는지 점검 및 평가해 보고 자신의 학습에 반영하도록 한다.

3단계: 수업 활동 선정 및 계열화

3단계 주요 용어

학습 경험과 수업 계획을 잘 세우기 위해 고려할 WHERETO 요소란?

W	학생이 스스로 무엇을(What) 왜(Why), 어떤(Where) 수행을 통해 배울 것인가?
H	어떻게 학생을 사로잡아(Hook) 학습 내용을 그들의 경험과 흥미, 관심과 연결시킬 것인가?
E1	성취기준에 도달하고 목표를 달성하기 위해 어떻게 학생을 준비(Equip)시킬 것인가?
R	어떻게 학생이 학습을 다시 생각해(Rethink) 보게 하고, 지속적인 수정(Revision)과 정교화(Refinement)하도록 할 것인가?
E2	어떻게 학생의 자기평가(Evaluation)와 반성을 증진시키는가?
T	교수학습활동에서 다양한 학습 준비도, 학습 유형, 흥미도를 가진 학생들에게 어떻게 맞춤형(Tailor) 수업을 제공하는가?
O	학생의 참여를 최대화하고 효과적인 학습이 이루어지도록 어떤 순서로 조직(Organized)해야 하는가?

차시	수업 형태	학습 경험과 수업 계획	W	H	E	R	E	T	O
1	과학 놀이	태양계 구성원 카드를 활용한 재미있는 빙고놀이, 연극놀이로 흥미와 호기심을 유발하고, 선지식을 확인한다.	∨	∨					
2~3	토의 토론	수행과제 1을 제시하고 아이디어 토의, 팀 세우기, 중간 아이디어 발표회, 부스별 협의를 한다.	∨					∨	
4~5	발견 탐구	태양계 행성의 크기, 행성까지의 거리를 비교해 보고 팀별 간이 전시물을 제작한다.			∨				
6~7		별자리의 개념과 종류, 북극성 찾는 방법에 대해 알아보고 직접 별자리 실습해 본다.			∨				
8~9	문제 해결 프로 젝트	스텔라리움을 활용하여 내가 좋아하는 행성과 별자리 찾아보고 팀별 중간 평가를 한다.				∨	∨	∨	
10		팀별 의견을 바탕으로 태양계 모형 부스를 제작 보완한다.				∨	∨		∨
11	마무리	큐레이터 활동을 성찰해 보고 글을 쓴다.				∨	∨		

KDB를 활용한 백워드 설계

백워드 설계는 교과 내, 교과 간 교육과정 설계 시 모두 적용 가능하다. 드레이크Drake는 백워드 설계 방식을 활용하여 자신만의 교육과정 통합 모형을 우산umbrella의 형태로 제안하였다. KDB 우산은 학생들이 알아야 할 지식Knowledge, 할 수 있어야 할 기능Skill, 학생들에게 바라는 기대상Be를 우산의 형태로 나타낸다. 우리가 실제 사용하는 우산의 생김새를 보면 중심에서 우산의 살을 기준으로 방사형으로 이루어져 있다. 이처럼 교육과정 설계에서 우산의 이미지는 주제를 중심으로 지식, 기능, 태도의 기준들이 일관성 있게 연결되어 펼쳐져 있음을 강조하게 된다.

[그림 6-4]는 1학년 통합교과 '학교'의 성취기준과 내용을 Drake의 KDB 우산을 활용하여 조망한 그림이다. 이 조망도에서 볼 수 있는 것처럼 우리가 무심코 가르치는 내용을 분석해 보면, 교과나 학년을 관통하고 있는 일반화된 지식이 자리 잡고 있음을 확인할 수 있다.

학교 단원을 가르칠 경우, 1학년 교사들은 흔히 우측통행, 실내정숙, 분리수거 등의 학교규칙을 일방적으로 안내하고 숙달시키기 쉽다. 그러나 많은 교사들이 왜 이러한 규칙을 지켜야 하는지, 왜 학교가 여러 장소로 나누어졌는지 생각할 겨를을 주지 않는다. 학생들이 스스로 생각하고 질문하고 궁리하는 학습하기를 원한다면, 교사는 근본적인 물음에 질문하도록 도와야 한다. 이 점에서 백워드 설계는 핵심 개념, 핵심 기능, 일반화된 지식에 이어 핵심 질문을 개발함으로써 교사가 근본적인 질문을 고민하도록 하고, 궁극적으로 학생들이 배움에 질문을 갖고 탐구하도록 만든다.

백워드 설계에 익숙해진 교사는 내용 분석을 통해 교과서를 과감히 버리고 가르칠 내용을 적정화하여 설계하는 데 자신감을 느낄 수 있다. 그러나 교육과정을 설계할 때 교과나 사회보다 학생에 더 초점을 맞추고 애쓰는 교사들은 실제 이 방식을 사용할 것인지를 선택함에서 선호의 차이가 있을 수 있다. 백워드 설계 방식을 적용한 사례는 7장에서 자세히 살펴볼 수 있다.

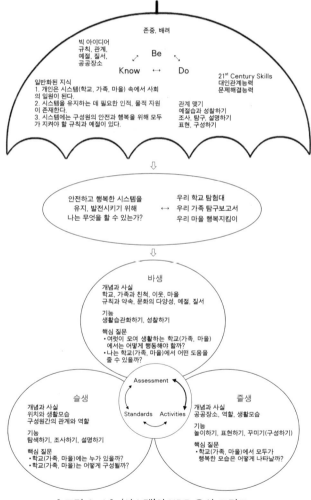

[그림 6-4] '시스템'의 KDB 우산 조망도

학교행사 및 창의적 체험활동과 연계한 디자인

현장체험학습과 연계된 교육과정 설계

교사가 교육과정을 분석하고 설계해야 하는 필수적인 일은 현장체험학습과 연계한 교육과정 설계이다. 현장체험학습과 연계한 교육과정 설계는 어떻게 구성 될 수 있을까? 다음은 5학년 국어 교과에서 기행문 쓰기를 중심으로 교과 간 교육과정을 재구성한 사례이다. 기행문 쓰기는 단원 전후 직접 여행이나 체험을 통해 실제 자신이 보고 듣고 느낀 것을 메모해 보는 것이 좋다. 이를 위해 교육과정 계획 단계에서 재구성하고 기행문 쓰기 평가로 이어가도록 하는 것이 필요하다. 특히 교사는 학생들이 처해 있는 가정환경이 각자 다르다는 점을 고려하여, 교실 내 모든 아이들이 실제적인 경험을 통해 견문과 감상을 이해할 수 있도록 배려할 필요가 있다.

적절한 현장체험학습을 기획하여 교육과정에 반영할 경우 학생들은 체험을 한 후 기행문 쓰기로 연결되는 학습 경험을 통해 견문과 감상의 의미를 더 명확히 이해할 수 있다. 또 실제 수행 과정에서 메모하는 방법을 익힐 수 있다. 학생들은 수행과제를 해결하는 과정에서 기행문을 쓸 때 왜 견문과 감상이 드러나게 써야 하는지 배움의 동기를 더 잘 이해하게 된다.

● 예시 자료

자랑스러운 우리나라 문화예술여행

[5학년 2학기 국어, 미술/창의적 체험활동]

교육과정 목표(성취기준) 확인
국어 1635-1 견문과 감상이 잘 드러나는 글의 특성을 설명할 수 있다. 국어 1635-2 견문, 감상을 중심으로 내용을 정리할 수 있다. 국어 1635-3 읽는 이를 고려하여 견문, 감상이 잘 드러나는 글을 쓸 수 있다. 미술 주제의 특징과 느낌을 살려 표현할 수 있다. 미술 주제에 적합한 표현 방법을 구사하여 수묵 담채화를 표현할 수 있다. 미술 작품을 감상하며 수묵 담채화의 표현 방법과 표현 효과를 설명할 수 있다.

수업 계획	평가 계획
① 기행문의 특성 이해하기 ② 문장의 성분에 맞게 기행문 쓰기 ③ 수묵담채화 특성과 표현 방법 알기 ④ 수묵담채화 표현하기	수행: 견문과 감상이 드러나는 기행문 쓰기 수행: 주제에 적합하게 수묵담채화 표현하기

교과 및 관련 단원	성취기준	수업 및 평가 계획
국어 1. 견문과 감상을 나타내어요	1635-1 견문과 감상이 잘 드러나는 글의 특성을 설명할 수 있다. 1635-2 견문, 감상을 중심으로 내용을 정리할 수 있다.	〈1~2차시〉 프로젝트 계획하기 '자랑스러운 우리 문화예술' 여행 속으로 들어가기
		〈3~4차시〉 견문과 감상이 드러나는 글의 특성 알기 – 견문의 의미 알고 글에서 찾아 특징 말하기 – 감상의 의미 알고 글에서 찾아 특징 말하기
창체 문화예술 체험을 떠나요 미술 5. 전통문화와 다문화	체험학습에 안전하게 참여하면서 지켜야 할 규칙과 예절을 알고 실천한다. 수묵담채화의 특징과 표현 방법을 알고 설명할 수 있다.	현장체험학습 남산한옥마을, 드로인쇼 관람
		〈5차시〉 안전하게 문화기행하기 – 안전한 체험을 위한 수칙 이야기하기 – 전시물 관람 및 공연 예절 상기하기
		〈6-7차시〉 견문과 감상 메모하며 체험하기 – 남산한옥마을 가옥 구조 살펴보기 – 한옥에 담긴 조상들의 슬기 찾아보기
		〈8~9차시〉 다양한 표현 방법 알아보기 – 빛 드로잉, 야광 드로잉, 마블링 표현 감사하기 – 수묵담채화, 스피드 드로잉 표현 감사하기
		〈10차시〉 문화기행 소감 나누기 – 현장체험학습을 마치며 느낌 나누기
미술 5. 전통문화와 다문화	주제에 적합한 표현 방법을 구사하여 수묵담채화를 표현할 수 있다. 작품을 감상하며 수묵 담채화의 표현 방법과 표현 효과를 설명할 수 있다.	〈11~12차시〉 수묵담채화 특성 이해하기 – 수묵담채화의 특성 탐색하기 – 수묵담채화의 재료와 표현 방법 익히기
		〈13~14차시〉 수묵담채화 표현하기 – 수묵 담채화로 표현하기 – 수묵 담채화 작품 감상하기
국어 1. 견문과 감상을 나타내어요	1635-3 읽는 이를 고려하여 견문, 감상이 잘 드러나는 글을 쓸 수 있다.	〈15~16차시〉 기행문 쓰기 – 견문과 감상이 드러나는 글쓰기
		〈17~18차시〉 고쳐 쓰기 – 문장의 성분을 생각하며 기행문 고쳐 쓰기
		〈19차시〉 프로젝트 마무리하기 – 내가 생각하는 '자랑스러운 우리 문화예술' – 프로젝트를 마무리하며 느낌과 학습 결과 나누기

봉사기반학습에 따른 교육과정 디자인

현재 학교에서 진행되고 있는 봉사활동은 교과 외 활동인 창의적 체험활동 안에서 형식적인 봉사에 그치기 쉽다. 창의적 체험활동 중 봉사활동은 학생들의 사회적인 실천 경험을 높이고 봉사활동을 생활화할 수 있는 좋은 의도를 갖고 있으나 정작 학교현장에서는 아직까지 교육과정 내에서 이러한 사회적인 문제에 관심을 갖고 봉사활동을 프로그램화한 사례가 일반화되지 못하는 경우가 많다.

경기도에서는 창의지성교육을 통한 창의적인 민주시민 육성을 목적에 두고 주창된 방법론으로 '사회적 실천'을 지향하고 있으며, 이는 미국에서 교육과정 설계 방식으로 통용되는 봉사기반학습과 같은 맥락으로 바라볼 수 있다.

본서에서 소개하는 설계 사례는 2004년 농어촌 학교에서 실행한 교육과정으로 6학년 국어 2단원 정보와 해석의 면담하기 활동이 주요 교육과정 내용을 이루며, 학생들이 실제 마을회관에서 마을 어른들을 만나 봉사하는 시간 편성은 창의적 체험활동으로 확보하였다. 이러한 프로젝트 활동을 통해서 학생들은 그들이 살고 있는 지역사회의 고령화 문제 및 노인에 관한 관심 갖게 되었으며, 지역사회 봉사학습 CSL:Community Service Learning에 참여하며 지역의 문제에 관심을 갖게 된다. 아울러 다양한 방면에서 앎과 삶이 일치되고 민주시민의식을 고양시킬 수 있게 된다.

● 예시 자료

지역사회 봉사학습(CSL; Community Service Learning)이란?

지역사회 봉사학습은 1960년대 후반부터 주목받기 시작한 개념으로 듀이Dewey를 비롯한 진보주의 교육학자들의 주장을 바탕으로 한 경험 교육의 한 형태로서, 지역사회에서 실제적으로 이루어지는 '봉사service'와 '학습learning'의 유기적인 통합을 지향한다.[11] 지역사회 봉사학습은 일반적인 봉사활동과 공통적인 특징을 보이면서도 교육적 의도를 추구하는 정도에 따라 뚜렷한 차이를 보이기도 한다. 스프링Spring 외2008는 봉사활동과 봉사학습의 차이점을 다음과 같이 구분하고 있다.[12]

〈표 6-1〉 봉사활동과 봉사학습 비교

봉사활동(community service)	봉사학습(service-learning)
• 학교 정규 교육과정과 무관함 • 학교에 의해 활동을 인정받음 • 의무적 혹은 자발적으로 함 • 학교 또는 다른 기관에 의해 정해짐 • 명확한 학습 목표, 활동에 대한 반성 또는 비판적 분석이 포함되지 않음	• 교과 수업 및 교육과정과 연계됨 • 분명한 학습 목표가 설정됨 • 지역사회의 요구를 명시함 • 학생들은 정해진 일정에 따라 수업의 형태로 봉사활동에 참여하게 됨 • 토론, 발표, 글쓰기 등 활동에 대한 반성 또는 비판적 분석이 이루어 짐.

봉사학습의 주요 요소로는 봉사자와 봉사 수혜자 간의 상호 호혜성 reciprocity, 봉사활동 전 과정에 걸친 반성적 성찰reflection, 그리고 교육과정과의 연계 등을 꼽을 수 있다.[13]

먼저, 봉사학습의 관점에서 봉사자 역시 교육적 성장의 효과를 얻음에 따라 봉사자인 학생과 봉사 수혜자는 동등한 관계에 놓이게 된다. 봉사학습은 공동체의 구성원인 봉사자와 봉사 수혜자가 지역사회

공동체를 형성하기 위해 상호 존중과 책임을 전제로 함께 노력하는 과정으로 볼 수 있다.

두 번째로, 단순한 활동에서 그치는 것이 아니라 봉사활동 계획 수립에서부터 활동 후 평가에 이르기까지 전 과정에 걸쳐 반성적 성찰 reflection이 지속된다는 점에서 일반적인 의미의 봉사활동과 차이를 둔다. 여기서 반성적 성찰이란 학생 스스로 봉사활동의 경험을 자신의 가치관과 교과 학습에 비추어 생각하는 것을 뜻한다.

세 번째로, 봉사학습은 교육과정과 연계되어 학생의 의사소통 능력과 문제해결 능력을 신장시킨다. 학습 내용이 학생들의 실제 삶과 연계되면서 학생들의 이해의 폭과 교육과정의 적합성이 높아진다.

● 토론해 봅시다

학생들의 프로젝트 학습은 어떻게 평가되어야 할까?

봉사기반학습에서 학생들의 성장은 단순히 시험지로 평가될 수 없다. 교육과정이 디자인되면 교실 속 수업은 정형화된 틀을 벗고 자연스럽게 전개된다. 자연스러운 수업은 이미 교사가 의도한 방향으로만 흐르는 것이 아니라 학생들과의 교육과정 협상을 통해서 구체적인 주제와 방법이 결정된다. 따라서 이때 평가는 수업 속에서 학생들이 주어진 문제를 해결해 가는 과정을 평가하는 수행평가가 중심에 선다.

학생들의 평가는 다음과 같은 형태로 이루어질 수 있다. 첫째, 프로젝트 평가회에서 학생 간 상호 평가를 통해 팀 내 서로 부족했던 점과 잘한 점을 나누고 상호 평가하는 시간을 가질 수 있다. 둘째, 배움 성찰 일기를 통한 자기평가를 통해 자신의 활동을 정리하고 반성한다. 셋째, 각 활동을 주제를 정해 포트폴리오의 형태로 계획, 활동모습, 활동 내용 등으로 정리하고, 프로젝트 평가회에서 평가의 자료로 삼거나 홍보의 자료로 삼을 수도 있다. 넷째, 전시회를 통해 전교생에게 평가받고 홍보하는 시간으로도 활용한다. 다섯째, 교사나 전문 멘토의 눈을 통해 관찰평가 될 수 있다. 이때는 관찰할 기준과 행동을 분류하여 기술한 체크리스트나 평가 척도 등을 이용한다.

지역사회 봉사학습과 같은 프로젝트에서 학생은 어떻게 성장 가능할까?

봉사기반학습은 기본적인 프로젝트학습처럼 협력, 토론, 성과 공유 등의 경험을 통해 의사소통, 문제해결 역량을 높여 준다. 교사는 학생들이 사회에 관한 질문을 풍부하게 해 보고 문제의식을 가질 수 있는 기회와 동기를 제공한다. 그리고 그들이 문제를 해결하는 데 필요한 시간, 자금, 경험, 장소 등의 제반 여건을 준비한다. 준비는 사전에 이루어지기도 하지만 즉각적으로 요청되기도 하므로 사제동행이 이루어져야 소기의 성과를 가져올 수 있다.

예를 들어 학생들은 바자회를 통해 수익금을 벌고 독거노인을 도울 수도 있으며, 학교 내 집단 따돌림 문제를 파악하고 문제를 해결하기 위한 캠페인을 실천할 수도 있다. 마을 어른을 위한 초청학예회를 개최할 수도 있을 것이다.

보다 의미 있는 지역사회 봉사학습을 위해 교사는 프로젝트 실행 후 실행 결과를 전시나 공연 등으로 공유하는 것 외에도 반드시 학생들이 각자 자신의 경험을 반성하고 서로의 성장을 축하하고 다른 사람과 경험을 공유하는 기회를 갖도록 교육과정을 디자인할 필요가 있다.

● 예시 자료

'마을 어르신 자서전 쓰기' CSL 프로젝트

관련 역량 및 성취기준

협력적 문제해결 역량	마을과 학교를 둘러싼 사회문제(노인 고령화 문제 등)에 관심을 갖고 봉사와 연계된 협력적 문제해결 방안을 고안하여 실천해 본다.
의사소통 역량	마을 어른들의 감정을 이해하며 경청하고 면담을 통한 사회적 상호작용을 통하여 다른 세대가 지나온 역사와 삶에 관심을 갖는다.
민주시민 역량	농촌지역의 인구의 고령화 문제, 평균 수명 연장에 따른 노인의 복지 문제에 관한 사회적 이슈에 관심을 갖고 그러한 사회 문제에 책무성을 인식하고 스스로 노력할 수 있는 봉사활동을 찾아 역량을 발휘하여 본다.

통합 단원 목표 및 관련 교과, 시수

교과	성취기준 및 단원 목표
국어	국1612-1 면담의 절차와 방법을 설명할 수 있다. [핵]국1612-2 면담 목적을 고려하여 효과적으로 면담할 수 있다.
	국1614-1 토의의 절차와 방법을 설명할 수 있다. 국1614-2 토의에서 참여자의 역할을 적절히 수행할 수 있다. [핵]국1614-3 일상생활의 문제를 해결하기 위한 토의에 능동적으로 참여할 수 있다.
도덕	• 배려와 봉사의 중요성 알기, 배려와 나눔의 봉사활동 실천하기 • 사랑·인·자비의 의미와 중요성 알기 • 사랑·인·자비의 실천 사례와 나의 생활 반성 및 개선하기 • 성인의 가르침을 실천하기 위한 방법들과 실천하기 위해 노력하는 자세 갖기

통합과정 재구성을 통한 통합단원의 내용 기반

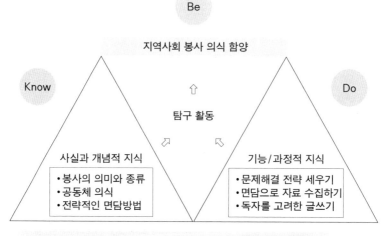

- 공동체 의식 속에서 인간은 서로 존중하며 봉사와 협동을 실천한다. ── 영속적 이해
- 의사소통의 목적, 상황, 매체에 따라 적절한 전략과 방법을 사용한다. (일반화)

통합 단원 목표 및 관련 교과, 시수

통합 단원 목표	관련 교과 및 단원	
농어촌의 노인문제를 이해하고 마을 어르신들의 자서전 쓰기 봉사 활동을 기획할 수 있다. 마을 어르신들과의 면담 질문지를 작성하여 면담하고 알게 된 내용을 바탕으로 마을 어르신의 자서전을 쓸 수 있다.	국어 4. 면담하기(6차시) 　　　3. 마음을 표현하는 글(2차시)	
	도덕 5. 배려하고 봉사하는 우리(2차시) 　　　7. 크고 아름다운 사랑(4차시)	
	창의적 체험활동(봉사활동, 4차시)	
	총 시수	18차시

차시별 학습 계획

차시	주요 학습활동 계획	교과	준비물
1-6	• 성인의 가르침에서 우리가 할 일 인식하기 – 사랑, 인, 자비의 이야기를 읽고 세 가지 마음의 의미와 중요성 알기 – 사랑, 인, 자비의 실천 사례를 찾아보기 – 나의 생활 성찰하기 • 봉사의 필요성과 실천 사례 알아보기 – 우리 고장(농어촌)의 여러 가지 문제점 중 노인 문제에 관심 갖고 우리가 할 수 있는 일 생각해 보기 – 마을 어르신 자서전 쓰기 활동이 주는 이점 찾아보기 　1) 어르신의 삶의 지혜(사랑, 인, 자비의 세월)를 알 수 있다. 　2) 노인 문제(노인 복지 결여, 독거노인 증가)에 도움이 되는 사회적 봉사활동이 될 수 있다. 　3) 어르신의 말씀을 경청하고 면담활동을 하는 과정 속에서 사회적 의사소통 능력을 키울 수 있다 등	도덕 4 국어 2	지혜가 담긴 성인의 이야기 도서
7-11	• 마을 어르신 자서전 쓰기 프로젝트 기획하기 – 자서전 쓰기 봉사프로젝트를 성공하기 위한 계획 세우기 – 자서전 쓰기를 위한 면담 기술 익히기 – 면담 질문지 만들기 – 마을 어르신을 만났을 때 우리의 자세 토의해 보기 – 마을 어르신께 드릴 이벤트 토의하기 　예 1) 음식 만들어 가지고 가기 　　2) 노래나 리코더 연주 연습해서 공연하기 　　3) 마을 회관 청소해 드리기 　　4) 무릎, 어깨 주물러 드리기 등 – 마을 어르신께 면담 요청 드리기(마을 회장, 학부모회와의 상의 드리기)	도덕 1 창체 2 국어 2	토의 학습지 면담 질문지
12-15	• 마을회관에서 마을 어르신 찾아뵙기 – 마을회관 공연하기 　1) 리코더, 핸드벨 합주하기 　2) 춤과 노래 공연하기 – 마을 어르신과의 면담하기 　1) 어르신이 살아온 일생 이야기 듣고 메모하기 　2) 더 궁금한 것 여쭈어 보기	국어 2 창체 2	리코더, 핸드벨 면담 활동지
16-18	• 마을 어르신 자서전 글쓰기 프로젝트 실천하기 – 마을 어르신 1:1 자서전 글쓰기 – 초고 쓰고 선생님과 친구들에게 들려주기 – 세부 평가 내용 듣고 다시 고쳐 쓰기 – 마을 어른들께 자서전 포장하여 선물하기 • 프로젝트 반성 및 봉사활동 내면화하기 – 프로젝트 활동사진 전시회 – 보고 인상 깊었던 기억 다시 떠올리기 – 프로젝트 평가 및 반성 – 노인문제 봉사활동 내면화, 자기 글쓰기 – 프로젝트 성공 격려하고 축하하기	국어 2 도덕 1	자서전 책 만들기

수업 실천 후 학생의 성장과 변화는…

이 프로젝트 학습을 통해 학생들은 국어 면담하기 활동을 실제 경험해 보면서 마을 어른들의 삶을 이해하고자 노력했다. 학생들은 자신들이 조사한 면담 내용을 바탕으로 어르신들께 자서전을 써 드리는 봉사활동을 하였다. 지역사회 봉사기반학습에 참여한 학생들이 절차적 지식으로 면담의 절차를 암기하는 것에 그치는 것이 아니라 실제 면담이 필요한 자신의 삶 속에서 자신이 속한 사회의 문제를 수행과제로 해결했던 것이다. 그 결과 자신이 속한 사회의 문제점을 깊이 있게 생각하고 자신의 주변을 되돌아보는 태도를 갖게 되었음을 확인할 수 있었다.

주석

1. 성열관·이민정(2009). 교육과정 일치도 및 콘텐츠 맵의 유용성과 비판적 활용 방안. 교육과정연구. 27(3), 63-82.
2. 김평국(2004). 초등학교 교사들의 교과 내용 재구성 실태와 그 활성화 방안. 교육과정연구, 22(2), 135-161.
3. Fogarty, R.(1991). Ten Ways to Integrate Curriculum. Educational Leadership. 49(2). 61-65.
4. 교육부(2014). 핵심성취기준 활용 제고를 위한 전국 시·도교육청 초등학교 강사요원 연수 자료집.
5. 김경자·온정덕(2014). 이해중심 교육과정: 백워드 설계. 서울: 교육아카데미.
6. Wiggins, G & McTighe, J.(2005). Understanding by design. (2nd Ed.) Upper Saddle River, New Jersey: Pearson Education, Inc.
7. Wiggins, G & McTighe, J.(2013). Essential questions: Opening doors to student understanding. Alexandria, Virginia: ASCD.
8. 김경자·온정덕·이경진(2017). 역량 함양을 위한 교육과정 설계: 이해를 위한 수업. 서울: 교육아카데미.
9. 한혜정·이주연(2017). 학문중심 교육과정 및 이해중심 교육과정과의 비교를 통한 역량기반 교육과정 이해, 교육과정연구, 35(3), 203-221.
10. Wiggins & McTighe(1998, 2005)의 내용을 김경자·온정덕(2011)에서 발췌하였음.
11. Billig, S. H.(2000). Research on K-12 school-based service-learning: The evidence builds. *Phi Delta Kappan, 81,* 658-664.
12. Spring, K., Grimm, R., & Dietz, N.(2008). *Community service and service learning in America's schools.* Washington D.C. : Corporation for National Community Service.
13. Wade, R, C.(1997). Community Service-Learning in a Democracy:

An introduction. In Rahima C. Wade. (ed.) *Community Service Learning: A guide to including service in the public school curriculum.* (pp.1-34). New York press.

7장

수업으로
학교교육과정 완성하기

교육자는 다음 두 가지를 반드시 살펴야 할 책임이 있다. 첫째는 그 문제들이 지금까지 가졌던 경험의 여건에서 나오고 있으며 학생의 능력 범위 내에 있는가 하는 점이며, 둘째는 그것이 학습자들로 하여금 학습 내용이나 새로운 아이디어에 대한 적극적인 탐구를 일으키게 하는가 하는 점이다.

수업은 학습자가 이미 지니고 있는 경험의 테두리 내에서 시작되어야 한다. 즉 성장 과정을 통하여 발달된 능력과 경험이 이후의 모든 학습을 위한 출발점을 마련해 준다. 이는 새로운 학교교육의 가장 중요한 지침이다.

_존 듀이, 『경험과 교육』에서

공감토크

햇살 교사 지금부터 동료장학 수업협의회를 시작하겠습니다. 각자 수업성찰문을 작성해 보셨나요? 이번 동료장학을 경험하면서 어떤 생각이 드셨나요?

새싹 교사 저는 올해 생전 처음 공동수업안이라는 것을 만들고 공동수업 연구라는 것을 해 봤는데요. 새롭고 기분 좋은 경험이었던 거 같아요. 처음에는 무엇을 가르쳐야 할지 왜 가르쳐야 할지 이런 걸 같이 고민하는 게 생소했어요. 하지만 같이 교육과정을 짜고 우리가 개발한 단원에서 공동수업안 차시를 선정하고 활동 아이디어를 고민하면서 동료가 있어서 참 좋다는 생각이 들었어요. 무엇보다 과정이 값진 경험이었어요.

구름 교사 과거에 했던 동료장학에서는 서로 수업을 안 보는 게 미덕이라고 생각했어요. 어차피 수업 결과를 보고 서로 잘잘못을 말하느라 상처를 받곤 하잖아요. 앞에서 지적받는 것도 기분 나쁘고 뒤에서 내 수업에 대해 이야기 나오는 것도 기분 나쁘니까 서로 조심하는 거죠. 그런데 처음부터 교육과정과 수업을 같이 이야기하니까 우리가 모두 이 수업에 책임을 나누어 지고 있다는 생각이 들었어요.

바람 교사 맞아요. 저는 수업장학이라는 말만 나오면 관리자에게 보여 주는 수업 같아 생각만 해도 부정적인 느낌이 들곤 했어요. 그런데 이렇게 동료 간에 서로 수업을 연구하는 경험을 해 보니 마음이 편안해지고 평가받는다는 생각보다는 내가 교육실천가로서 전문적인 존재라는 느낌이 들더라고요.

햇살 교사 동학년 단위의 전문적 학습공동체와 동료장학이 잘 연계되는 게 이번 성공의 열쇠였던 거 같네요.

열정 교사 저는 이번에 학생들을 고려하는 것이 얼마나 중요한지 깨달았어요. 그동안 방학에도 쉬지 않고 단원 재구성을 해 와도 정작 학생들을 만나면 내 의도대로 안 될 때가 많았어요. 그럼 괜히 학습 수준이 떨어진다는 등 학생들 평계만 댔던 거 같아요. 지금 생각해 보니 시작부터 틀렸어요. 교육과정을 만들 때 내 의도만 생각했지 학생들이 어떤 경험을 원하는지, 어떤 학습 방식을 선호하는지 등은 고려해 보지 않았던 거 같아요.

구름 교사 맞아요. 우리가 이렇게 교육과정을 만들고 수업을 고민하는 것도 모두 학생들을 위한 것인데, 학생을 배제하는 경우가 많았어요. 때로는 내 열정에 취해서 내가 만든 수업 계획에 아이들을 끼워 맞추려고 한 적도 있었어요.

열정 교사 우리는 교실 속에서 아이들과 함께 성장하며 살아가는 사람들이잖아요. 학교 안에서뿐만 아니라 학급 안에서도 교사 간 또는 교사와 학생 간에 최적의 의사결정을 나누는 모습은 어떻게 이루어질까요?

1. 공동수업안의 변신으로
교사 역량 강화하기

교사가 구현하는 교육과정은 흔히 '만들어 가는' 교육과정이라는 수식어를 갖는다. 이는 교육과정이 교사의 의해 적극적으로 해석될 수 있기 때문이다. 교사에 의해 해석되는 교육과정은 교사의 경험과 전문성 등에 따라 그 의미의 수준이 달라진다. 이는 교육과정이 국가에 의해 교사에게 주어지고 고정된 것이 아니라, 교육공동체가 집단지성을 발휘하여 함께 만들어 가고 각각의 교실에서 그 가치가 구현될 수 있다는 점을 뜻한다.

협력은 학습자의 배움 속에서뿐만 아니라 교사가 교육과정을 편성하고 운영하는 전 과정에서 긍정적인 작용을 한다. 그래서 교사들은 참여와 협력을 기반으로 교육과정을 함께 개발하고 최적의 수업과 평가 방안을 함께 모색하면서 교육과정과 수업 그리고 학생의 성장을 이루는 평가와의 일체화를 도모할 수 있다.

교사들의 공동연구와 공동실천의 활성화는 교육과정에 더욱 생명력을 불어넣는다. 공동수업안은 동학년 단위의 교사들이 함께 만들어 가는 단원 또는 차시 수업안을 일컫는 것으로 공동으로 교육과정을 설계한 후 교육과정을 실제 실행하는 과정에서 교사들의 역량을 강화시키는 좋은 대안으로 자리 잡고 있다. 공동수업안을 통한 공동연구와 공동실천의 흐름은 학교 내 자율장학의 변화로 이어지고 있다. 학교현장에서는 다음 세 가지 방법이 주로 활용되고 있다.

하나의 차시 수업안 개발, 거듭된 수업 공개로 발전시키기

첫 번째 방법은 하나의 공동수업안을 계속 발전시키는 방법이다. 한 차시의 수업안을 동 학년의 A, B, C교사가 공동으로 개발하고, A교사가 먼저 수업을 한다. 이때 A교사는 세 교사 중 멘토 교사로서의 역할을 수행할 수 있는 경력 교사가 맡는 것이 좋다. A교사가 먼저 수업을 실행하면 다른 동학년 교사는 A교사의 요청에 따라 수업을 관찰하거나 분석한다. 수업 성찰 후 수정한 수업안을 B교사가 수업하고 다시 수정하여 C교사가 수업하며 차시 수업안을 계속 발전시켜 가는 방법이다.

[그림 7-1] 차시 수준의 공동수업안 발전 모델

이 방법은 교사의 집단지성을 통하여 같은 차시 수업을 최상으로 발전시킬 수 있다는 장점과 더불어 학급 내 학생의 세부적인 특성과 문화에 따라 같은 수업이 달라지는 모습을 교사들이 관찰할 수 있는 좋은 계기를 만들어 줄 수 있다. 그러나 이 방법은 같은 차시를 며칠 또는 일주일의 간격을 두고 다른 반에서 수업이 전개되어야 하므로 학급별 교육과정 차시 편차를 조정하는 데 어려움이 있을 수 있다.

또 학년 규모가 네다섯 학급으로 큰 경우에는 한 차시 수업을 개발하고 거듭된 수업 공개와 공동연구 및 공동 성찰로 수업을 발전시키는 데 지루한 분위기가 연출될 수 있다. 이 밖에도 교사의 관심이나 성향이 다양하고 상이한 집단인 경우, 수업의 주제나 방법 선택 면에서 의욕을 느끼지 못하는 교사가 발생할 가능성이 높아진다.

동학년에서 둘 또는 세 명의 교사끼리 그룹을 지어 공동수업안 나누기

이 방식은 첫 번째 공동수업의 단점을 보완한 유형이라고 볼 수 있다. 예를 들어 6개 학급 규모의 학년일 경우, 세 명씩 그룹을 나누어 공동수업안을 계획한다. 한 그룹은 수학을 연구 교과로 정하고 공동수업안을 만들고 수업 후 성찰을 통해 수정한 수업안을 다시 적용하며 발전시킨다. 또 한 그룹은 국어를 연구 교과로 정하고 공동수업안을 설계하고 수업으로 실행하며 발전시킨다. 이 방식은 학년 구성원이 가질 수 있는 다양한 수업 교과, 주제, 방법 선택의 자율성이 일부 주어진다. 따라서 학년의 교사들이 전문적 학습공동체를 이루어 함께 연구할 때는 어떤 방식이 우리 공동체에 적합할지 논의하고 공동의 보람과 성취를 느낄 수 있는 유형을 선정하는 것이 바람직할 것이다.

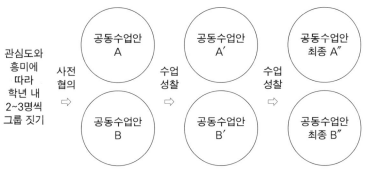

[그림 7-2] 차시 수준의 공동수업안 발전 모델

단원 내 일련의 차시 수업을 공개하여 교육과정 이해하기

세 번째 방법은 한 단원을 공동으로 개발한 후 단원의 몇몇 차시를 각각 순차적으로 보여 주는 방법이다. 이 방법은 동학년 교사들이 대표적인 차시 수업을 공개함으로써 공동으로 설계한 단원의 의도와 목표 도달을 함께 확인하고 공동교육과정 실행의 완성도를 높일 수 있다는 장점이 있다.

예를 들어 동 학년 교사들이 전문적 학습공동체를 이루고 10차시의 단원 수준의 공동교육과정을 개발하고 난 후 대표적인 차시로 2, 5, 8차시 수업안을 각각 개발하여 순차적으로 수업을 공개하고 함께 공동연구를 실천하는 방법이다. 이 방법은 교육과정을 공동 개발한 동학년 교사들이 함께 개발한 교육과정의 흐름을 살펴볼 수 있다.

〈표 7-3〉단원 수준 교육과정 내 공동수업안 발전 모델

단원 수준의 공동교육과정 개발									
1 차시	2 차시	3-4 차시	5 차시	6 차시	7 차시	8 차시	9-10 차시	11 차시	12 차시

⇩

사전 수업 협의

1차 동료장학	A교사 수업 공개 (2/12 차시)

⇩

A교사 수업 성찰 및 B교사 수업 협의

2차 동료장학	B교사 수업 공개 (5/12 차시)

⇩

B교사 수업 성찰 및 C교사 수업 협의

3차 동료장학	C교사 수업 공개 (8/12 차시)

⇩

단원 수준의 공동교육과정 실천 결과 공유 및 수업 컨퍼런스 협의

이는 함께 공동으로 개발한 프로젝트의 완성도를 높이기 위한 협의로 연결될 수 있으며, 수업 적용 결과를 함께 나눔으로써 교육과정을 발전시킬 수 있다. 예를 들어 다음 해에 같은 프로젝트를 실시할 경우, 더 나은 텍스트를 선택하거나 차시 순서를 조정하여 학습 계열성의 효과를 높일 수 있다.

● 토론해 봅시다

1. 수업을 설계한다는 말을 일반적으로 사용하나 최근에는 수업을 개발한다는 말도 사용되고 있다. 수업 설계와 수업 개발은 어떤 차이가 있는가?

   개발이라는 용어는 주로 국가 수준의 교육과정 개발과 같이 교육 목표나 바라는 인간상부터 그 고민의 출발을 갖고 있을 때 사용한다. 설계는 이보다는 좀 더 협소하고 국소적인 개념으로 교육 프로그램과 같이 이미 설정된 목표와 절차에 따라 구체적인 활동을 만들어 낼 때 주로 사용한다.

   과거의 수업은 이미 국가 수준에서 개발된 교육 내용이나 성취기준에 따라 구체적인 활동에 초점을 맞추고 있기 때문에 설계라는 용어가 적합했다. 그러나 최근에는 교사들이 전문적 학습 공동체 속에서 역량을 쌓고 수업을 통해 의도한 교육 목표나 학생 상과 같은 출발선부터 고민한다는 의미로 수업 개발이라는 용어도 종종 사용되고 있다.

2. 공동수업안을 활용한 수업 연구를 할 때 동학년 전문적 학습공동체를 이루는 것이 바람직한가?

공동수업안 문화는 전문적 학습공동체와 뗄 수 없는 연관성을 지닌다. 하그리브스와 오코너Hargreaves & O'Connor[1]는 교사의 전문성과 관련지어 '전문적 협력'을 이야기하며 로티Lortie[2]의 교사 연구를 다시 조명하고 있다. 로티는 교사를 질적 연구한 결과 교사의 교직문화를 개인주의, 현재주의, 보수주의 세 가지로 설명하고 있다.

학교현장에서 활발하게 적용되고 있는 전문적 학습공동체의 문화는 이와 같은 교사의 개인적인 성향, 현재에 집중하거나 만족하는 성향, 변화의 요구에 예민하지 무관심하거나 냉소적인 성향을 바꿈으로써 교사의 전문성을 향상시키기 위한 노력이라고 볼 수 있다. 그 구체적인 방법에 공동수업안이 대안이 될 수 있을 것이다.

교과별로 전문적 학습공동체를 구성하는 것도 좋다. 그러나 동학년 단위가 더 결속력이 강한 초등학교의 경우에는 동학년 단위의 전문적 학습공동체 구성이 공동수업연구에 더 용이할 수 있다.

3. 학생뿐만 아니라 교사들이 수업을 바라보는 관점이 개인의 경험과 흥미 등에 따라 상이하게 다름에도 불구하고 공동수업안이 자율장학의 유의미한 대안으로 주목받는 이유는 무엇인가?

이혁규[2017]와 이혁규 외[2017][3]는 더불어 성장하는 성찰적 실천가의 수업 전문성을 수업 설계 능력, 수업 실행 능력, 수업 성찰 능력, 수업 소통 능력의 네 가지로 나누고 하위 요소로 11가지를 제시하였다.

〈표 7-4〉 성찰적 실천가인 교사의 수업 전문성

구분	세부 항목
수업 설계 능력	• 교과 내용에 대한 이해 • 교육과정에 대한 이해 • 일반적 교수 방법에 대한 이해
수업 실행 능력	• 수업 관리 능력 • 교수 내용 지식 • 학습자 이해
수업 성찰 능력	• 실천의 기록과 관리 • 양적 수업 관찰과 질적 비평 능력 • 자기 성장의 기획과 실행
수업 소통 능력	• 수업 공유에 대한 개방적 자세 • 수업 대화 및 컨설팅 능력

일본에서 시작한 배움의 공동체가 우리나라 교사들에게 주목을 받았듯이, 최근 미국에서는 일본의 협력적 수업 연구인 'Lesson Study'에 관한 연구들이 주목을 받고 있다. 이러한 흐름들은 모두 교육을 바꾸는 교사의 전문성을 수업의 설계 외에도 수업 실행과 성찰 그리고 소통과 같은 미세하고 정교한 작업을 통해 이행되고 있다. 과거의 자율장학이 교사 각자의 성장 문화였다면, 공동수업안을 포함한 자율장학의 패러다임 변화는 수업 전문성의 개념이 공동 성장 문화에 기반을 두고 있기 때문이라고 볼 수 있다.

한국 교사들은 미국과 일본 등 최신 외국의 교육 방법을 배우려는 의욕이 강하다. 그러나 이러한 의욕은 장점이자 단점일 수 있다. 한국형 수업은 우리가 함께 협력하는 과정에서 만들어진다.

● 워크시트

수업 후 성찰문 양식

학년 및 교과		날짜		수업자	
배움 주제					
	동료 교사와 함께 고민을 나누며 교사의 내면 돌보기				
이번 수업 실천 과정에서 의미 있게 생각되는 부분은?					
이번 수업 실천 과정에서 어려웠던 부분은?					
이를 극복하기 위해 앞으로 도전하고 싶은 과제는?					

2. 학생의 삶으로 교육과정과 수업 디자인하기

수업 전, 교사의 눈으로 보는 학생의 삶

교사는 학생들에게 배움이 일어나도록 지속적으로 교육과정과 수업을 개선한다. 그리고 학생들의 경험을 확장하고 성장하도록 돕기 위해 평가 방법에서의 전문성을 발휘하고 새로운 도전을 추구한다. 이 과정에서 교사는 국가 수준의 교과별 성취기준을 기초로 학습자에게 제공할 최상의 학습 경험을 선정하고 계열화하여 단원 또는 차시 수업을 계획한다.

먼저 학생들의 학습준비도, 흥미, 선호도가 어디에 있는지를 파악하여 학생에게 맞춤형으로 교육 내용을 세분화한다. 이를 파악하기 위해 교과별 진단평가 결과를 살펴볼 수 있다. 그 밖에도 교사는 간단한 질문지나 학생과의 대화를 통해 학생의 학습 프로파일, 학습 선호 양식, 사고 선호 양식, 다중지능, 문화적 차이 등을 확인해 볼 수 있다. 이 모든 행위의 중심에는 학생이 있어야 한다. 수업은 학습하기 전의 학생의 삶과 학습 후 학생의 삶을 연결해 준다.

개별 학생의 배움을 돕는 교육과정 접근은 교실 학습 환경의 측면과 수업 설계 전략의 측면에서 이루어질 수 있다. 교실 학습 환경의 측면에서는 학습센터, 집단편성 등의 방법을 들 수 있다.

학습센터는 학습자의 수준이나 흥미에 따라 배움을 발전시킬 수 있도록 교실의 환경을 다양화하는 방안으로 이는 교육과정과 수업, 평가의 실제 장면에서 다양하게 적용될 수 있다. 예를 들어, 미리 제출한 산출물을 공개하고 전시하는 코너, 더 궁금한 것을 찾아볼 수 있게 하는 도서 코너, 미니 토의학습이나 러그미팅을 통해 협력을 다양화할 수 있는 코너 등을 마련하여 실제 수업 중 다양한 형태의 학습을 유도할 수 있다.

학습자들은 학습의 속도나 관심의 수준이 다양하다. 융통성 있는 집단 편성의 아이디어는 좋은 수업 디자인을 가능하게 해 준다. 가끔 교사들은 4~6명의 모둠 책상 배치를 고정화하려는 경향이 있다. 그러나 학습자들의 집단 편성을 6명의 모둠 속에서도 다시 2명 또는 3명씩 나누어지거나 다시 합쳐지면서 서로의 생각을 나누고 발전시킬 수 있는 기회를 만들어 줄 필요가 있다. 과제에 따라서 어떤 학생들은 혼자 학습하는 방법을 선택할 수도 있어야 한다.

교육과정 설계에서 내용을 재구성하는 것 외에도 이와 같이 학생들의 배움의 형태가 다양하게 선택될 수 있는 여지를 허용하는 것은 매우 중요하다. 왜냐하면 이와 같은 다양한 가능성을 고려하는 일이 결국에는 교실의 문화가 되어 학생 중심 교육과정의 중요한 기반이 되기 때문이다.

● 예시 자료

학생의 개별 특성 및 학습의 출발점이 다양한 학급 학생 분석 사례[4]

성격 유형	이름	적성 영역	학생의 개별 특성 및 학습의 출발점 분석	맞춤형 수업 전략
탱탱볼	안○○	수리 논리 지능	• 수학적 개념과 추론에 소질이 있음 • 감각적인 놀이 활동에 흥미가 많음	• 감각적 수학놀이
	오○○	공간 시각 지능	• 승부욕이 강하고 느리지만 꼼꼼하고 마음이 여림 • 한국어가 아직 서투나 듣기능력이 양호함	• 비경쟁적 놀이 • 자기 경험 소재에서 동기유발
	김○○	신체 운동 지능	• 운동이나 표현 능력이 우수하며 동적인 활동에서 순발력이 좋음 • 한글 해득이 부족하나 수와 양의 개념이 있음.	• 놀이를 접목한 수학 활동
현미경	최○○	공간 시각 지능	• 공간의 정보와 아름다움 인식력이 좋아 묘사를 잘하고 이미지를 잘 표현함 • 한글 해득이 양호하나 대인관계에 민감함	• 예술적인 시각작품을 활용한 수학 활동
	문○○	언어 지능	• 자신감 있는 언어 구사력과 문장구성력이 좋음 • 감정의 변화가 협력 태도에 영향을 미침	• 갈등 유발 요소 사전 제거 • 배움 정리 및 시범 역할
클립 보드	노○○	손 조작 지능	• 학습 태도가 바르고 침착함 • 수와 양의 기본 개념이 잘 형성됨	• 또래 시범 보이기 등 또래 도우미 역할 분담
강아지	김○○	음악 지능	• 가락, 리듬, 소리에 민감하고 흥미가 많음 • 10 이하의 수 개념이 약함 • 수학적 의사소통을 위한 문장 구성이 어려움	• 양의 개념을 돕는 낱말카드 활용하여 방법 안내 • 교사의 보충 지도 필요
	박○○	자연 친화 지능	• 자연에 관심이 많고 동물이나 타인에 대한 친화력이 좋으나 주의집중이 짧고 수 개념이 약함	• 제한된 협력적 활동 전개(인원, 물건의 수 등) • 교사 시범 보이기

● 워크시트

수업 전 성찰문 양식

학년 및 교과		날짜		수업자	
배움 주제					
	동료 교사와 함께 고민을 나누며 교사의 내면 돌보기				
이 수업에서 담고 싶은 교사의 의도는?(평가의 초점)					
이 수업에서 꼭 지도해야 할 교과 지식, 기능, 태도					
학생의 배움을 촉진하기 위한 수업 아이디어					

▶ 전문적 학습공동체 내 역할 요청 사항

	역할 분담 및 유의 사항 (예)
수업 촬영	교사 ○○○ : 6모둠 정○○ 학생의 수업 모습을 집중해서 촬영 필요
수업 나눔	교사 ○○○ : 교사의 발문, 억양, 동선에 대해서 분석 요청 교사 ○○○ : 4모둠 학생들의 과업집중분석 요청 교사 ○○○ : 참여관찰기록을 통한 수업비평문 1쪽 작성

● 예시 자료

일시	6월 ○일(금) 10:50-11:30	장소	1학년 ○반 교실	교과서	128-131쪽
배움 단원	수학 4. 비교하기	차시	6/11	수업 모형	개념형성 수업 모형
배움 주제	넓이 비교하기				
배움 목표	넓이를 비교하여 말할 수 있다.				
나의 수업 디자인	주요 활동 내용				
	동물들의 현장학습 스토리텔링으로 생각 열기 몬드리안의 차가운 추상 작품 감상하기			4-Text 만나기	
	넓이를 비교해야 하는 상황 생각해 보기			성찰적 사고하기	
	두 가지 또는 세 가지 물건의 넓이를 어림하여 비교해 보고 설명하기			생각 나누기	
	두 가지 또는 세 가지 물건의 넓이 비교하여 말하기			배움의 결과 확인	
교수학습 자료	교사: 동물그림, PPT, 퀴즈, 돗자리, 도움 카드 학생: 교과서, 필기도구, 색연필				

학습	학습 과정	교수 · 학습활동		시간	자료(◆) 유의점(◎)
		교사의 발문 및 도움 활동	학습활동과 예상반응		
배움 열기	전시 학습 상기 학습 동기 유발	▶ 생활 장면에서 배움 열기 •현장체험학습 점심시간 떠올리기 - 이것이 무엇일까요? - 언제 보았나요? - 이 돗자리를 어떻게 사용했는지 이야기해 줄 수 있을까요? 지난 허브체험학습을 갔을 때 점심시간 00가 돗자리를 펴고 앉아 점심도시락을 먹었습니다. 그렇지만 은성이는 돗자리에 앉을 수가 없었습니다. 그래서 의자에 앉아 여학생들과 도시락을 먹었습니다. - 은성이는 어떤 생각이 들었을까?	- ○○의 돗자리입니다. - 지난 현장체험학습 갔을 때입니다. - ○○돗자리에 앉아서 도시락을 먹었습니다. - 같이 앉지 못해 서운했을 것 같습니다. - 더 넓은 돗자리를 준비합니다.	5'	◆ 돗자리
	배움 목표 찾기	- 모두 함께 앉아서 도시락을 먹으려면 어떤 돗자리를 준비하면 좋을까? ▶ 배움 문제 확인하기 •동물들의 현장체험학습 이야기 듣고 배움 문제 찾아보기		10'	◎ 배움 목표를 학생이 찾아 보도록 한다.
		여러 가지 물건의 (넓이)를 비교하여 말할 수 있다.			

배움 ㅣ 활동	개념 탐색 활동	▶ 넓이 비교하는 방법 알아보기 •염소와 병아리의 돗자리 넓이를 비교하려면 어떻게 해야 할까요? ▶ 두 가지 넓이 비교하는 말 알기 ▶ 넓이 비교하는 말 알아보기 •'더 넓다'와 '더 좁다' 비교하는 말을 사용하여 말해 보기	- 눈으로 비교해 봅니다. - 직접 돗자리를 대어 봅니다. - '더 넓다, 더 좁다' - 염소의 돗자리는 병아리의 돗자리보다 더 넓습니다. - 병아리의 돗자리는 염소의 돗자리보다 더 좁습니다.		◆ 개념 이해 도움 카드
배움 ㅣ 협동	선택 과제 해결 하기 (개인 탐색)	▶ 세 가지 물건 골라 넓이 비교하기 •세 가지 물건 고르기 •세 가지 물건의 넓이 비교하는 방법 말해 보기 •세 가지 물건의 넓이를 비교하는 말 살펴보기 •세 가지 물건의 넓이를 비교할 수 있는 다양한 방법 생각해 보기	- 눈으로 확인하기(어림) - 포개어 보기(직접비교) - '가장 넓다', '가장 좁다' - 스케치북, 교과서, 색종이 중 스케치북이 가장 넓습니다. - 스케치북, 교과서, 색종이 중 색종이가 가장 좁습니다. - 교과서는 색종이보다 더 넓습니다.	10'	◆ 여러 가지 물건 ⊙ 제한된 가짓수의 물건을 사전에 비치
배움 ㅣ 나눔	배움의 협력 활동	▶ 창의수학놀이 •몬드리안처럼 분할하여 면의 넓이 비교하기 - 몬드리안과 그의 작품 만나기 - 몬드리안처럼 선 긋는 법 확인하기 직관 비교가 가능하도록 가로, 세로 수선으로만 긋도록 제한한다. - 교사와 학생 놀이 시범 보이기 - 짝과 함께 놀이 활동 안내하기	- 몬드리안 작품의 특징 살펴보기 - 가로와 세로로 선긋기 - 가위바위보를 하여 이긴 사람 선긋기 - 가위바위보를 하여 이긴 사람이 더 넓은 칸 색칠하기 - 넓이 비교하는 말하기	10'	⊙ 몬드리안 작품 ppt
배움 정리	정리 및 적용 평가	▶ 창의적인 수학적 사고 •몬드리안이 칸의 넓이를 왜 다르게 했을까? 칸의 넓이가 모두 같았다면? ▶ 형성평가 •돗자리의 크기 순서대로 비교하여 말하기	- 함께 놀이로 만든 작품 감상평 이야기하기		◆ 퀴즈

			– 음식을 담을 접시를 고를 때		
배움 JUMP 차시 안내	▶ 생활 속 넓이 비교의 예 • 생활에서 넓이를 비교하는 일이 필요한 경우는 언제일까요? • 생활 속에서 넓이 비교를 잘하여 지혜롭게 생활해 봅시다. • 들이(담긴 물의 양)의 비교하기	– 그림 그릴 도화지를 고를 때 – 돗자리를 고를 때 – 집에서 가구를 배치할 때 – 친구랑 놀 장소를 고를 때 – 사진이나 그림에 맞는 액자를 고를 때	5'	⊙ 학생의 이해 수준을 고려하여 사고와 탐구를 유도한다.

위 자료는 동료 간 공동연구를 통해 수정 보완된 차시 수업 지도안이다. 이 수업 지도안이 나오기까지 교사들은 교육과정 단계에서 교과의 성취기준과 내용 체계 등을 분석하였다. 그리고 학생들의 개별특성과 출발점을 분석하였다. 또 교사는 실제 이 수업이 적용되기 직전에 있었던 봄 현장체험학습에서 학생들이 겪었던 경험을 잘 관찰하여 수업의 동기유발에 활용하고 있다. 학생들에게 인문학적 소양이나 예술적 감성을 함께 길러 주고 싶다면 적절하게 교과 수업 속에서 자연스럽게 융합시킬 수도 있다. 학생들이 직접 겪은 삶의 순간이 수업의 일부가 되고 배웠던 내용과 배우고 싶은 내용을 연결할 때 학생들은 배움에 몰입하게 된다.

학생 분석은 어떻게 교육과정과 수업, 평가에 적용되는가?

교사는 개별 학생의 배움을 돕는 교육과정 접근 중 수업 설계 전략으로 학생들이 조절 가능하거나 선택 가능한 학습 과제를 개발할 수 있다. 이는 수업의 장면을 다양하게 할 뿐만 아니라 학생 평가의 형태를 다양하게 만들 수 있게 한다. 이와 같은 교육과정의 다양화는 교실 내 다양한 학습자들의 개별적 요구와 흥미를 존중하는 학생 중심 교육과정 실천의 실제 모습이 된다.

식당에 들어가서 만날 수 있는 음식 메뉴판처럼, 교사는 학생이 교실에서 배움을 만나는 학습 메뉴를 다양화할 수 있다. 모든 학생은 획일적인 학습활동을 통해서 동일한 학습 결과를 달성할 수 없다. 저마다 자신의 욕구와 흥미에 따라 최상의 학습 결과를 만들어 낼 방법을 다양하게 선택할 수 있어야 학습의 자율성과 주도성도 만들어진다. 물론 이와 같은 학습 선택 보드는 교사의 교육과정 분석을 통해 개발되어 어떤 학습 방법을 학생이 선택하더라도 기본적인 배움에 도달할 수 있어야 한다.

이 밖에도 배움을 다양화하는 방법으로 학습 계약을 수립하는 방법이 있다. 학생들은 학습 계약을 맺음으로써 자신들이 만들어 낼 산출 결과에 대해 책임감을 갖게 할 수도 있다. 한국 사회에서는 학습 계약서를 작성한다는 발상이 다소 어색함을 준다. 그러나 실제 학습 계약서를 작성해 보면, 학생들은 학습에 대해 진지한 자세를 갖게 되며 계약에 명시한 내용을 바탕으로 필요한 학습 도구 등의 지원을 요청할 수 있다. 또한 학습의 결과로 무엇에 도달해야 하는지를 명확하게 이해하는 효과를 얻게 된다. 한국의 정서를 고려했을 때는 '배움 계획서', '나의 학습 관리', '우리 모둠의 학습 약속' 등의 다른 용어를 사용하는 것도 좋다.

● **토론해 봅시다**

1. 교사는 학습을 스스로 조절하는 것이 미숙한 수준의 학습자가

자신에게 적합한 학습 과제나 학습 방법을 선택하도록 어떻게 도울 수 있는가?

2. 학습을 다양화하는 교육과정 접근에서는 학생들이 학습을 위한 방법을 학습하는 일도 중요해진다. 이와 같은 학습 방법을 학습하는 훈련은 어떻게 숙달될 수 있는가?

● 워크시트

단원의 학습 참여를 위한 계약서

내가 살고 싶은 집(eco house) 건축 계약서
나는 _____ (역할)가 되어 _____(목적)로 _____(결과물)을 할 것입니다.
이를 위해서 알아야 하는 것(지식)은 _____ _____.
내가 할 수 있어야 하는 것(기능)은 _____ _____.
나는 _____(기준)을 만족하는 주택을 건축할 것이며, 사회적인 참여를 촉구하기 위하여 _____을/를 담은 _____를 제작하여 _____(청중)에게 환경에 _____ 관한 메시지를 전할 것입니다.
이 작업은 _____(기간)까지 마칠 예정입니다.
20 년 월 일 이름   (서명)

경험 전문가와 커리큘럼 전문가가 만드는 수업 디자인

교육과정이 실행되는 교실 수업은 미리 계획된 방법과 자료 등이 기계적으로 적용되지 않는다. 교실 속에서 교사와 학생이 만나는 상황은 너무도 다양하고 복잡하다. 그러므로 교사는 주어진 교육과정을 있는 그대로 따르는 것이 아니라 교사 나름의 가치와 경험, 신념과 지식 체계에 따라 수업을 계획하게 된다. 그러나 이와 같이 계획된 수업조차도 실제 수업 장면 속에서 학생들이 보여 주는 반응에 따라 적절하게 변형된다. 따라서 의도된 교육과정이 계획된 형태와 달리 변형되는 일은 교사에게 자연스러운 일이다. 교육과정과 수업 그리고 평가의 일체화의 관점을 통해 교육의 실제 장면을 살펴볼 때에도 이와 같은 자연스러움을 간과해서는 안 된다.

예를 들어, '지속가능한 발전'을 주제로 단원 수준의 교육과정을 개발했다면 다시 수업 도입 단계에서 학생들이 이 주제에서 배우고 싶은 것이 무엇이고, 이미 알고 있는 지식이 무엇인지 등을 학생들과 함께 협의할 필요가 있다. 배움이 일어나야 할 존재들은 교사가 아니라 학생이다. 따라서 학생들이 어떤 경험을 해 왔고 앞으로 어떤 경험을 지속하기를 희망하는지 교사는 그들의 의견을 존중할 필요가 있다. 교사가 커리큘럼 전문가라면 학생들은 자신의 삶에 관한 경험 전문가임을 기억해야 한다.

여기에서 놓치지 말아야 할 점은 학생과의 교육과정 협의가 너무 공식적일 필요는 없다는 것이다. 6월에 적용할 단원이라면 4월이나 5월에 학생들에게 물어볼 수 있다. 그러한 자연스러운 협의는 수업 중에 일어날 수도 있지만 쉬는 시간이나 방과 후 청소 시간에 비공식적으로 다양하게 일어날 수 있다.

교육과정 협상

"여러분도 글 속 인물처럼 친구에게 사과해 본 경험이 있나요?"
"어떤 경험이 있는지 발표해 볼까요?"

위 발문은 교사들이 흔히 하는 수업의 풍경 속 일부분이다. 우리는 실제로 수업 중 경험 전문가들인 학생의 이야기를 들으며 수업을 전개한다. 교사들은 교육과정, 수업, 평가의 내용과 방법을 선정할 때도 학생들에게 자신의 의견을 개진할 수 있는 기회를 주어야 한다. 드레이크Drake는 교사가 교육과정 협상을 통해 지식, 기능, 활동, 평가의 내용이나 절차를 협의해야 한다고 보았다. 교육과정 협상 테이블에서 학생들은 사전에 결정된 내용 영역에서 시작하며 그들의 선행지식과 범위를 검토한다.[5]

학생들은 생각보다 그들이 주도하여 참여하고 싶은 수업의 주제나 활동, 수업의 방법이나 학습 스타일에 대해 잘 이야기한다. 교육과정 협상에 참여한 학생들은 교사가 동기유발을 딱히 하지 않아도 몰입할 준비를 하고 있다. 교사는 학생들에게 학습의 통제를 열어 줌으로써 학생의 주도적인 학문적 성취를 촉진할 수 있으며, 콘Kohn[6]이 지적했듯이 이것은 교육복지를 증진시키는 장점도 갖는다.

"선생님! 지난번에 에너지에 대해서도 공부하자고 했잖아요. 그거 언제 해요?"
"선생님! 가을 열매 배우러 농장 가기로 했잖아요. 빨리 가고 싶어요!"
"선생님! 우리 멸종위기 동물 보호 캠페인하려면 몇 밤 자야 해요?"

"선생님! 우리 엄마가 이웃 탐방할 때 우리 팀이랑 같이 가 주실 수 있대요!"

"선생님! 뉴스에서 '에너지제로하우스'가 나왔어요. 저는 내가 살고 싶은 미래 집 만들기 수행평가 할 때 참고하려고 벌써 집에서 검색까지 해 봤어요."

실제 교육과정 의사결정에 참여한 아이들은 수업에 들어가기 전부터 호기심과 탐구심으로 가득 차 있다. 또한 교육과정, 수업, 평가를 계획한 교사만큼이나 애정을 갖고 이 프로젝트가 성공하기를 기대하고 책임의식을 갖는다. 학생주도성이란 학생이 자신의 흥미와 관심 있는 일을 할 때, 의사결정에 참여했을 때 자발적으로 발생한다.

3. 수행평가 과제로
   수업과 평가 디자인하기

전통적인 평가는 수업이 다 끝난 후 이루어지는 총괄 평가의 개념이 더 강했다. 따라서 교사에게 중요한 과업 중 하나는 배운 내용을 잘 기억하고 있는지 확인할 수 있는 평가 문항을 개발하는 일이었다. 그러나 최근의 교육은 단순하게 지식을 암기하는 수준에 그치지 않고 학생들이 새로운 문제 상황에서 배운 지식과 기능을 활용하여 문제를 해결하는 역량 기반의 교육을 중시한다. 따라서 평가의 관점도 복잡한 평가 장면 속에서 학생들이 적극적으로 의사소통하고 협력하여 생소한 문제를 해결하도록 하는 수행 중심의 평가를 중요시하고 있다.

수행평가 과제는 학생들이 단원 수준의 교육과정에서 또는 차시 수준의 수업에서 해결해야 할 미션으로 볼 수 있다. 평가 과제를 해결하는 동안 학생들은 평가받고 있다는 느낌보다는 자신의 삶에서 중요한 문제를 해결해 가고 있다는 즐거움을 느낄 수 있다. 이는 시험이 아니라 놀이와 같이 느껴질 수도 있다. 이와 같이 평가 과제를 잘 개발하면 평가 과제가 수업의 골격이 되어 수업과 수업의 연결성을 높이는 효과를 보여 주며, 수업과 평가가 자연스럽게 일체화되도록 해 준다.

또 학생들은 평가 과제를 수행하면서 배움이 결코 교과서나 교실 속 인위적인 문제로 그치는 것이 아니라 자신의 실생활과 연결되어 있음을 직감하고 혼자가 아닌 함께 수행하며 해결하는 것이 문제를 더 잘 해결하도록 도와줄 수 있다는 강한 믿음을 갖게 될 수 있다.

수행평가는 질적 평가이며 전문가인 교사의 평가 의견이 중요하다. 그러나 수행과제는 복잡한 문제 상황 속에서 이루어지므로 평가에 관한 전문성이 부족한 교사가 수행과제를 평가할 때에는 복잡하고 정교한 채점기준안을 가지고 있는 것이 필요하다. 이러한 복잡하고 정교한 채점기준안rubric은 평가 요소를 세분화하여 문장으로 진술해 두는 편이나 때에 따라서 여러 항목으로 나눈 체크리스트 등으로 만들 수도 있다. 채점기준안은 교사를 위한 것이지만 학생들이 채점기준안을 확인할 수 있도록 수행과제와 함께 제시해 주는 것도 좋다. 이 경우를 감안하여 채점기준안 개발은 학생들이 이해 가능한 문장으로 작성할 수도 있다.

● 예시 자료

5~6학년군 환경을 생각하는 국토개발을 주제로 한 수행과제 사례

당신은 '○○시 생태도시 추진 본부'의 팀원입니다. ○○시는 신도시 개발을 추진하고 있으며 향후 세워질 신도시는 인간과 환경이 공존하는 친환경적인 생태도시를 표방하고 있으며 국제적인 생태도시로 발돋움할 수 있는 기획 아이디어를 필요로 하고 있습니다.

미션 1
본 생태도시 추진 본부를 시작하기에 앞서 먼저 왜 생태도시가 필요한가에 대한 답을 찾아오십시오. 이러한 답을 찾기 위해서는 생태계에 관한 지식과 아울러 인간과 환경의 상호 보완 관계에 대한 지식을 알아야 할 것입니다.

미션 2

생태도시의 필요성을 이해했다면, 당신을 포함한 팀원 중 팀장을 선출하십시오. 팀장을 중심으로 필요한 분과를 선정한 후 각 팀원은 각 분과의 대표자가 되어 활동을 시작합니다. 그동안의 환경 문제를 지구촌의 여러 문제를 중심으로 연구해 보면서 환경을 보존하며 국토를 개발하는 방법에 관한 아이디어를 얻으십시오.

미션 3

환경에 관한 연구 결과를 중심으로 구체적인 생태도시 개발의 방향을 구상하십시오. 이때 필요한 과학 실험과 도면 설계, 건축물 모형 제작 등이 이루어질 것이며, 생태환경 토론회를 통하여 생태도시의 구상안을 알리고 생태환경 보전을 홍보하는 전람회를 계획하십시오.

미션 4

생태환경도시 전람회를 성공리에 개최하십시오. 이 자리에서 여러분은 환경보전 참여를 촉구하는 연설을 할 것이며 UCC를 제작 발표하십시오. 부모님, 다른 학생들에게 여러분이 구상한 생태도시를 알리십시오. 이 수행과제를 해결하는 동안 팀원 간의 소통과 협력이 중요할 것입니다. 여러분이 만들어 갈 생태환경도시를 기대하겠습니다.

수행과제의 채점기준안 사례

평가 요소	4점 매우 잘함	3점 잘함	2점 보통	1점 노력요함	평가자 의견
조사 및 발표	인간과 자연 생태의 상호작용을 이해하고 지구촌 환경문제의 심각성을 자세하게 조사하여 보고하며 연설 등 다양한 형태로 설득력 있는 발표를 잘함	인간과 자연 생태의 상호작용을 이해하고 환경문제를 조사하여 보고하며 연설의 기술을 익혀 연설을 하나 설득력이 부족하고 일반적임	인간과 자연 생태의 상호작용을 이해하고 환경문제 조사활동에 참여하나 조사한 내용을 효과적인 보고물이나 발표로 연결 짓는 것을 어려워함	인간과 자연 생태의 상호작용을 이해하나 조사 능력이 부족하고 효과적인 발표 기능 개선이 필요함	
기획의 참신성	환경에 관한 조사, 실험, 탐구 등의 연구 결과를 바탕으로 생태환경도시 전람회를 참신하게 기획하고 체계화함	환경에 관한 조사, 실험, 탐구 등의 연구 결과를 바탕으로 생태환경도시 전람회를 기획하나 참신성은 약함	환경에 관한 조사, 실험, 탐구 등의 연구 결과를 생태환경도시 전람회 기획으로 연결 짓는 데 서툼	환경에 관한 조사, 실험, 탐구 등의 연구 결과가 미약하고 생태환경전람회 기획을 매우 어려워함	
매체 활용 및 정보 제시	환경보전의 중요성과 보전방법을 알리기 위한 매체를 사용하여 정보를 효과적으로 제시함	환경보전의 중요성과 보전 방법을 알리기 위한 정보와 매체를 적절히 사용함	환경보전의 중요성과 보전 방법을 알리려고 노력하며 매체 활용 능력이 양호함	환경보전의 중요성과 보전 방법을 알리기 위한 정보가 부족하고 매체 활용 시 교사의 도움이 필요함	
소통과 협력 과정	아이디어를 산출하고 발전시키는 과정에서 다른 사람의 의견을 경청하고 적극적으로 협력함	아이디어를 산출하고 발전시키는 과정에서 다른 사람의 의견을 경청함	아이디어를 산출하고 발전시키는 과정에서 경청하지 못하며 소극적으로 수행함	아이디어를 산출하고 발전시키는 과정에서 비협조적인 편임	

잘 만든 수행과제는 놀이처럼 학생의 즐거운 놀잇거리가 되며, 학생의 삶을 변화시키는 배움의 경험도 선사한다. 완성도 높은 수행과제는

그 해결 과정 속에서 간단한 교과 지식부터 복잡한 교과 역량까지 다양한 소스와 신선한 원재료가 어우러질 수밖에 없게 한다.

따라서 교사는 학생들이 수행과제 해결 과정을 관찰하고 그 성장을 누가 기록함으로써 과정 중심 평가를 실천할 수 있게 된다. 만약 교사가 수행과제로만 학생이 학습에서 좋은 성취수준을 보였는지 확인하기 어려운 경우가 발생한다면 그 밖의 평가로 간단한 퀴즈나 형성평가 등을 치를 수 있다. 수업과 평가가 일체화되는 가장 좋은 방법은 교사가 스스로 평가의 중심은 지필평가가 아닌 수행평가라는 인식을 가지는 것이다.

교사는 수행과제를 개발하면서 학생들이 일련의 단원 수업 과정을 통해서 무엇을 알아야 할지, 무엇을 할 수 있어야 할지, 어떤 태도를 갖기를 원하는지를 담게 된다. 여기서 중요한 것은 수행과제를 개발할 때도 교사는 교사 중심적인 결정에 그쳐서는 안 된다는 점이다. 교사는 학생들이 수업에 참여하면서 제시한 활동 아이디어가 반영될 수 있도록 교육과정과 수업 평가의 유연한 일체화에 늘 깨어 있을 필요가 있다.

교사는 학년 수준에서 교육과정을 개발한 후에도 교실 속에 적용할 때에는 다시 학급 학생들의 구체적인 실태를 관찰하고 그 학생들에게 필요한 수업으로 바꾸어야 한다. 이미 계획된 교육과정도 실제 수업에 적용되면서 계속 유연하게 변경될 수 있다. 이를 위해서는 교사가 늘 학생들과 관계를 잘 형성하고 학생의 삶을 잘 이해하며 교사 스스로 교육적 사유와 교육적 상상을 깊이 있게 해야 할 것이다.

다음은 다문화 가정이 많은 농촌 학교에서 1학년 학생들을 가르치는 교사가 이웃을 주제로 한 단원을 설계하는 과정에서 나눈 주요 성찰 질문들이다.

이와 같은 질문과 성찰을 통해 교사는 교과나 사회의 요구 외에도 가장 중요한 학생들의 필요나 그들의 목소리에 귀를 기울여야 한다. 국가가 학교와 교사에게 나누어 준 의사결정의 권한 이양은 다시 학생에게도 이양되어야 한다는 것이다. 자율권이 박탈된 교사가 그러하듯이, 학생들 또한 스스로 원하는 배움과 마주할 때 더 큰 자율성과 책임감을 느끼게 되기 때문이다.

● 예시 자료

사이좋은 이웃 프로젝트

학년-학기	1학년 2학기	운영 기간	11월 1주~11월 3주
관련 역량	* 의사소통 역량: 다양한 텍스트와 상징을 이용하여 타인의 의사를 이해하고 공감하며 자신의 의사를 전달할 수 있는 능력		
성취기준	[2슬05-01] 이웃과 더불어 생활하는 모습을 조사하고 발표한다. [2슬05-02] 이웃과 함께 쓰는 장소와 시설물의 종류와 쓰임을 탐색한다. [2즐05-01] 이웃의 모습과 생활을 다양하게 표현하고 이웃과 함께 할 수 있는 놀이를 한다. [2즐05-02] 주변의 장소와 시설물을 이용하여 놀이한다.		

단원의 큰 그림(기대하는 학습 결과)

알아야 할 것(개념과 사실)		할 수 있어야 할 것(기능)	갖추어야 할 인성(태도)
공동체 이웃 배려	이웃의 생활(삶) 예절, 공중도덕 인사말	되돌아보기, 내면화하기 관찰하고 분류하기 예상하고 조사하기 다양하게 표현하기	이웃 간의 예절과 배려 실천 공공시설 소중히 사용 태도

일반화된 지식	핵심 질문
A. 이웃은 서로의 생활에 영향을 미친다.	Q. 이웃은 왜 필요할까?
A. 이웃 간에 지켜야 할 예절과 공중도덕이 있다.	Q. 이웃과 사이좋게 지내려면 어떻게 해야 할까?
A. 사람들은 인사말을 통해 친교와 정서를 표현한다.	Q. 인사말이 없다면, 어떤 일이 생길까?

교과 간 교육과정 연결표

단원의 통합적 목표	관련 교과 단원		교과별 주요 활동 내용	시수
1.이웃 간의 다양한 생활 모습을 조사해 보고 이웃과 우리의 관계를 설명할 수 있다. 2.이웃 간의 바른 인사예절과 공중도덕을 익혀 실천할 수 있다.	통합교과	1. 이웃	– 이웃과 함께 한 일 알아보기 – 이웃의 생활 모습 표현하기	21
	국어	3. 알맞은 인사말	– 바른 자세로 때와 장소에 맞는 인사말하기	10
	창체	진로 활동	– 마을 어른들의 직업 탐색하기	3
			확보된 총 시수	34

단원의 평가계획

• 수행과제: 이웃 방문 프로젝트

Goal(목표)	근처에 사는 친구의 집을 방문하여 이웃에 대해 조사하기	
Role(역할)	마을 이장이나 부녀회장이 되어	
Audience(청중)	친구의 부모님이나 가족에게	
Situation(상황)	이웃 간 왕래가 많지 않아 이웃에 대해 잘 알지 못하는 처지임	
Product(결과물)	1) 이웃에 대한 방문 일지	2) 사이좋은 이웃에 관한 작품
Standard(기준)	- 친구의 부모님이나 가족을 만나 알맞게 인사하고 평가를 받아 오기 - 이웃이 있어 좋았던 일, 불편했던 일 여쭈어 보기 - 친구의 부모님이나 이웃의 직업에 대해 궁금한 것 여쭈어 보기	- 그림, 글, 광고, 노래, 인형극 등 다양한 표현 방법 하나 이상 선택하여 사이좋은 이웃의 모습을 나타내고 발표 또는 공연하기

여러분들은 마을 이장님(부녀회장님)이 되어 친구네 집 방문 계획을 세우고 이웃 방문 프로젝트를 해 보려고 해요. 친구네 집에 방문하기 전에 이웃에 대해 궁금한 것들이나 친구네 부모님의 직업에 대해 여쭈어 보고 싶은 것을 질문을 만들어야 해요. 실제 방문했을 때는 알맞은 인사말을 하고 친구 부모께 잘했는지 평가도장을 받아 오세요. 여러분이 알아온 내용을 정리하여 학급에서 조사 결과를 인형극, 그림, 연극, 광고, 노래 등 다양하게 표현해 볼 거예요.

• 수행평가 채점기준안

단계 / 평가요소	잘함(25점)		보통(20점)		노력요함(15점)	
이웃 간 인사예절 실천하기 (30)	이웃집을 방문했을 때 밝고 예의바르게 인사를 잘했어요.		이웃집을 방문했을 때 떨리지만 인사를 했어요.		이웃집을 방문했을 때 바르게 인사를 하지 못했어요.	
	S	T	S	T	S	T
친구와 서로 도와 이웃 탐방하기 (30)	친구와 서로 도와 이웃 탐방을 잘했어요.		친구와 힘을 합쳐 이웃 탐방을 했어요.		친구와 함께 탐방하는 일은 불편하고 힘들었어요.	
	S	T	S	T	S	T
결과 및 소감 발표하기 (30)	이웃 탐방 후 알게 된 점과 느낀 점을 잘 발표했어요.		이웃 탐방에서 있었던 일을 친구들 앞에서 간단하게 발표했어요.		이웃 탐방 결과를 발표하는 일이 매우 어려웠어요.	
	S	T	S	T	S	T

아래 오른쪽 칸에 스스로 체크(∨)하세요.
1학년 학생들은 한글 이해가 어려울 경우, 교사와 문답하거나 신체 표현으로 자기평가를 해요.

그 밖의 평가	자기평가 및 성찰
• 학교생활에서 인사하기 실천 모습을 관찰한다. • 이웃을 주제로 다양하게 마인드맵을 한다. • 이웃 간 지켜야 할 예절을 OX퀴즈로 해 본다.	• 학교생활에서 인사하기 실천 태도 자기평가 및 동료평가를 한다. • 사이좋은 이웃에 대한 생각해 보게 한다.

연계 도서 및 현장체험학습 계획

관련 도서	오감 체험 연계
• 『개구리네 한솥밥』, 백석 지음(보림) – 서로 돕고 살아가는 동물들의 이야기를 통해 이웃의 필요성과 바람직한 이웃의 모습에 대해 생각해 보게 한다.	• 이웃 놀이 체험하기 • 이웃 노래 부르기

맞춤형 수업·평가계획

맞춤형 수업·평가 계획					
(W-안내하기, H-사로잡기(동기유발), E1-준비시키기, R-반성하기, E2-평가하기, T-다양화하기, O-조직하기)					
단계 및 소주제		교수학습 및 평가 내용	교과	시수	요소	전략

단계 및 소주제		교수학습 및 평가 내용	교과	시수	요소	전략
주제발현	여는 마당	• 핵심 질문을 중심으로 생각 열기 • '정다운 이웃' 노래 부르고 리듬 합주하기 • 나의 이웃 마인드맵 그려보기	통합	4	W, H	준비도 및 흥미, 관심사 파악
	이웃 사촌 이란?	• '이웃사촌' 이야기 듣기 • 이웃사촌이라는 말의 유래 알아보기 • 『개구리네 한솥밥』 읽고 사이좋은 이웃의 모습에 대해 생각 나누기 – 이웃은 왜 필요할까? – 이웃과 사이좋게 지내려면 어떻게 해야 할까?	통합	3	E1, R	
탐구	이웃 방문 계획 세우기	• 수행과제 제시하고 소집단 편성하기 • 이웃 방문 계획 세우기(방문 시기, 방문 장소, 역할 분담, 질문 만들기) – 이웃과 함께 했던 일은? – 이웃에게 도움을 주었던 일은? – 이웃에게 고마웠던 일은? – 이웃에게 불편함을 느꼈던 일은? 등	통합	2	E1, T	학습의 소재 제시 및 탐구

탐구	인사말 익히기	• 때와 장소에 알맞은 인사말 알기	국어	8	E1	수행 과제 제시
		• '꿩꿩 장서방' 노래 부르며 이웃 놀이하기	통합	2	H	
	이웃 방문 하기	• 이웃 방문하여 알맞게 인사하기 • 수행평가: 알맞은 인사말 하기, 방문 태도	국어	2	E2	
		• 이웃에 대한 경험 들어보기 • 친구 부모님과 가족의 직업 여쭈어 보기	창체	3	E1	
표현	이웃 방문 보고	• 방문을 통해 조사한 것 발표하기 • 이웃 방문을 하고 느낀 점 나누기 • 수행평가: 발표	통합	2	E2, R	수행 평가 과제 해결
	다양 하게 발표 준비 하기	• 선택 1) 서로 돕는 이웃 모습 그림, 글로 나타내기 • 선택 2) 사이좋은 이웃 탈놀이 또는 인형극 만들기 • 선택 3) 이웃과 할 수 있는 재미있는 놀이 하기	통합	4	E1	
마무리	사이 좋은 이웃 프로 젝트 박람회	• 전시부스 1) 그림, 글, 광고물 전시하기 • 공연부스 2) 탈놀이 또는 인형극 공연하기 • 체험부스 3) 재미있는 놀이 체험하기 • 수행평가: 결과물	통합	4	H, T, E2	수행 발표 및 공유
	닫는 마당	• 나의 이웃 마인드맵 수정하기 • 액션러닝으로 나의 이웃 게시판 완성하기 – 이웃과 함께 한 일, 도움 준 일, 고마운 일 등	통합	2	E2, R	

4. 수업을 통해
   학생의 삶과 성장 기록 다시 읽기

시험지와 점수 없이 어떻게 학생을 평가하지?

　일제고사가 사라진 교실에 선 교사들 중 적지 않은 교사들은 '이제 평가를 어떻게 일체화해야 하지?'라며 막막함을 느끼기도 한다. 그러나 앞서 수행평가 과제 개발에서 언급했듯이, 평가는 더 이상 수업을 다 하고 배운 내용을 확인하는 수준에서만 머물러서는 안 된다. 백워드 설계 방식에서 볼 수 있듯이, 평가는 수업의 일부이다. 따라서 평가의 일부는 수업 중 교사의 관찰, 학생의 자기평가, 학생 간 상호 평가 등의 다양한 형성평가 장면 속에서 일체화될 수 있다.

　교사가 개발하는 수행과제를 수행하는 과정 속에서 학생들은 평가된다. 평가를 하고 있는 교사는 자신이 처음 동료와 함께 바랐던 교육적 의도가 학생의 삶 속에서 얼마나 성장했는지 파악한다. 이때 사용하는 기준이 바로 수행과제 채점기준안이다. 수행과제는 단편적인 지식을 확인하기 위한 것이 아니라 학생의 특정 역량과 같은 포괄적인 개념이나 태도를 포함한 총체적인 능력, 핵심 아이디어 등을 확인하기 위함이다. 그러므로 프로젝트와 같은 복잡한 문제 상황을 포함한다.

수행과제와 채점기준안 개발이 왜 중요할까?

　지필평가를 시행하는 교사는 평가의 엄격성과 공정성을 위해 시험지를 나누어 주는 순간 학생에게 단 한 번의 기회를 준다. 만약 다시 재시험 기회를 준다면 다시 공정한 또 다른 문제를 출제해야 할지도 모른다. 학생들에게 지필평가를 보는 교사는 나를 판단 내리는 엄격한 사람일 수밖에 없으며 평가라는 시험은 나를 두렵게 만드는 부정적인 존재일 것이다.

　그러나 수행평가를 시행하는 교사는 학생들에게 여러 번의 도전 기회를 주어 모든 학생들이 성취기준에 도달할 수 있도록 지도할 수 있다. 수행평가는 답이 없으므로 문제가 유출될까 걱정할 필요도 없으며, 다시 재시험을 보더라도 채점기준안에만 근거하면 된다. 만약 재시험을 보는데 공정성에 문제가 있는 수행과제라면 그것은 교사가 더 좋은 수행과제를 개발하지 못했거나 수행과제를 통해 평가할 만한 포괄적인 성격이 아닌 단편적인 지식이었을 것이다. 단편적인 지식은 수업 중 형성평가를 통해 교사가 간단히 확인할 수 있다.

평가 기록 일체화를 이루기 위해 교사에게 필요한 능력은?

　수행평가를 실행하는 교사에게 가장 필요한 능력은 채점기준안을 잘 만드는 것이 아니라, 역량 있는 교사의 예민한 교육적 감각과 판단일 것이다. 미래 사회에 필요한 교사는 뭔가를 잘 작성해 내는 유능하고 전문적인 기능인이 아니라, 교육적 감식안을 가지고 학생의 삶과 성장을 통찰할 수 있는 역량 있는 전문가인 것이다. 다음은 교사가 학생의 삶을 들여다보고, 그들의 성장을 기록하기 위한 전문적인 방법 중 몇 가지 쓸모 있는 제안을 담았다.

참여관찰일지로 시작하는 학생의 성장 누가 기록하기

참여관찰이란 질적 연구의 방법 중 하나로, 연구자가 현장에 들어가서 연구 참여자의 세계에 오랫동안 머물면서 관찰하고 연구하는 방법이다. 교육과정과 수업 평가기록의 일체화를 지향하는 교사는 실행연구자이며 반성적 실천가이므로 질적 연구자가 하는 참여관찰의 목적과 필요성을 이해할 필요가 있다. 교사는 참여관찰을 통해 학생들의 다양한 생활양식과 의식, 신념, 감정의 색깔과 특성을 밝힐 증거 자료를 얻을 수 있다.

참여관찰일지가 필요한 까닭

교사들이 흔히 겪는 고민 중 하나는 학기말에 평가 기록을 문장으로 남겨야 할 때, 서른 명 가까이 되는 개별 학생들의 각 교과별 평가 장면이 도무지 기억에 남지 않는다는 점이다. 그러므로 학생의 성장과 변화에 관해 이야기할 교사가 되려면 평소에 학생들 곁에서 사제동행하며 참여관찰을 해야 한다. 참여관찰일지는 흔히 교단일지, 교사저널이라고 불리기도 한다. 참여관찰일지는 매일 적는 것이 좋지만 수업 외 업무가 많은 한국 교사들의 삶을 감안한다면, 수업 연구가 있는 경우에 집중해서 여러 번 누가 기록하는 것이 좋다.

참여관찰일지의 작성과 보관

그렇다면 참여관찰일지는 어떻게 작성하고 보관해야 할까? 공문서를 다루는 교사들은 뭔가를 기록할 때 일지 양식에 집착하기 쉽다.

그러나 뭔가 양식이 고정화될수록 일지는 하나의 업무가 되어 버리고 하기 싫어지게 되므로, 자신에게 익숙하고 편한 양식을 사용하는 것이 좋다. 예를 들어, 문서 파일을 열고 날짜를 쓴 후 그냥 서술하여 문장으로 기록하는 것도 좋으며, 핸드폰에 날짜별로 메모하거나 수첩에 적어 두는 것도 좋다. 학생 생활 기록을 하는 나이스neis 시스템은 학생의 생활이나 학습 정도를 누가 기록할 수 있도록 교사들에게 제공하고 있다. 그러므로 교사가 여러 이유로 따로 파일을 만들거나 인쇄물에 기록하는 것이 어렵다면 나이스 시스템에 직접 들어가 해당 문장을 누가 기록해 두는 것도 현실적인 선택이 될 수 있다. 시스템에서는 문장을 수정 보완하는 것이 가능하므로 학기말에 성적 처리를 해야 한다는 사고를 버린다면 이 또한 가장 실제적이고 효과적인 대안이 될 수 있다.

전문적 학습공동체와 연계한 참여관찰

참여관찰의 기록은 공동수업연구의 일환으로 동료 교사가 해 줄 수도 있는데, 그 목적에 따라서 다양한 형태로 진행될 수 있다. 전체 또는 특정 학생들에게 평가자의 공식적인 관찰을 알려 줄 수도 있고, 특정 학생이 자신이 관찰되는 것을 알지 못하게 비밀리에 참여관찰기록을 작성할 수 있는 것이다. 또 참여관찰을 왜 하는지 그 목적을 모두에게 사전에 설명할 수도 있고, 부분으로 설명하거나, 비밀평가, 또는 거짓 설명을 통해 이면의 평가 목적을 달성하고자 전략적인 선택을 할 수도 있다.

참여관찰일지

참여관찰의 기록은 나중에 수업 장면을 기억하고 학생의 성장 전후를 비교하는 데 직접적인 도움을 준다. 학생들조차 알지 못하거나 인식하지 못하는 일상적인 내용들도 기록으로 남겨 두면 당시에 보지 못한 진실들을 발견하게 된다. 그러나 이러한 기록을 남길 때 유의할 점이 있다. 교사는 수업 장면에서 학생들과 공감하며 작성하되 과학적 객관성을 유지하면서 자신의 판단을 넣거나 감정적인 해석을 임의로 하지 않는 것이 바람직하다.

● 예시 자료

잘못된 참여관찰일지의 예
개별 활동 시간에 영희가 철수에게 또 말을 걸었다. 영희는 이해력이 떨어지고 고집도 세서 매번 철수를 불편하게만 한다. 영희는 활동지에 그린 그림에 자신이 없는지 자꾸 지우느라 결국엔 완성을 못 했다.

올바른 예
개별 활동 시간에 영희가 철수에게 세 차례 먼저 말을 걸었다. 영희는 자신이 먼저 숫자카드를 사용하겠다고 말했고 철수는 그렇게 하라고 답했다. 영희는 수업 중 카드놀이 규칙을 자신이 잘 알고 있는지 재차 확인하는 질문을 서너 차례 건넸다. 철수는 눈썹을 몇 번 올리면서 잠시 멈추더니 규칙을 설명해 주고 자기 활동을 시작했다. 영희는 철수와 대화를 끝낸 후 2분여간 자신의 활동지를 계속 보고 있었다. 그 후에도 답을 두 차례 지우고 다시 그리기를 반복했다.

심층 면담으로 학생의 성장 추가 확인하기

앞서 예시 자료로 제시한 영희와 철수에 관한 참여관찰기록을 보면 영희의 질문에 철수가 눈썹을 치켜 올리며 잠시 생각했다는 기록이 있다. 또 영희는 활동지에 그림을 그리고 지우기를 반복한다. 교사는 학생의 말이나 행동에 대해 추가 자료가 필요한 경우에 학생과 면담을 하여 확인할 수 있다.

면담 결과는 교사의 관찰에 의해 기본적으로 확인되는 경우가 많으나 중요한 심층 면담인 경우에는 면담 내용을 기록하는 것이 좋다. 또한 교사는 수업 외에 심층적인 면담을 진행할 수도 있지만 수업 활동 중 하나로 면담과 같은 효과의 결과 자료를 얻을 수도 있다. 예를 들어 수업 중 추가 질문을 하거나 짝 또는 모둠별 인터뷰하기 활동을 통해 교사가 관찰하는 식으로 다양한 응용이 가능하다.

학생의 결과물 평가로 확인하기

학생의 결과물 평가는 수행평가 방법에서 가장 손쉽고 대표적인 방법이다. 학생들이 수행을 통해 산출한 결과물은 전시가 가능한 자료product의 형태일 수도 있지만 역할극이나 캠페인과 같은 수행performance의 결과일 수도 있다. 따라서 수행과제의 결과물을 계획할 때는 결과물의 성격에 따라 적절한 채점기준안을 함께 만들어야 한다. 학생들이 자기평가를 하거나 상호 평가 시에는 체크리스트 형태로 제공하는 경우가 많은 가운데, 채점기준안은 교사와 학생이 공동으로 사용되도록 사전에 제공하는 것이 좋다. 이 경우에는 학생들이 이해하기 쉬운 문장으로 진술해야 한다.

● 워크시트

학생용 자기평가 체크리스트 양식

곰곰이 생각해 보고 내가 잘했는지 동그라미 해 봅시다.

생각해 볼 질문	◎	○	△
소개할 내용을 자세히 조사했나요?			
알게 된 내용이 잘 드러나게 표현했나요?			
친구들에게 또박또박 설명하였나요?			
토론 자료를 꼼꼼하게 정리했나요?			
자기 생각을 분명하게 말하였나요?			

학생과 교사가 함께 사용하는 채점 기준안 양식[7]

단계 평가요소	매우 잘함		잘함		보통		노력요함	
	S	T	S	T	S	T	S	T
	S	T	S	T	S	T	S	T
	S	T	S	T	S	T	S	T

아래 오른쪽 칸에 스스로 체크(∨)하세요.

수행과제와 채점 기준안 개발 양식

과학과 수행평가 기준안			
문항 번호	과-4-1-1	단원	2. 지층과 화석
영역	지구와 우주	평가 시기	6월 3주
평가 유형	보고서법, 구술, 자기평가	관련 역량	창의적 사고 역량
성취기준	[4과06-03] 화석의 생성 과정을 이해하고 화석을 관찰하여 지구의 과거 생물과 환경을 추리할 수 있다.		
평가 내용 요소	– 화석의 생성과정 알기 – (정의적 능력) 과학적 태도에 대한 자기평가		
평가 과제	•나는야 화석 탐구 지질학자! 1. 발굴한 화석을 관찰한 내용 친구들과 이야기 나누기 2. 팀별로 질문을 만들고 가설 세우기 3. 가설 검증 실험하고 나만의 과거 생물 이야기 만들기 4. 화석의 생성 과정 설명하기 5. 알게 된 점, 어려웠던 점, 더 알고 싶은 점 말하기 6. 나의 탐구 태도 돌아보고 자기평가 하기		
예시 답안			

단계 평가요소	잘함	보통	노력요함
화석의 생성과정 알기	화석 관찰 결과를 바탕으로 지역의 과거 생물과 환경을 과학적으로 정확하게 추리할 수 있음	화석 모형 만들기 실험을 통해 동물 화석과 식물 화석으로 구분할 수 있음	화석을 관찰하고 동물화석과 식물화석으로 구분하는 것을 어려워 함
화석 관찰 및 추리하기	화석 관찰 결과를 바탕으로 과거 그 지역의 환경을 과학적으로 추리하여 이야기를 작성함	화석을 관찰하고 식물과 동물 화석으로 구분하여 설명함	화석을 관찰하고 나서 동물 화석과 식물 화석으로 구분하지 못함
정의적 능력 (협동심, 호기심)	과학에 대한 호기심이 높은 편이며 모둠 학습 시 협동을 매우 잘함.	과학에 대한 호기심이 있고 모둠 과제 해결에 협조적임	과학에 대한 호기심이 낮고 모둠 학습 시 협동성이 낮은 편임

정의적 능력이란, 학생의 흥미, 호기심, 협동심, 책임감, 적극성, 자신감, 존중과 공감, 배려의식, 환경 친화적인 태도 등을 의미한다.

● 예시 자료

　다음 자료는 교육과정, 수업, 평가를 일체화하여 디자인한 2학년 교육과정 사례이다. 이 자료를 통해서 우리는 2학년 학생들의 학년 실태 분석에서부터 출발한 동학년 교사들의 고민이 어떻게 교육과정으로 설계되는지 살펴볼 수 있을 것이다. 또한 이들이 어떻게 전문적 학습 공동체로 자리 잡아 가는지도 발견할 수 있을 것이다.

바람 교사 올해 2학년 아이들은 좀처럼 생활지도가 안 되네요.

구름 교사 얼마나 어려웠으면 2학년 담임 지원이 거의 없었겠어요.

햇살 교사 1학년 때 학교에 어려움이 많았잖아요. 상황이 어려워서 제대로 된 학교생활 규칙을 지도하고 돌보기조차 어려웠으니 당연하지요.

새싹 교사 2학년 때라도 초등학교 생활을 할 때 중요한 것들을 잘 가르쳐야 아이들이 초등학교 시절 내내 안전하고 행복하게 보낼 거 같아요.

열매 교사 통합교과 봄 단원에 보면 자신에 대해 알아보잖아요. 봄 단원이랑 연계해서 해 보면 어떨까요?

바람 교사 좋은 생각이네요. 아이들에게 이렇게 하라고 지시하고 통제하는 것보다 자신의 생활을 되돌아보고 계획을 세우게 하면 더 좋겠어요.

햇살 교사 2학년 아이들 수준에서 학생 주도가 얼마나 가능할까요?

구름 교사 아이들도 자기 목소리를 낼 수 있을 거 같아요. 1학년 때랑 달리 2학년이 되었으니 형님이 되었다고 축하해 주면서 형님은 어떤 모습을 갖추어야 할지 생각해 보고 같이 형님이 되는 조건들을 정해 보는 거죠.

새싹 교사 좋은 생각인거 같아요. 예를 들어 2학년이 되었으니 인사를 잘해야 해요. 음식을 골고루 먹어야 해요. 복도에서 뛰면 안 돼요. 이런 규칙들을 학기 초에 정해 보는 거예요. 그럼 수업이 곧 생활지도도 되겠어요.

바람 교사 형님이 되는 한 달을 보낸 다음에 1학년들에게 형님의 한 마디 강연을 해 보게 하면 어떨까요? TV에 보면 강연 100℃ 같은 프로그램이 있잖아요. 아이들도 동생들 앞에서 말하려면 더 자신들이 정한 규칙을 잘 지키고 노력해서 멋진 형님이 되지 않겠어요? 이걸로 수행과제를 삼으면 우리도 학생 평가하기 수월하겠는 걸요.

새싹 교사 그럼 아이들이 자신감 있게 발표하는 훈련도 해야 하는데, 저희 반 학생들을 보면 저학년인데도 발표하는 걸 부끄러워하고 자신감이 부족해요.

열매 교사 국어 2단원이 자신감 있게 말하기 성취기준이 있어요. 1단원을 배우기 전에 시기 재구성을 해서 2단원을 먼저 가르치는 것도 좋을 거 같아요.

새싹 교사 그래요? 오호 그럼 교육과정을 잘만 짜면 학기 초에 으레 해야 하는 지도들도 하면서 학생들의 생활에 변화를 주는 살아 있는 배움이 일어나겠어요!

● 예시 자료

'나는야 2학년 형님이야' 프로젝트				
관련 역량	자기관리 역량, 의사소통 역량, 공동체 역량		시기	3. 5~4. 30
성취기준	[2국01-01] 상황에 어울리는 인사말을 주고받는다. [2국01-04] 듣는 이를 바라보며 바른 자세로 자신 있게 말한다. [2국02-05] 읽기에 흥미를 가지고 즐겨 읽는 태도를 지닌다. [2바01-02] 몸과 마음을 건강하게 유지한다.			
교육과정 흐름	•『형이니까』책 읽기, 이야기에 대한 생각 나누기 •진정한 형님이 되기 위한 조건 생각해 보고 발표하기 •진정한 형님이 되기 위한 5단계 수행하기 •아우들을 대상으로 형님 발표하기, 발표회 소감 나누기			
단원의 큰 그림	알아야 할 지식은		할 줄 알아야 할 기능은	
	•올바른 인사 •손 씻기, 양치질 •학교 질서		•관계 맺기 •스스로 청결 유지하기 •복도 예절 지키기 •자신의 경험을 살려 연설하기	
	일반화된 지식	•학교는 여러 친구와 함께 생활하는 곳이다. •공동체에서 함께 생활하기 위해서는 규칙을 지켜야 한다. •꿈(목표)을 갖고 노력하는 태도는 나를 발전시킨다.		
	탐구 질문	•진정한 형님이란 어떤 사람인가? •우리는 진정한 형님이 되기 위해 어떤 노력을 해야 하는가? •공동체에서 지켜야 할 규칙은? •어린이가 잘 자랐다는 말은 어떤 뜻일까? •나는 어떻게 성장하고 발전할까?		
	인성 (정의적 태도)	•나의 몸과 마음을 소중히 여기기 •스스로 발전하기 위해 계획을 세워 노력하는 태도 갖기 •친구와 동생을 존중하고 배려하기 •나의 생각을 다른 사람과 나누기		
단원 목표	진정한 2학년이 되기 위한 조건을 알고 생활 속에서 실천할 수 있다.			

		수행평가 과제 안내		그 밖의 평가 및 자기성찰
단원의 평가계획	수행 목표	진정한 형님 되기 위한 5단계 목표 도달		• 형님 캠페인 - 형님 배지 만들기 - 단계별 나의 실천 수칙 기록하기 - 2주간 실천 결과 기록하고 일기 쓰기
	수행 역할	'나'도전자		
	수행 대상	친구들과 선생님		
	수행 상황	진정한 형님이 되기 위해선 5단계의 관문을 거쳐야 한다. 다섯 가지 미션을 수행하여 진성한 형님이 되어 보자. 단계를 통과하면 다음 단계에 도전할 수 있다. • 1단계: 질서를 잘 지키는 어린이(복도 우측통행, 정숙, 차례 지키기) • 2단계: 인사를 잘하는 어린이(고미안제 실천하기) • 3단계: 책을 즐겨 읽는 어린이(책읽기 10권 도달하기) • 4단계: 몸을 청결하게 하는 어린이(급식 전 손씻기, 급식 후 양치하기, 머리 감기, 옷 단정히 입기, 목욕하기) • 5단계: 꿈을 가지고 노력하는 어린이(꿈을 갖고 나의 다짐 세 가지 노력하기)		
	결과물	형님 배지 모으기 및 9살 인생 이야기 발표회 참가		
	결과물의 세부 기준	• 나의 경험을 담아 바른 자세로 발표할 수 있다. • 다른 이의 발표를 경청하여 들을 수 있다.		
관련 도서		『형이니까』		
체험활동 (사회적 실천)		'아홉 살 형님의 한마디' 발표회에 참가하여 1학년 동생들을 위한 바른 학교생활과 꿈 가꾸기 방법 발표하기		

관련 교과 및 단원		시수	교과별 목표 또는 주요 활동
국어	2. 자신 있게 말해요 독서토론하기	12	• 『형이니까』 그림책 함께 읽기 • 형이 갖추어야 할 태도에 대해 생각 나누기 • 바른 태도로 '아홉 살 형님의 한마디' 발표하기
통합 교과	봄 1. 알쏭달쏭한 나	40	• 몸을 청결하게 하는 방법에 대해 생각나누기 • 손 잘 씻기, 목욕 잘하기 • 실천계획 잘 지켰는지 스스로 되돌아보기
창체	형님 배지 수여식 (진로활동)	1	• 자신의 꿈과 다짐을 되새기며 형님 배지 달기
총 시수			53차시

교수·학습 및 평가 계획			
단계 및 소주제		교수학습 및 평가 활동	교과(시수)
주제 발현	책 읽고 생각하기	• 선생님이 들려주시는 『형이니까』 그림책 읽기 • 형이 갖추어야 할 태도에 대해 생각하기	국1
	형님이 되기 위한 조건	• [수행평가 과제 안내] 형님이 되기 위한 5단계 실천 목표 세우기	국1
탐구 활동	알쏭달쏭 멋진 나를 만들자	• 나에 대해 알아보기	통7
		• 질서를 잘 지키는 나 만들기	통3
		• 인사를 잘하는 나 만들기	통4
		• 책을 즐겨 읽는 나 만들기	통3
		• 몸을 청결히 하는 나 만들기	통13
		• 꿈을 가지고 노력하는 나 만들기	통10
	자신감 있게 발표 하려면?	• 다른 사람 앞에서 발표해 본 경험 말하기	국2
		• 자신감 있게 발표하기 위한 방법 알기 • 자신감 있게 발표하기 연습하기	국6
표상 활동	아홉 살 형님의 한마디 발표회	• 아홉 살 형님의 한마디 발표회에 참여하여 내 생각 자신감 있게 말하기	국2
	프로젝트 사후평가 (스냅 포토 토론)	• 이번 프로젝트 활동사진을 보면서 생각 나누기 – 나는 무엇을 배웠나요? – 나는 어떤 것을 더 잘할 수 있게 되었나요? – 나는 앞으로 어떤 일을 해 보고 싶나요?	창1

국어+통합교과 평가지			
문항 번호	통-2-1-1	단원	봄 1. 알쏭달쏭한 나 국어 2. 자신 있게 말해요
성취기준	[2국01-01] 상황에 어울리는 인사말을 주고받는다. [2국01-04] 듣는 이를 바라보며 바른 자세로 자신 있게 말한다. [2국02-05] 읽기에 흥미를 가지고 즐겨 읽는 태도를 지닌다. [2바01-02] 몸과 마음을 건강하게 유지한다.		
	방교초등학교 2학년 ( )반 ( )번 이름 ( )		
단원 목표	진정한 2학년이 되기 위한 조건을 알고 생활 속에서 실천할 수 있다.		

여러분들은 드디어 2학년이 되었습니다. 2학년이 된 것을 축하합니다.

- 어른들은 "참 잘 자랐구나"라는 말을 언제 할까요? 왜 그럴까요?
- 나는 지금 학교에서 어떻게 생활하고 있나요?
- 초등학교에 새로 입학한 1학년 동생들에게 멋진 형님이 되려면 나는 어떻게 생활해야 할까요?

2학년 형님이 되기 위한 5단계를 통과하면 형님 명예 배지가 주어집니다. 진정한 형님이 된 내 모습을 상상해 보고, 1학년 동생들에게 멋진 형님이 되기 위한 목표를 세워 봅시다.

	우리의 목표	내가 실천할 것들
1단계	질서를 잘 지키는 어린이	
2단계	배려를 잘하는 어린이 (인사를 잘하는 어린이)	
3단계	몸을 청결하게 하는 어린이	
4단계	책을 즐겨 읽는 어린이	
5단계	꿈을 가지고 노력하는 어린이 (절제를 잘하는 어린이) (공부를 열심히 하는 어린이)	

얼마나 잘 지켰는지 스스로 평가해 봅시다.

우리의 목표		/	/	/	/	/	/	/	/
1단계	질서를 잘 지키는 어린이								
2단계	배려를 잘하는 어린이 (인사를 잘하는 어린이)								
3단계	몸을 청결하게 하는 어린이								
4단계	책을 즐겨 읽는 어린이								
5단계	꿈을 가지고 노력하는 어린이 (절제를 잘하는 어린이) (공부를 열심히 하는 어린이)								

내가 제일 잘 지킨 목표는 무엇인가요? 나 자신에게 칭찬하는 말을 해 봅시다.

어떤 목표가 잘 지켜지지 않았나요? 나 자신에게 응원의 한마디를 해 봅시다.

친구 2명과 선생님께 형님이 된 나를 알리고 확인을 받으세요.

친구 확인 (   ) 친구 확인 (   ) 선생님 확인 (   )

축하합니다! 형님으로 인증 받고 형님 배지를 받을 자격을 얻었습니다.

드디어 '아홉 살 형님의 한마디 발표회'에 참가할 예정입니다.

내가 1학년이었을 때를 생각해 봅시다. 학교생활을 어떻게 하는 것이 바람직할지 1학년 동생들에게 해 주고 싶은 말을 써 보세요

1학년 동생들아 안녕? 나는 2학년 (　　)반 (　　　　)형님이야.

학교생활을 잘하려면

왜냐하면

나도

내가 쓴 글을 자신감 있는 목소리로 또박또박 읽어 봅시다.

바른 자세로 서서 친구를 바라보며 '형님의 한마디 발표회' 연습을 해 봅시다.

단계 평가요소	잘함		보통		노력요함	
자신감 있게 발표하기 (국어)	듣는 이를 골고루 바라보며 자신 있게 형님의 한마디 발표를 잘했어요.		듣는 이를 바라보며 자신 있게 형님의 한마디 발표를 열심히 했어요.		부끄러웠지만 간단히 발표했어요.	
	나	선생님	나	선생님	나	선생님
나의 몸과 마음 건강하게 유지하기 (바른 생활)	나의 몸과 마음을 건강하게 유지하기 위한 형님 프로젝트에 최선을 다해 5가지 모두 실천했어요.		나의 몸과 마음을 건강하게 유지하기 위한 형님 프로젝트에 참여해서 3가지는 잘 실천했어요.		나의 몸과 마음을 건강하게 유지하기 위한 형님 프로젝트에 참여했지만 노력이 부족했어요.	
	나	선생님	나	선생님	나	선생님

5. 교육과정 의사결정자에서
교육과정 실천 전문가로

학교, 학년, 교사 수준에서 일어나는 교육과정의 실천 모습은 다양하게 전개된다. 계획단계에서 의도된 교육과정은 수업과 평가로 실천되고 학생의 배움을 통해 그 실현의 정도를 파악할 수 있다. 이 과정에서 교사는 교육과정 의사결정자에서 교육과정 실천 전문가로 역할을 바꾸어 가며 순환적 교육과정 해석을 하게 된다.

구름 교사 이번에 우리학교가 학급민주주의 세우기로 학기 초 프로젝트를 하나씩 하기로 하고 고민했는데, 우리 2학년은 이 프로젝트가 그 주제에도 딱이네요.

햇살 교사 열심히 한 아이들에게 배지 같은 걸 만들어 주면 어떨까요?

열정 교사 좋은 생각이에요. 가방에 달고 다닐 수 있게 만들어 주면, 형님 프로젝트의 취지가 홍보도 되겠어요.

바람 교사 형님 배지를 제작할 예산을 미리 계산해 두어야겠네요.

열매 교사 제가 배지 디자인은 우선 한번 해 볼 테니 좋은 아이디어 있으면 말씀해 주세요.

구름 교사 그럼 저는 1학년 부장님께 연락 드려서 1학년 학생들이랑 형님의 한마디 강연회를 언제 할지 챙겨 볼게요.

새싹 교사 이 프로젝트를 통해 아이들이 어떻게 달라질지 궁금해지네요.

바람 교사　우리가 이렇게 열심히 짜 놓았지만 학급마다 아이들이 다르니까 형님이 되는 조건을 어떻게 정할지도 기대됩니다.

햇살 교사　맞아요. 교육과정을 사전에 함께 만들고 계획하는 일은 수고로운 일이긴 하지만 실제 수업에 들어가서는 우리가 주도할 일이 적을 거 같아요.

바람 교사　사실 우리가 칠판 앞에 서서 말을 많이 하고 주도할수록 아이들은 수동적인 배움에 이를 뿐이잖아요. 저학년 아이들은 어떻게 배움을 주도할 수 있을지 계속 그 생각이 드네요.

열매 교사　저학년 학생들에게 배움이 어떻게 일어나는지 같이 공부해 볼까요?

　교사는 교육과정을 함께 만들어 가는 동료 교사가 있을 때 많은 성장을 한다. 따라서 학교교육과정에서 학년교육과정으로, 다시 각 학급 공간과 교과전담 공간을 거쳐 교사교육과정으로 세워지려면 동료와 함께 학생을 돌보며 함께 성장하려는 태도가 중요함을 기억해야 한다. 단언컨대 공교육 교사가 갖는 매너리즘에 빠지지 않으려면, 동료와 함께 아이들을 바라보라. 그리고 끊임없이 질문하고 연구하자. 어느 순간 교육 현장 속에서 아이들과 성장하고 있는 행복한 나를 만나게 될 것이다.

교사, 질문을 던져라

　우리는 지금까지 학교교육과정에서부터 교사교육과정까지 보다 교육현장에서 유의미하게 교육과정을 디자인하고 실천하는 방법에 대해 살펴보았다. 그 중심에는 교육과정-수업-평가의 일체화가 있었고, 다양한 수준에서의 활용 방법을 자세히 짚어보았다. 이를 접하기 전, 이미 교사 개인의 관심도와 담당 업무에 따라 학교교육과정, 학년교육과정, 학급교육과정의 중요도와 역할은 각기 다르게 개념화되어 있었을 것이며, 협의를 통한 공동수업안을 활용하는 경우가 늘어나면서 학년교육과정과 학급교육과정의 경계가 모호하게 느껴졌을 수도 있다. 또한 교사교육과정이라는 개념 자체가 생소하게 느껴졌을 수도 있다.

교육과정을 디자인하는 데 필요한 내용을 정리하고 이를 자신의 교실에 맞게 적용하기 위해서 무엇보다 중요한 것은, 바로 교사의 질문이다. 교사가 교육과정의 주인이 되어 다양한 자원을 활용하여 생명력을 불어넣고 더 나아가 그 과정에 학생을 참여시키기 위해서는 교사의 질문이 필요하다. 끊임없는 생각의 물음표를 강조하며 질문 능력을 강조하는 하브루타 수업에서의 접근이 교사에게도 필요한 것이다. 다양한 교육 정책과 관련 서적, 연구물들이 쏟아지는 상황에서 교사가 자신의 관점 없이 모든 것을 수용하려고만 한다면 아무리 좋은 내용이라도 교실 밖을 맴돌 뿐 자신의 교실 안으로 들어가기가 어렵다.

새로 마음을 다잡고 학교교육과정을 편성하기 위해 2015 개정 교육과정을 살펴본다 하였을 때, '아, 6가지 핵심역량을 제시하고 있구나'에 그치지 않고, 왜 그런 역량을 중요시하게 되었으며 그 외 다른 역량은 없었을까? 국가 교육과정에서 말하는 6가지 역량들은 명확하게 구분되는 개념들인가? 기존 교육과정에서는 6개의 역량을 키워 주지 못했는가? 등과 같은 질문을 던질 때, 핵심역량 교육에 대한 이해가 높아지며 어렴풋이 우리 학교, 내 교실로 연결 지을 수 있는 길이 보이기 때문이다.

더 새로운 지식과 정보를 통해 전문성을 향상시키려 하기 전에, 다시 시작점에 서서 질문을 던져 보아야 한다. 교사교육과정을 디자인하는 데 가장 핵심이 되는 국가 교육과정, 시·도 교육과정을 따라야 하는 지침으로만 접근하는 것에서 나아가 분석의 대상에 놓고 질문을 던지며 적극적으로 읽어 나가야 한다. 이처럼 교사의 "왜"라는 질문이 살아 있을 때, 교육과정, 수업, 평가 모두 제 역할을 찾고 학생들의 삶으로 연계될 수 있을 것이다.

주석

1. Hargreaves, A., & O'Conner, M. T.(2017). Cultures of professional collaboration: Their origins and opponents. Journal of Professional Capital and Community, 2(2), 74-85.

2. Lortie, D. C.(1975). Schoolteacher: A sociological study. Chicago: Univ. of Chicago Press. 진동섭 옮김. 교직사회: 교직과 교사의 삶. 서울: 양서원.

3. 이혁규(2017). 왜 미국은 일본의 수업연구(lesson study)를 배우려고 하는가?, 교육개발, 제200호(2017년 5~6월호), 한국교육개발원.
   이혁규 외(2017). 한국의 수업혁신, 현황과 전망, 전국시도교육감협의회 정책연구 중간보고서.

4. Gayle H. Gregory, Carolyn Chapman(2013). Differentiated instruction strategies: One size doesn't fit all, 3rd edition. Corwin. 조영남, 나종식, 김광수 옮김. 맞춤형 수준별·개별화 수업 전략: 획일적 수업으로는 모두를 만족시킬 수 없다. 서울: 학지사. 이 책에서 성격 유형을 차용하여 사용함.

5. Drake, S. M.(1998). Creating Integrated curriculum. 박영무·허영식·유제순 공역. 교육과정 통합의 기초. 교육과학사.

6. Kohn, A.(1993). Choices for children: Why and how to let students decide. Phi Delta Kappan, 75(1), 8-19.

7. 김경자·온정덕·이경진(2017). 역량 함양을 위한 교육과정 설계, 이해를 위한 수업. 교육아카데미.

함께 만들어 가는 학교교육과정 디자인 타임라인

학교교육과정 디자인 워크숍 추진 일정표

영역	함께 만들어 가야 할 일	추진 일정 1차 12월2주	2차 12월4주	3차 2월1주	4차 2월2주	5차 2월3주	6차 2월4주
1. 참여와 소통의 자치 공동체	1-1. 학교 비전, 교육 목표 및 실천 전략 수립	○					
	1-2. 학년교육 목표 및 실천 전략 수립	○					
	1-3. 학사 및 월별 주요 교육활동 일정 계획	○	○				
	1-4. 전담 교과 선정 및 시수 배정	○					
	1-5. 학년 배정과 업무 난이도 매칭 방안	○					
	1-6. 교사연구회 및 동아리 운영 방안	○					
	1-7. 각종 위원회 조직 방안	○					
2. 존중과 배려의 생활 공동체	2-1. 생활규범 제정						
	2-1-1. 학교 생활규범 제정	○					
	2-1-2. 학년 생활규범 제정			○			
	2-2. 학생기초생활습관 형성 전략 수립		○				
	2-3. 참여와 소통의 학교문화 형성 방안		○				
	2-3-1. 학생자치 활성화 방안		○				
	2-4-2. 학생 상담 운영 방안		○				
3. 개방과 협력의 학습 공동체	3-1. 전문적 학습공동체 운영 방안		○				
	3-1-1. 운영 시수, 형태, 방법 결정		○				
	3-1-2. 공동연수의 시기, 요일, 주제 선정		○				
	3-2. 자율장학 운영 방안		○				
	3-2-1. 동료장학 공동연구, 공동실천 방안		○				
	3-2-2. 임상장학 수업 개방 방안		○				
	3-2-3. 창의적인 교실수업 개선(배움중심수업)		○				
4. 창의적 교육과정 운영	4-1. 학생중심 학교교육과정 편성 운영						
	4-1-1. 교육과정 자율화 모형 적용 방안	○					
	4-1-2. 교육과정 다양화, 특색화 방안		○				
	4-1-2-1. 혁신공감학교 중점 교육		○				
	4-1-2-1-1. 공통과제 활성화 방안		○				
	4-1-2-1-2. 선택과제 결정 및 전략		○				
	4-1-2-2. 창의지성학교 4-text 교육 이해		○	○	○		
	4-1-2-2-1. 독서토론교육 방안		○	○	○		
	4-1-2-2-2. 문화예술교육 방안		○	○	○		

	4-1-2-2-3. 체험교육(교외, 교내) 방안			○	○		
	4-1-2-2-4. 진로교육 방안		○	○	○		
	4-1-2-2-5. 사회적 실천 방안		○	○	○		
	4-1-2-2-6. 학교 특색교육 결정		○	○			
	4-2. 교-수-평 일체화 운영		○				
	4-2-1-1. 학년교육과정 문해력 신장		○				
	4-2-1-1-1. 국가, 경기도교육과정 이해		○				
	4-2-1-1-2. 화성오산교육청 편성 운영 지침 이해		○				
	4-2-1-1-3. 학년내용체계 및 성취기준 지도 갖기		○				
	4-2-1-2. 학년교육과정 재구성 방법 이해		○				
	4-2-1-3. 학년교육과정 재구성 실제		○	○	○	○	
	4-2-2. 학년별 수업 실천(토의토론, 프로젝트, 협력수업) 방안 - 주도성과 협력성을 중시하는 수업 강화	○	○	○	○	○	
	4-2-3. 전인적 성장과 참된 학력 신장 방안	○					
	4-2-3-1. 학생평가계획 프레임 결정		○				
	4-2-3-2. 평가지 양식 및 결재 방법 결정		○				
	4-2-3-3. 학생 평가의 질적 제고 방안	○					
	4-2-3-4. 배움 성장 가정 통지 방안		○				
	4-2-3-5. 기초학력 강화 방안		○				
	4-3. 학생 체력 및 정신건강 증진 방안		○				
	4-3-1. 학교 스포츠클럽 확대 방안		○				
	4-3-2. 안전 및 정신건강 증진을 위한 방안		○				
	4-3-3. 방과후학교 운영						
제출 및 결재 진행 계획	학년 기본 시간표, 시수표, 연간 시간표 제출 (1/3)		○				
	학교 교육과정 1차 완성(방학 중, 1/22)			○			
	학년 교육과정 초본 제출(목표, 실천 전략) (1/6)			○			
	학년체험학습장소 제출(학운위 심의 자료) (2/5)			○			
	학교 교육과정 최종본 완성(2/5)				○		
	학년 교육과정 1차 제출(재구성 포함)(2/6)				○		
	학년별 평가계획 초본 제출(2/12)					○	
	학급교육과정 결재(2/22)						○
	교사별 평가계획 결재(2/22)						○
	학급 담임 소개서, 3월 1주 주간학습 안내 제출(2/23)						○
	학급 교실 환경 완료(2/23)						○

*화성 방교초등학교 사례

교육과정 중심 학사일정 Calender

영역	월별 주요 일정
3월	• 입학식, 시업식 • 학부모총회(학교교육과정 설명회), 학부모회 임원 선출 – 공교육 정상화 법안 연수 실시(교원, 학부모, 학생 대상) – 체험학습 및 출결 규정 학부모 안내(체험학습위원회 사전조직 및 규정 제정) – 학사 달력 및 학교 안내 자료 제작 및 가정 배부 • 학교운영위원회 조직 • 제·규정 및 통합심의위원회 조직 • 규정 개정 심의위원회 위원 선출 • 학업성적 관리 – 학업성적관리위원회 구성 – 학업성적관리규정 개정안 심의 확정 – 교원 대상 학업성적관리규정 연수계획 수립 및 실시(연1회) – 전 과목 평가계획(수행평가계획) 심의 및 홈페이지 탑재 – 평가계획 예고장 가정 배부 • 기초학력진단검사 실시 • 전문적 학습공동체 계획 수립 및 운영(연중) • 학부모 수업공개의 날 운영 • 자율장학 운영계획 수립 • 학생동아리 조직 • 의무교육관리위원회 조직, 규정 개정 및 교직원 연수 실시 • 학칙 개정(입안 예고, 심의, 확정 공고, 공고) • 교육공동체 생활규범(약속) 제정 • 학교교육과정 학교 업무분장, 학사일정 학교 누리집 탑재 • 새 학기 새 학년 적응주간 운영 – 1학년 입학 초기 적응 기간, 2~6학년 새 학년 프로젝트 운영 – 6학년 꿈·끼 탐색주간 운영
4월	• 1일 주제별 체험학습 운영(1-6학년) • 교육지원청 담임장학 실시 • 정보공시 – 평가 계획, 교과별 진도 계획, 학교 특색교육, 학교 평가 지표, 학칙 등 • 친구사랑의 날 운영(7. 9) • 장애인의 날 기념 인권주간 운영(4. 20) • 세계 책의 날 기념 독서주간 운영(4. 22) • 과학의 날 기념행사
5월	• 학부모 상담주간 운영 • 학교평가계획 수립 및 교직원 연수 실시 • 교원능력개발평가 계획 수립 • 체육대회(뉴스포츠 주간) 운영 • 사계절(봄) 단기방학 운영 • 가정의 달(어린이날, 어버이날), 스승의 날 • 학교폭력대책자치위원회 1회 운영 • 안전교육주간 운영, 심폐소생술 등 교직원 안전 연수 실시

6월	• 호국보훈의 날 기념 주간 운영(6월 6일 현충일, 6·25 등) • 동료장학 및 임상장학(연중) • 1학기 진로체험주간 운영
7월	• 여름방학 운영계획 수립 • 여름방학 전 학생안전교육주간 운영 • 1학기 수업 컨퍼런스 • 1학기 평가 운영 지원 – 학생평가(수행/지필평가) 결과 나이스 입력 완료 – 1학기 교사별 평가 원안지 등록(문항지, 이원목적분류표 등) – 평가 결과 가정 통지(통지표 배부) • 1학기 교육과정 반성 협의회 실시 – 교육과정 재구성, 학생 평가, 기초학력 향상 지도, 인성교육, 안전교육 – 자율장학 외부 강사 협력수업, 학부모 단체 및 위원회 운영 등
8월	• 개학식 • 2학기 교육과정 재구성 계획, 교사별 평가 계획 수립 • 2학기 교육과정 평가 운영 워크숍 – 학년별 교육과정-수업-평가 일체화 운영계획 발표 • 학업성적관리위원회 2학기 교사별 평가계획 심의 및 평가 예고 • 학교폭력대책자치위원회 2회 운영
9월	• 검인정 교과서 선정 • 2학기 정보 공시(평가계획, 교과별 진도계획 등) • 2학기 학년별 교육과정 운영 설명회
10월	• 교원능력개발평가 실시 • 문화예술교육주간(꿈 축제, 교육활동발표회 등) • 교육과정 설문(학생, 학부모, 교사) • 방과후학교 수업 공개 및 만족도 조사, 차기년도 부서 개설 설문 • 1일 주제별 체험학습 운영(1-6학년)
11월	• 교육공동체 대토론회 및 학교비전 수립 워크숍 • 학년/부서별 주요 교육활동 반성, 교육과정(수업) 컨퍼런스 • 교육지원청 담임장학 실시 • 중입배정설명회 개최 • 학교별 교육활동 사례 나눔 • 학교폭력실태조사 및 학교폭력대책자치위원회 3회 실시
12월	• 교육활동보고서 제출 • 차기년도 교육과정 기본 수립 – 학사일정 학운위 심의 – 특색사업 시수 및 내용 체제 – 업무담당자(학급담임 및 교과전담) 배정 • 교육과정 반성 워크숍 – 교육공동체 설문 및 대토론회 의견 수렴 결과 공유 – 교육활동 반성(현장체험학습, 문화예술교육, 교육활동발표회, 스포츠데이 운영, 수업 컨퍼런스, 교육과정-수업-평가 일체화 운영, 학생자치활동, 기초학력지도, 인성교육, 생활지도 등)

12월	– 학교운영활동 반성(전문적 학습공동체, 자율장학, 외부 강사 협력수업, 학부모회 활동, 교육 기부 등) • 차기년도 학교교육과정 워크숍 – 자율화 시수 증감 적용, 학년군 및 학년 편제 및 시간 운영 – 교과전담 운영 시수 – 차기년도 부서별 중점 운영 내용 선정 – 차기년도 예산 가편성 • 연구시범학교 운영 여부 결정 및 관련 계획서 제출 • 학교평가 보고서 작성 완료 • 학부모 단체 간담회 실시 • 겨울방학 운영계획 수립 및 교사, 학생비상연락망 정비 • 졸업식 운영계획 수립 및 준비(동영상, 공연, 송가, 답가 등) • 신입생 예비소집일 운영 계획 수립
1~2월	• 차기학년도 예산 확정 • 연구시범학교 운영 계획 확정 • 차기년도 체험학습 일정 설문조사 및 학교운영위원회 심의(1학년의 경우, 신입생 예비소집일에 설문 실시) • 돌봄 교실 입급 학생 신청 및 확정 • 일람표 작성 및 통지표 배부 • 졸업식, 종업식 • 2학기 교육과정 편제 및 운영 시수 확인 • 2학기 평가 운영 지원 – 학생평가(수행/지필평가) 결과 나이스 입력 완료 – 2학기 교사별 평가 원안지 등록(평가문항지, 이원목적분류표 등) – 평가 결과 가정 통지(통지표 배부) • 학교교육과정 컨설팅 및 최종본 수립 – 차기년도 학교교육과정 설명회(교원 대상) • 학년·학급교육과정 운영계획 수립 – 시수 증감, 학년/교과 편제, 학교 특색교육 및 주요 행사 반영 – 학급별 특색 교육 설정 – 교육과정 재구성 및 프로젝트 운영 계획 수립 – 문화예술강사 협력수업 계획 수립 – 진로교육, 다문화교육, 독서토론교육, 환경교육 등 – 학생동아리, 방과후 학교 운영, 학생자치회 – 7대 안전 및 범교과 내용 반영 – 교육과정-수업-평가 일체화 – 학생평가 계획 및 교육과정 평가 계획 수립 • 학급 환경 정리 • 부서별 업무 계획 결재 • 학교폭력대책자치위원회 4회 실시 • 학교장허가 현장체험학습 및 결석계 수합 • 학년/업무 인수인계, 학년별 책걸상 수 확인, 학급 표찰 수정 • 전입 교사 서류 취합 • 입학식 준비 • 차기년도 교육과정 부서 업무 계획 수립 • 학교평가 결과 학교 누리집 탑재 • 신입생 예비소집 결과 보고 • 유예 아동에 관한 의무교육관리위원회 개최

맺는말

오랜 시간 동안 학교교육은 객관적이고 표준화된 교육을 강조하였다. 표준화된 콘텐츠를 입력하고 평가를 통해 목표달성도를 확인하는 교육은 흡사 '프로크루스테스의 침대'처럼 교육 내용에 학생을 맞추어 가는 방식이었다. 물론 표준화된 교육이 교육 목표의 최소 기준을 달성하고 산업화에 필요한 일꾼을 기르는 일에 적지 않은 효과는 있었을 것이다. 하지만 이곳에선 학생의 흥미, 배우는 과정에서 느끼는 몰입의 즐거움, 학생 개개인의 맞춤형 교육이란 찾아보기 어렵고 설정된 교육 목표를 향해 나아가고 과정보다 목표의 달성이라는 결과물이 중요하였다.

이 책의 저자들은 산업화 시대에 학창 시절을 경험한 교사들이다. 우리의 의식이 산업화 시대에 머물러 있는 반면, 사회는 가속도를 내며 변화하고 있다. 지금의 시대는 불변의 진리가 존재하지 않는다는 인식론의 흐름과 지식정보화 사회의 도래, 주체로서의 인간 존재의 회복, 다양성이 존중되는 사회로 변화하였으며 네트워크가 강화되어 세계 어디와도 쉽게 연결되어 있다.

사회 변화에 따라 교육의 변화가 불가피하며 우리의 학창 시절 경험이 더 이상 유효하지 않은 상태에서, '교사로서 우리는 어떠한 교육관을 가지고 교육해야 하는가?'에 스스로 물음을 던져 보았다. 우리의 성찰 속에서 경험하지 못한 교육의 새로운 지평을 만들어 가기 위해 가장 많이 등장한 말은 '학생'과 '교육과정'이었다.

교육은 침대의 크기에 맞게 사람을 자르거나 늘리는 프로크루스테스의 침대처럼 객관적이고 표준화된 교육 목표를 상정하고 이를 달성하기 위해 학생을 그 틀에 맞추는 것이 아니라, 학생의 삶을 들여다보고 그 속에서 학생의 성장을 돕고 지지하며 건강한 시민으로 자라나게 하는 것이다. 또, 교사의 삶에서 '교육과정'은 콘텐츠의 문제가 아닌 교육철학의 문제이며, 이의 중심에 '학생'을 두고 교육을 바라보아야 한다.

이 책에 담고자 했던 우리의 이야기는 학생의 성장을 돕는 교육과정, 수업, 평가의 이론과 실제에 관한 것이다. 이를 위하여 현재와 미래의 사회로 우리의 의식을 전환하고 이 사회 속에서 건강한 시민으로 성장할 학생들의 삶을 교육과정 속에 녹여내기 위하여 학교공동체가 나아가야 할 방향을 모색해 보았다.

1부는 교육과정, 수업, 평가의 일체화를 이론적으로 고찰해 보고 학교교육과정이 나아갈 길을 밝히는 부분으로, 업무적으로나 정책적으로 분화되어 있던 교육과정, 수업, 평가에 대해 저자들 나름대로의 비판과 대안을 담았다. 2부는 기존의 이론과 이를 바탕으로 한 저자들의 생각을 실제 학교교육과정에서 구현할 수 있는 방법을 찾기 위한 과정으로 구성하였다. 특히, 교육과정 재구성이라는 좁은 의미보다는 교육공동체가 협력의 문화를 바탕으로 비전을 공유하고 교육과정의 의사결정에 참여하며 이에 입각한 교육활동을 설계함으로써 교사를 교육과정에 대한 능동적이고 주도적인 개발자로 보고 있다는 점을 강조하였다.

그럼에도 불구하고 우리는 여전히 자신 없음을 고백한다. 가고 있는 방향이 맞는지, 하루하루 겪는 새로운 교육 경험들이 흔들리지는 않을지, 노력에 비해 변화가 더딜 때 지치지 않을지에 대한 불안은 우리를 주저앉게 할지도 모른다.

결국 우리가 이 불안을 극복할 수 있는 힘은 스스로 돌아보고 성찰할 수 있는 힘과 교사들의 학습공동체를 통한 성장이다.

이 책의 저자들이 제안한 '함께 만들어 가는 학교교육과정'은 학생 중심의 교육, 더불어 성장하는 학교, 미래 사회에 대응하는 교육의 변화를 이끄는 하나의 시도이다.

따라서 이 책이 학교현장에서 학교교육과정을 개발하고 운영하는 데 교육공동체의 토론거리로, 또 개발과 운영의 실제적인 도움을 위한 참고서가 되기를 바란다.

2018년 11월
저자 일동

삶의 행복을 꿈꾸는 교육은 어디에서 오는가?

● **교육혁명을 앞당기는 배움책 이야기** 혁신교육의 철학과 잉걸진 미래를 만나다!

한국교육연구네트워크 총서

 01 핀란드 교육혁명
한국교육연구네트워크 엮음 | 320쪽 | 값 15,000원

 02 일제고사를 넘어서
한국교육연구네트워크 엮음 | 284쪽 | 값 13,000원

 03 새로운 사회를 여는 교육혁명
한국교육연구네트워크 엮음 | 380쪽 | 값 17,000원

 04 교장제도 혁명
한국교육연구네트워크 엮음 | 268쪽 | 값 14,000원

 05 새로운 사회를 여는 교육자치 혁명
한국교육연구네트워크 엮음 | 312쪽 | 값 15,000원

 06 혁신학교에 대한 교육학적 성찰
한국교육연구네트워크 엮음 | 308쪽 | 값 15,000원

 07 진보주의 교육의 세계적 동향
한국교육연구네트워크 엮음 | 324쪽 | 값 17,000원
2018 세종도서 학술부문

 08 더 나은 세상을 위한 학교혁명
한국교육연구네트워크 엮음 | 404쪽 | 값 21,000원
2018 세종도서 교양부문

 09 비판적 실천을 위한 교육학
이윤미 외 지음 | 448쪽 | 값 23,000원
2019 세종도서 학술부문

 10 마을교육공동체운동:
세계적 동향과 전망
심성보 외 지음 | 376쪽 | 값 18,000원

 11 학교 민주시민교육의
세계적 동향과 과제
심성보 외 지음 | 308쪽 | 값 16,000원

 12 학교를 민주주의의 정원으로
가꿀 수 있을까?
성열관 외 지음 | 272쪽 | 값 16,000원

한국교육연구네트워크 번역 총서

 01 프레이리와 교육
존 엘리아스 지음 | 한국교육연구네트워크 옮김
276쪽 | 값 14,000원

 02 교육은 사회를 바꿀 수 있을까?
마이클 애플 지음 | 강희룡·김선우·박원순·이형빈 옮김
356쪽 | 값 16,000원

 03 비판적 페다고지는
세상을 변화시킬 수 있는가?
Seewha Cho 지음 | 심성보·조시화 옮김
280쪽 | 값 14,000원

 04 마이클 애플의 민주학교
마이클 애플·제임스 빈 엮음 | 강희룡 옮김
276쪽 | 값 14,000원

 05 21세기 교육과 민주주의
넬 나딩스 지음 | 심성보 옮김 | 392쪽 | 값 18,000원

 06 세계교육개혁:
민영화 우선인가 공적 투자 강화인가?
린다 달링-해먼드 외 지음 | 심성보 외 옮김 | 408쪽 | 값 21,000원

 07 콩도르세, 공교육에 관한 다섯 논문
니콜라 드 콩도르세 지음 | 이주환 옮김
300쪽 | 값 16,000원

 08 학교를 변론하다
얀 마스켈라인·마틴 시몬스 지음 | 윤선인 옮김
252쪽 | 값 15,000원

 09 존 듀이와 교육
짐 개리슨 외 지음 | 김세희 외 옮김
372쪽 | 값 19,000원

 10 진보주의 교육운동사
윌리엄 헤이스 지음 | 심성보 외 옮김
324쪽 | 값 18,000원

 혁신학교
성열관·이순철 지음 | 224쪽 | 값 12,000원

 행복한 혁신학교 만들기
초등교육과정연구모임 지음 | 264쪽 | 값 13,000원

서울형 혁신학교 이야기
이부영 지음 | 320쪽 | 값 15,000원

 대한민국 교사, 어떻게 가르칠 것인가?
윤성관 지음 | 320쪽 | 값 15,000원

 아이들을 어떻게 가르칠 것인가
사토 마나부 지음 | 박찬영 옮김 | 232쪽 | 값 13,000원

 모두를 위한 국제이해교육
한국국제이해교육학회 지음 | 364쪽 | 값 16,000원

● **비고츠키 선집 시리즈** 발달과 협력의 교육학 어떻게 읽을 것인가?

 생각과 말
레프 세묘노비치 비고츠키 지음
배희철·김용호·D. 켈로그 옮김 | 690쪽 | 값 33,000원

 성장과 분화
L.S. 비고츠키 지음 | 비고츠키 연구회 옮김
308쪽 | 값 15,000원

 도구와 기호
비고츠키·루리야 지음 | 비고츠키 연구회 옮김
336쪽 | 값 16,000원

 연령과 위기
L.S. 비고츠키 지음 | 비고츠키 연구회 옮김
336쪽 | 값 17,000원

 어린이 자기행동숙달의 역사와 발달 I
L.S. 비고츠키 지음 | 비고츠키 연구회 옮김
564쪽 | 값 28,000원

 의식과 숙달
L.S 비고츠키 | 비고츠키 연구회 옮김
348쪽 | 값 17,000원

 어린이 자기행동숙달의 역사와 발달 II
L.S. 비고츠키 지음 | 비고츠키 연구회 옮김
552쪽 | 값 28,000원

 분열과 사랑
L.S. 비고츠키 지음 | 비고츠키 연구회 옮김
260쪽 | 값 16,000원

 어린이의 상상과 창조
L.S. 비고츠키 지음 | 비고츠키 연구회 옮김
280쪽 | 값 15,000원

 성애와 갈등
L.S. 비고츠키 지음 | 비고츠키 연구회 옮김
268쪽 | 값 17,000원

 비고츠키와 인지 발달의 비밀
A.R. 루리야 지음 | 배희철 옮김 | 280쪽 | 값 15,000원

 흥미와 개념
L.S. 비고츠키 지음 | 비고츠키 연구회 옮김
408쪽 | 값 21,000원

 정서학설 I
L.S. 비고츠키 지음 | 비고츠키 연구회 옮김
584쪽 | 값 35,000원

 관계의 교육학, 비고츠키
진보교육연구소 비고츠키교육학실천연구모임 지음
300쪽 | 값 15,000원

 수업과 수업 사이
비고츠키 연구회 지음 | 196쪽 | 값 12,000원

 비고츠키 생각과 말 쉽게 읽기
진보교육연구소 비고츠키교육학실천연구모임 지음
316쪽 | 값 15,000원

 비고츠키의 발달교육이란 무엇인가?
비고츠키교육학실천연구모임 지음 | 412쪽 | 값 21,000원

 교사와 부모를 위한 비고츠키 교육학
카르포프 지음 | 실천교사번역팀 옮김
308쪽 | 값 15,000원

 비고츠키 철학으로 본 핀란드 교육과정
배희철 지음 | 456쪽 | 값 23,000원

 혁신교육, 철학을 만나다
브렌트 데이비스·데니스 수마라 지음
현인철·서용선 옮김 | 304쪽 | 값 15,000원

 경쟁을 넘어 발달 교육으로
현광일 지음 | 288쪽 | 값 14,000원

 혁신교육 존 듀이에게 묻다
서용선 지음 | 292쪽 | 값 14,000원

 독일 교육, 왜 강한가?
박성희 지음 | 324쪽 | 값 15,000원

 다시 읽는 조선 교육사
이만규 지음 | 750쪽 | 값 33,000원

 핀란드 교육의 기적
한넬레 니에미 외 엮음 | 장수명 외 옮김
456쪽 | 값 23,000원

대한민국 교육혁명
교육혁명공동행동 연구위원회 지음
224쪽 | 값 12,000원

 한국 교육의 현실과 전망
심성보 지음 | 724쪽 | 값 35,000원

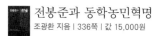

프레이리의 사상과 실천
사람대사람 지음 | 352쪽 | 값 18,000원
2018 세종도서 학술부문

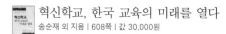
혁신학교, 한국 교육의 미래를 열다
송순재 외 지음 | 608쪽 | 값 30,000원

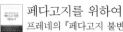
페다고지를 위하여
프레네의 『페다고지 불변요소』 읽기
박찬영 지음 | 296쪽 | 값 15,000원

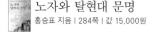
노자와 탈현대 문명
홍승표 지음 | 284쪽 | 값 15,000원

선생님, 민주시민교육이 뭐예요?
염경미 지음 | 244쪽 | 값 15,000원

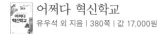
어쩌다 혁신학교
유우석 외 지음 | 380쪽 | 값 17,000원

미래, 교육을 묻다
정광필 지음 | 232쪽 | 값 15,000원

대학, 협동조합으로 교육하라
박주희 외 지음 | 252쪽 | 값 15,000원

입시, 어떻게 바꿀 것인가?
노기원 지음 | 306쪽 | 값 15,000원

촛불시대, 혁신교육을 말하다
이용관 지음 | 240쪽 | 값 15,000원

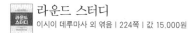
라운드 스터디
이시이 데루마사 외 엮음 | 224쪽 | 값 15,000원

미래교육을 디자인하는 학교교육과정
박승열 외 지음 | 348쪽 | 값 18,000원

흥미진진한 아일랜드 전환학년 이야기
제리 제퍼스 지음 | 최상덕·김호원 옮김 | 508쪽 | 값 27,000원
2019 대한민국학술원우수학술도서

폭력 교실에 맞서는 용기
따돌림사회연구모임 학급운영팀 지음
272쪽 | 값 15,000원

그래도 혁신학교
박은혜 외 지음 | 248쪽 | 값 15,000원

학교는 어떤 공동체인가?
성열관 외 지음 | 228쪽 | 값 15,000원

교사 전쟁
다나 골드스타인 지음 | 유성상 외 옮김
468쪽 | 값 23,000원

시민, 학교에 가다
최형규 지음 | 260쪽 | 값 15,000원

교육과정, 수업, 평가의 일체화
리사 카터 지음 | 박승열 외 옮김 | 196쪽 | 값 13,000원

학교를 개선하는 교장
지속가능한 학교 혁신을 위한 실천 전략
마이클 풀란 지음 | 서동연·정효준 옮김 | 216쪽 | 값 13,000원

공자던, 논어는 이것이다
유문상 지음 | 392쪽 | 값 18,000원

교사와 부모를 위한
발달교육이란 무엇인가?
현광일 지음 | 380쪽 | 값 18,000원

교사, 이오덕에게 길을 묻다
이무완 지음 | 328쪽 | 값 15,000원

낙오자 없는 스웨덴 교육
레이프 스트란드베리 지음 | 변광수 옮김
208쪽 | 값 13,000원

끝나지 않은 마지막 수업
장석웅 지음 | 328쪽 | 값 20,000원

경기꿈의학교
진흥섭 외 지음 | 360쪽 | 값 17,000원

학교를 말한다
이성우 지음 | 292쪽 | 값 15,000원

행복도시 세종,
혁신교육으로 디자인하다
곽순일 외 지음 | 392쪽 | 값 18,000원

나는 거꾸로 교실 거꾸로 교사
류광모·임정훈 지음 | 212쪽 | 값 13,000원

교실 속으로 간 이해중심 교육과정
온정덕 외 지음 | 224쪽 | 값 13,000원

교실, 평화를 말하다
따돌림사회연구모임 초등우정팀 지음
268쪽 | 값 15,000원

학교자율운영 2.0
김용 지음 | 240쪽 | 값 15,000원

학교자치를 부탁해
유우석 외 지음 | 252쪽 | 값 15,000원

국제이해교육 페다고지
강순원 외 지음 | 256쪽 | 값 15,000원

선생님, 페미니즘이 뭐예요?
염경미 지음 | 280쪽 | 값 15,000원

평화의 교육과정 섬김의 리더십
이준원·이형빈 지음 | 292쪽 | 값 16,000원

학교를 살리는 회복적 생활교육
김민자·이순영·정선영 지음 | 256쪽 | 값 15,000원

수포자의 시대
김성수·이형빈 지음 | 252쪽 | 값 15,000원

교사를 위한 교육학 강의
이형빈 지음 | 336쪽 | 값 17,000원

혁신학교와 실천적 교육과정
신은희 지음 | 236쪽 | 값 15,000원

새로운학교 학생을 날게 하다
새로운학교네트워크 총서 02 | 408쪽 | 값 20,000원

삶의 시간을 잇는 문화예술교육
고영직 지음 | 292쪽 | 값 16,000원

세월호가 묻고 교육이 답하다
경기도교육연구원 지음 | 214쪽 | 값 13,000원

혐오, 교실에 들어오다
이혜정 외 지음 | 232쪽 | 값 15,000원

미래교육, 어떻게 만들어갈 것인가?
송기상·김성천 지음 | 300쪽 | 값 16,000원
2019 세종도서 교양부문

혁신교육지구와 마을교육공동체는
어떻게 만들어지는가?
김태정 지음 | 376쪽 | 값 18,000원

교육에 대한 오해
우문영 지음 | 224쪽 | 값 15,000원

선생님, 특성화고 자기소개서
어떻게 써요?
이지영 지음 | 322쪽 | 값 17,000원

혁신교육지구 현장을 가다
이용운 외 4인 지음 | 344쪽 | 값 18,000원

학생과 교사, 수업을 묻다
전용진 지음 | 344쪽 | 값 18,000원

배움의 독립선언, 평생학습
정민승 지음 | 240쪽 | 값 15,000원

혁신학교의 꽃, 교육과정 다시 그리기
안재일 지음 | 344쪽 | 값 18,000원

교육혁신의 시대
배움의 공간을 상상하다
함영기 외 지음 | 264쪽 | 값 17,000원

학습격차 해소를 위한 새로운 도전
보편적 학습설계 수업
조윤정 외 지음 | 225쪽 | 값 15,000원

서울의 마을교육
이용윤 외 지음 | 352쪽 | 값 18,000원

물질과의 새로운 만남
베로니카 파치니-케처바우 지음 | 240쪽 | 값 15,000원

평화와 인성을 키우는 자기우정
따돌림사회연구모임 우정팀 지음 | 240쪽 | 값 15,000원

미래교육을 열어가는
배움중심 원격수업
이윤서 외 지음 | 332쪽 | 값 17,000원

● **살림터 참교육 문예 시리즈** 영혼이 있는 삶을 가르치는 온 선생님을 만나다!

꽃보다 귀한 우리 아이는
조재도 지음 | 244쪽 | 값 12,000원

선생님이 먼저 때렸는데요
강병철 지음 | 248쪽 | 값 12,000원

성깔 있는 나무들
최은숙 지음 | 244쪽 | 값 12,000원

서울 여자, 시골 선생님 되다
조경선 지음 | 252쪽 | 값 12,000원

아이들에게 세상을 배웠네
명혜정 지음 | 240쪽 | 값 12,000원

행복한 창의 교육
최창의 지음 | 328쪽 | 값 15,000원

밥상에서 세상으로
김흥숙 지음 | 280쪽 | 값 13,000원

북유럽 교육 기행
정애경 외 14인 지음 | 288쪽 | 값 14,000원

우물쭈물하다 끝난 교사 이야기
유기창 지음 | 380쪽 | 값 17,000원

시험 시간에 웃은 건 처음이에요
조규선 지음 | 252쪽 | 값 15,000원

오천년을 사는 여자
염경미 지음 | 272쪽 | 값 16,000원

다정한 교실에서 20,000시간
강정희 지음 | 296쪽 | 값 16,000원

● 더불어 사는 정의로운 세상을 여는 인문사회과학 사람의 존엄과 평등의 가치를 배운다

 밥상혁명
강양구·강이현 지음 | 298쪽 | 값 13,800원

 도덕 교과서 무엇이 문제인가?
김대용 지음 | 272쪽 | 값 14,000원

 자율주의와 진보교육
조엘 스프링 지음 | 심성보 옮김 | 320쪽 | 값 15,000원

 민주화 이후의 공동체 교육
심성보 지음 | 392쪽 | 값 15,000원
2009 문화체육관광부 우수학술도서

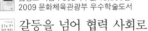 **갈등을 넘어 협력 사회로**
이창언·오수길·유문종·신윤관 지음
280쪽 | 값 15,000원

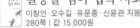 **동양사상과 마음교육**
정재걸 외 지음 | 356쪽 | 값 16,000원
2015 세종도서 학술부문

 교과서 밖에서 배우는 철학 공부
정은교 지음 | 280쪽 | 값 14,000원

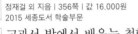 **교과서 밖에서 배우는 사회 공부**
정은교 지음 | 304쪽 | 값 15,000원

 교과서 밖에서 배우는 윤리 공부
정은교 지음 | 292쪽 | 값 15,000원

 한글 혁명
김슬옹 지음 | 388쪽 | 값 18,000원

 우리 안의 미래교육
정재걸 지음 | 484쪽 | 값 25,000원

 왜 그는 한국으로 돌아왔는가?
황선준 지음 | 364쪽 | 값 17,000원
2019 세종도서 교양부문

 공간, 문화, 정치의 생태학
현광일 지음 | 232쪽 | 값 15,000원

 인공지능 시대의 사회학적 상상력
홍승표 지음 | 260쪽 | 값 15,000원

 동양사상과 인간 그리고 사회
이현지 지음 | 418쪽 | 값 21,000원

 장자와 탈현대
정재걸 외 지음 | 424쪽 | 값 21,000원

 놀자선생의 놀이인문학
진용근 지음 | 380쪽 | 값 185,000원

 포스트 코로나 시대, 예술과 정치
현광일 지음 | 288쪽 | 값 16,000원

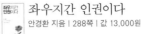 **좌우지간 인권이다**
안경환 지음 | 288쪽 | 값 13,000원

 민주시민교육
심성보 지음 | 544쪽 | 값 25,000원

 민주시민을 위한 도덕교육
심성보 지음 | 500쪽 | 값 25,000원
2015 세종도서 학술부문

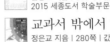 **교과서 밖에서 배우는 인문학 공부**
정은교 지음 | 280쪽 | 값 13,000원

 오래된 미래교육
정재걸 지음 | 392쪽 | 값 18,000원

  대한민국 의료혁명
전국보건의료산업노동조합 엮음 | 548쪽 | 값 25,000원

 교과서 밖에서 배우는 고전 공부
정은교 지음 | 288쪽 | 값 14,000원

 전체 안의 전체 사고 속의 사고
김우창의 인문학을 읽다
현광일 지음 | 320쪽 | 값 15,000원

 카스트로, 종교를 말하다
피델 카스트로·프레이 베토 대담 | 조세종 옮김
420쪽 | 값 21,000원

 일제강점기 한국철학
이태우 지음 | 448쪽 | 값 25,000원

 한국 교육 제4의 길을 찾다
이길상 지음 | 400쪽 | 값 21,000원
2019 세종도서 학술부문

 마을교육공동체 생태적 의미와 실천
김용련 지음 | 256쪽 | 값 15,000원

 교육과정에서 왜 지식이 중요한가
심성보 지음 | 440쪽 | 값 23,000원

 식물에게서 교육을 배우다
이차영 지음 | 260쪽 | 값 15,000원

 왜 전태일인가
송필경 지음 | 236쪽 | 값 17,000원

 한국 세계시민교육이 나아갈 길을 묻다
유네스코태평양 국제이해교육원 지음 | 260쪽 | 값 18,000원

 **코로나 시대,
마을교육공동체 운동과 생태적 교육학**
심성보 지음 | 280쪽 | 값 17,000원

● 평화샘 프로젝트 매뉴얼 시리즈 학교폭력에 대한 근본적인 예방과 대책을 찾는다

학교폭력 어떻게 만들어지는가
문재현 외 지음 | 300쪽 | 값 14,000원

아이들을 살리는 동네
문재현·신동명·김수동 지음 | 204쪽 | 값 10,000원

학교폭력, 멈춰!
문재현 외 지음 | 348쪽 | 값 15,000원

평화! 행복한 학교의 시작
문재현 외 지음 | 252쪽 | 값 12,000원

왕따, 이렇게 해결할 수 있다
문재현 외 지음 | 236쪽 | 값 12,000원

마을에 배움의 길이 있다
문재현 지음 | 208쪽 | 값 10,000원

젊은 부모를 위한 백만 년의 육아 슬기
문재현 지음 | 248쪽 | 값 13,000원

별자리, 인류의 이야기 주머니
문재현·문한뫼 지음 | 444쪽 | 값 20,000원

우리는 마을에 산다
유양우·신동명·김수동·문재현 지음
312쪽 | 값 15,000원

동생아, 우리 뭐 하고 놀까?
문재현 외 지음 | 280쪽 | 값 15,000원

누가, 학교폭력 해결을 가로막는가?
문재현 외 지음 | 312쪽 | 값 15,000원

**코로나 19가 앞당긴 미래,
마을에서 찾는 배움길**
문재현 외 지음 | 308쪽 | 값 16,000원

● 남북이 하나 되는 두물머리 평화교육 분단 극복을 위한 치열한 배움과 실천을 만나다

10년 후 통일
정동영·지승호 지음 | 328쪽 | 값 15,000원

선생님, 통일이 뭐예요?
정경호 지음 | 252쪽 | 값 13,000원

분단시대의 통일교육
성래운 지음 | 428쪽 | 값 18,000원

김창환 교수의 DMZ 지리 이야기
김창환 지음 | 264쪽 | 값 15,000원

한반도 평화교육 어떻게 할 것인가
이기범 외 지음 | 252쪽 | 값 15,000원

포괄적 평화교육
베티 리어든 지음 | 강순원 옮김 | 252쪽 | 값 17,000원

● 창의적인 협력 수업을 지향하는 삶이 있는 국어 교실 우리말 글을 배우며 세상을 배운다

**중학교 국어 수업
어떻게 할 것인가?**
김미경 지음 | 340쪽 | 값 15,000원

토론의 숲에서 나를 만나다
명혜정 엮음 | 312쪽 | 값 15,000원

토닥토닥 토론해요
명혜정·이명선·조선미 엮음 | 288쪽 | 값 15,000원

인문학의 숲을 거니는 토론 수업
순천국어교사모임 엮음 | 308쪽 | 값 15,000원

어린이와 시
오인태 지음 | 192쪽 | 값 12,000원

수업, 슬로리딩과 함께
박경숙 외 지음 | 268쪽 | 값 15,000원

언어던
정은균 지음 | 268쪽 | 값 15,000원
2019 세종도서 교양부문

민촌 이기영 평전
이성렬 지음 | 508쪽 | 값 20,000원

감각의 갱신, 화장하는 인민
남북문학예술연구회 | 380쪽 | 값 19,000원

참된 삶과 교육에 관한
생각 줍기

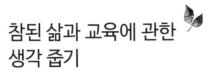